观：
先秦话语及其诗性建构

Viewing: The Pre-Qin Discourses and Its Poetic Construction

冀志强　著

图书在版编目(CIP)数据

观：先秦话语及其诗性建构/冀志强著.—北京：北京大学出版社，2021.5
ISBN 978-7-301-32074-7

Ⅰ.①观… Ⅱ.①冀… Ⅲ.①先秦哲学-研究 Ⅳ.①B220.5

中国版本图书馆CIP数据核字（2021）第049638号

书　　名	观：先秦话语及其诗性建构
	GUAN：XIAN QIN HUAYU JIQI SHIXING JIANGOU
著作责任者	冀志强　著
责 任 编 辑	沈莹莹
标 准 书 号	ISBN 978-7-301-32074-7
出 版 发 行	北京大学出版社
地　　址	北京市海淀区成府路205号　100871
网　　址	http://www.pup.cn　新浪微博：@北京大学出版社
电 子 邮 箱	编辑部 dj@pup.cn　总编室 zpup@pup.cn
电　　话	邮购部010-62752015　发行部010-62750672　编辑部010-62756449
印 刷 者	北京虎彩文化传播有限公司
经 销 者	新华书店
	650mm×980mm　16开本　15.75印张　294千字
	2021年5月第1版　2025年3月第2次印刷
定　　价	52.00元

未经许可，不得以任何方式复制或抄袭本书之部分或全部内容。
版权所有，侵权必究
举报电话：010-62752024　电子邮箱：fd@pup.cn
图书如有印装质量问题，请与出版部联系，电话：010-62756370

国家社科基金后期资助项目
出版说明

后期资助项目是国家社科基金设立的一类重要项目，旨在鼓励广大社科研究者潜心治学，支持基础研究多出优秀成果。它是经过严格评审，从接近完成的科研成果中遴选立项的。为扩大后期资助项目的影响，更好地推动学术发展，促进成果转化，全国哲学社会科学工作办公室按照"统一设计、统一标识、统一版式、形成系列"的总体要求，组织出版国家社科基金后期资助项目成果。

全国哲学社会科学工作办公室

目　　录

导言 …………………………………………………………（1）
　一、选题缘起 ………………………………………………（1）
　　（一）美的本体论的迷误 …………………………………（2）
　　（二）审美主体性的奠基 …………………………………（5）
　　（三）审美现象学的清理 …………………………………（9）
　二、文献综述 ………………………………………………（13）
　　（一）整体研究 ……………………………………………（13）
　　（二）局部研究 ……………………………………………（16）
　三、本书解题 ………………………………………………（19）
　　（一）题目的概念与表述 …………………………………（19）
　　（二）经典文本的选择 ……………………………………（21）
　　（三）本书的方法与结构 …………………………………（22）

第一章　诗性智慧与巫礼传统 ………………………………（25）
　一、维柯《新科学》中的诗性智慧 ………………………（25）
　二、文化人类学中的原始思维 ……………………………（27）
　三、中国文化与原始思维的关联 …………………………（34）
　　（一）从文化人类学的研究来看 …………………………（34）
　　（二）从古典文献中的阐述来看 …………………………（37）
　四、从巫文化到礼文化 ……………………………………（40）

第二章　"观"的文字考察 …………………………………（46）
　一、语言与思维 ……………………………………………（46）
　二、六书与思维 ……………………………………………（50）
　三、从"雚"到"观" ………………………………………（53）

第三章　先秦"观"的文化结构 ……………………………（59）
　一、观乎天文 ………………………………………………（60）
　　（一）绝地天通 ……………………………………………（60）

  （二）经始灵台 …………………………………………… (64)
  （三）观象授时 …………………………………………… (68)
  （四）观天象，见吉凶 …………………………………… (72)
 二、观乎人文 ………………………………………………… (74)
  （一）大观在上 …………………………………………… (75)
  （二）下观而化 …………………………………………… (80)
  （三）观法象魏 …………………………………………… (81)
  （四）观政以礼 …………………………………………… (83)
  （五）乐以观德 …………………………………………… (86)
  （六）赋诗观志 …………………………………………… (90)
  （七）观器视才 …………………………………………… (96)
  （八）仪式中的审美 ……………………………………… (99)

第四章 《周易》：观象知几 ……………………………………… (104)
 一、确定性的寻求 …………………………………………… (104)
 二、"贞观" …………………………………………………… (107)
 三、《观》卦中的逻辑 ……………………………………… (110)
 四、"观"与"天地万物之情" ……………………………… (114)
 五、"观"与"象"、"形" …………………………………… (118)
 六、"观"在后世的审美建构 ……………………………… (123)
  （一）仰观俯察的审美视线 ……………………………… (124)
  （二）观物取象的审美内涵 ……………………………… (127)
  （三）从观其生到观其生意 ……………………………… (132)

第五章 儒家：观与德性 ………………………………………… (137)
 一、孔子：观以知仁 ………………………………………… (137)
  （一）观以察隐 …………………………………………… (137)
  （二）非礼勿视 …………………………………………… (140)
  （三）观以知仁 …………………………………………… (143)
  （四）观以达道 …………………………………………… (149)
  （五）《诗》可以观 ……………………………………… (151)
 二、孟子：因续与突破 ……………………………………… (155)
  （一）孔子观看方式的因续 ……………………………… (156)
  （二）对感性欲望的肯定 ………………………………… (160)
  （三）主体的修养 ………………………………………… (163)
 三、荀子：观物与养目 ……………………………………… (164)

（一）疏观万物 ·· (165)
　　（二）礼以养欲 ·· (167)
　　（三）积善成德 ·· (170)

第六章　老庄：观道与道观 ······································ (173)
　一、老子：观"道"之有无 ···································· (173)
　　（一）"道"的言说 ······································· (174)
　　（二）"名"的有无 ······································· (177)
　　（三）"欲"的有无 ······································· (180)
　　（四）观"有"之"无" ···································· (182)
　　（五）观的视角 ·· (186)
　二、庄子：观物的转化 ······································ (188)
　　（一）齐物与逍遥 ·· (189)
　　（二）"化"与"进"、"忘" ································ (194)
　　（三）庄子的观与审美 ···································· (198)
　三、观物与诗境的完成 ······································ (203)
　　（一）邵雍的以物观物 ···································· (204)
　　（二）王国维的观物与境界 ································ (209)

第七章　法家、墨家与屈原 ···································· (213)
　一、法家：不求其观 ·· (213)
　　（一）《管子》 ·· (213)
　　（二）《韩非子》 ·· (216)
　二、墨家：观乐之害 ·· (218)
　三、屈原：游目流观 ·· (222)

结束语 ·· (227)
参考文献 ·· (233)
后记 ·· (243)

导　言

本书主要讨论"观"这个概念在先秦时期几种话语体系中的内涵结构，并在此基础上讨论这个概念在其中以及后世所得到的诗性建构。对于这一概念的研究，由于是出于美学的考虑并且涉及了特定的历史时段，所以我们也可以将这项研究视为一种美学史的考察。但是对它的上溯却又使我们的视野扩大到一些与美学的关系仿佛不甚密切的领域。所以在此之前，我们需要做一些必要的说明，以给本文考察这个概念提供相对充分的理由。不仅如此，这些说明也将为我们从一个新的角度研究中国美学提供一个理论基础。这个角度的合理性主要取决于我们的美学观，因为有了什么样的美学观，就有了什么样的美学史研究，尽管本文其实主要还不是为美学史而做的研究。

一、选题缘起

美学作为哲学的一个分支学科是西方的舶来之物，所以我们在言说美学的时候就不可避免地要借助于西方的话语方式。但是由于西方话语与中国古典文本之间有不小的扞格，我们在沿着欧洲美学方向进行研究的过程中，便有可能会遮蔽我们传统中的某些非常重要的东西。海德格尔（Heidegger）在与一位日本学者对话时也曾指出了这样的问题。他说："美学这个名称及其内涵源出于欧洲思想，源出于哲学。所以，这种美学研究对东方思想来说终究是格格不入的。"[①] 他的意思是说，考察东方的美学和艺术思想没有必要求助于欧洲的语言与概念系统。这话当然有其道理所在。但是，语言作为人之此在的基本方式，是我们无法摆脱的，所以我们

[①] 海德格尔：《在通向语言的途中（修订译本）》，孙周兴译，北京：商务印书馆，2004年版，第87页。

即使不借助于欧洲的语言与概念系统，其他类型的概念语言也是必不可少的。问题的关键在于，我们能否在必要的时候摆脱概念化的语言甚至非概念化语言的束缚而达到人的生存的本真。

尽管欧洲的美学研究方式对于东方思想来说也许不太合适，但是东方人与欧洲人同作为生存于这个星球的智慧生命也必然存在着共同的生命关切。我们不能否认，欧洲美学在概念的外壳之内也包裹着某些作为人的共同生命关切的东西。所以，我们通过西方美学发展的历程与困境倒应该反思我们应该建设什么样的美学。我们如何将中国特有的东方之物置于这个外来的架构之中？这无疑是需要我们进行认真反思的。我们可以用建筑来打个比方：古典中国和古典西方的建筑是迥乎不同的，它们不仅外观上极为不同，而且用材上也相差很大。但是它们真的就没有一致的东西吗？在我们平时看不到的地方，我们就会发现，它们的地基部分并没有什么较大的区别。作为基础，不管哪种建筑，都要选择坚硬、不易腐朽的材料，并且这里也基本没有什么风格的问题。同样，对于一种理论，我们同样需要考虑它的地基。在这里，东方与西方可能有着更小的差异，那么这就应该是中西理论建构的共同根源。所以，我们这里试图为美学寻找一个牢固的基础。

卡西尔（Cassirer）在《人论》中说，我们几乎可以在所有人的文化生活形式中看到一个由外向观察到内向观察的过程。① 这个论断是符合事实的。就哲学而言，这个过程体现为从本体论到认识论的转向。也正是在实现这个转向后的主体路线中，哲学家们才能在为哲学奠定牢靠基础的工作上取得进展。对于美学来说，也有一个这样的转变。汤森德（Townsend）在其《美学导论》中梳理了在西方美学史中相继出现的三个核心概念：美、趣味和审美情感。② 这几个概念显然也体现出了美学从客体到主体这个由外而内的转变倾向。相对于"美"而言，"趣味"与"审美情感"这两个概念便是内向观察的产物。但是，如果我们从理论基础的角度来考察的话，这两个概念恐怕就难以胜任了，因为二者都具有很强的心理主义色彩。下面，我们逐步去探究那个可以成为美学基础的概念。

（一）美的本体论的迷误

美学中的外向观察，无疑主要体现为自柏拉图（Plato）以来的那种

---

① 恩斯特·卡西尔：《人论》，甘阳译，上海：上海译文出版社，2004年，第6页。
② D. Townsend, *An Introduction to Aesthetics*, Malden: Blackwell Publishers Inc. 1997, pp. 8—24.

探求美的本质的美学传统。在美学史上，柏拉图假其师苏格拉底（Socrates）之口最早提出了"美是什么"（what the beautiful is）这个问题。① 这个问题实际上也就是关于美的定义与本质的问题，它因而所具有的哲学意义也使其成为美学学科的滥觞。由于这个问题的影响，"美"在很长时间里便成为美学的核心概念，并且也成为这种客体路线的逻辑起点。显然，这条美学路线有一个预设，这就是："美"有一个普遍的本质，事物的美与不美便决定于它是否拥有这个普遍的本质。由于"美"这个概念首先是我们对于客观事物的使用，所以这种寻求"美的本质"的路线自然也就集中于考察主体之外的客观对象。

但是，这条本质主义路线从它发轫之时便遭遇到了非常的困难。柏拉图在《大希庇亚篇》（Greater Hippias）中展示了苏格拉底与希庇亚（Hippias）关于"美"的对话。在对话中，苏格拉底首先问希庇亚"美本身是什么"，然后二人便从经验事物开始对这个问题进行探讨：从少女到黄金，从适宜的到有用的，再到听觉和视觉带来的快感。尽管这些讨论也涉及主观的方面，但是这种从经验出发又试图达到一个涵盖所有经验之"美"的抽象本质的考察方式显然很难取得什么成果。所以，苏格拉底最后无奈地引用了古希腊谚语说："所有美的东西都是困难的。"② 于是，他们二人就这样结束了对话。

然而这个对话的无果而终也并非毫无意义。我倒认为这里蕴涵着一种特殊意义，甚至我还认为这或许倒是这篇对话在柏拉图那里的真正意义。在他那里，"美是什么"或说"美本身是什么"这种问题所涉及的是我们关于"美"的真正知识；而对话的无果而终背后隐含的意思是，他要借此说明从经验事物出发去解决美的本质问题是行不通的。所以，他在其师通过归纳方法无法解决事物本身是什么这类问题失败之后，直接提出"理念"作为其哲学理论的基础。也就是说，他从对经验的否定直接跳跃到了一种超验的"理念"，并以此解决"美是什么"的问题。但是，柏拉图的"理念"也只是一种观念的客体，这种超验的回答事实上没有告诉我们关于"美"的任何东西。在这个方面，他的高足亚里士多德（Aristotle）很

---

① 柏拉图在他的文本中使用的是"καλον"（kalon）这个词语。美国著名古典学家保尔·伍德鲁夫（Paul Woodruff）认为这个词语包括了"美丽"、"高贵"、"绝妙"和"优秀"之类的意思，故此他在新英文版《柏拉图全集》（Plato, Complete Works, ed. John M. Cooper, Hackett Publishing Company, Inc., 1997）中将这个词语翻译成了"Fine"。但是，事实上也正是"美"（Beautiful）的意义影响了西方美学的历史进程。
② 柏拉图：《柏拉图全集（第四卷）》，王晓朝译，北京：人民出版社，2003年，第61页。

快就对老师这个"理念"进行了有力的批判。

柏拉图之后很长时间，西方美学大多都是以解决"美是什么"为其核心任务的。尽管许多哲学家都提出了自己的方案，但却不断地被后来者所质疑和否定。我们知道，笛卡尔（Descartes）奠定了现代哲学的基础，开启了哲学思考的主体转向，但他的关于"美"和艺术的理论也并没有突出地从这个视角来展开。我们可以笼统地说，直到德国古典哲学的终结，西方美学理论基本上都未脱离柏拉图之问。但是，这种以"美"为逻辑起点的客体路线，不管唯物论的还是唯心论的，都遭到了质疑与批评。在这些质疑中，早期影响较大的当以休谟（Hume）与伏尔泰（Voltaire）为代表：休谟在《论怀疑派》（*The Sceptic*）中提出"美"在主体的心中，并以此否定客观普遍之"美"的存在；伏尔泰在《哲学词典》（*Philosophical Dictionary*）"美"的词条中对这种寻找绝对客观之"美"的思路也提出了有力的否定。不过，在对寻求"美"的本质这条路线所提出的否定中，维特根斯坦的语言哲学分析应该算是最具有影响的了。

维特根斯坦（Wittgenstein）说，他所做的是将词语从形而上学的使用中重新带回到日常的使用上来。① 他将这条路径视为解决一切哲学困难的办法。维特根斯坦的这种语言分析的本质是回归到语言的原初使用，所以，如果我们称他这种语言分析为"语言现象学"（language phenomenology）的话应该并不为过。在他看来，如果我们考察"美的"这个词语所出现的句子的语言形式，我们就会知道它较其他词语的用法更容易受到误解。② 维特根斯坦认为，"美的"只是一个形容词，是出现在不同的"语言游戏"（language-game）中形成的表示赞美的一种"感叹"。

据此，由于柏拉图假其师苏格拉底之口提出"美是什么"这个问题也就是从日常生活中"美的"事物说起的，所以，我们就可以说，由"美的"到"美是什么"是由于对语言使用的误解而导致的思维僭越。这种僭越使我们误以为某种普遍本质决定了它是"美的"。用维特根斯坦的说法，这就是进入了语言陷阱。"美的"是一个在语言游戏中的意义家族，所以如果在美学中"寻求与我们的概念相符合的定义"会面临一种非常尴尬的境地。对此，维特根斯坦嘲讽道："你可能认为美学是告诉我们美是什么

---

① 维特根斯坦：《哲学语法》，韩林合译，北京：商务印书馆，2012年，第281页；《哲学研究》，李步楼译，北京：商务印书馆，1996年，第73页。
② L. Wittgenstein, *Lectures & Conversations on Aesthetics, Psychology and Religious Belief*, University of California Press, 1967, p.1.

的一门科学——这话简直太可笑了。我想它还应该包括哪种咖啡味道更好。"①的确,这种语言分析的批评是非常有力的。

维特根斯坦对于"美"的普遍本质的否定,无疑是对绝对主义本体论的一种克服。但是事实上他的批判也并没有完全脱离外向观察的特点,因为他也是通过对经验事物的考察来反对"美"的普遍本质的。在维特根斯坦看来,因为经验的现象是多种多样的,无法完全由一个抽象的东西来统帅,所以他便否定了"美"的普遍本质的存在,而认为美的事物只具有一种"家族相似"(family resemblance)的特点。不同之处在于,柏拉图发现了经验解决问题的无奈之后,便抛弃了经验而直接上升到超验的东西;而维特根斯坦也应该相信本质存在于经验,但是,既然在经验中无法找到这样的本质,于是他就抛弃了所谓"美的本质"这个问题。在解决问题的出发点上,维特根斯坦和柏拉图并没有什么本质的区别。

西方美学的历史已经说明,从客观对象上探寻"美是什么"的本质主义路线必然导致一种理论迷误。在我看来,这种迷误一方面源于"美"这个词语的内涵在使用中的多样性,另一方面也是源于美学思考与哲学建设相比而言的滞后性。这种滞后主要表现在问题的转向上:我们知道,当古希腊的哲学在追问宇宙本原的时候也就产生了"美(本身)是什么"的问题,这是哲学的本体论视角所引发的对于"美"所进行的形而上的追问;但当哲学转向认识论即开始其主体转向的时候,美学却并没有及时跟上这个转向。

当然,与那种从客观对象的角度研究不同,西方美学中还有从美感心理等其他的角度研究美学问题的思路。比如夏夫兹博里(Shaftesbury)提出了"内在感官"的概念,这使得西方美学产生了另一条路向,并在某种程度上改变了柏拉图所影响的"美的本质"的研究路线。但这种美感心理的研究并没有成为一种美学研究的主流,也更没有建立在一个牢靠的哲学基础之上。

(二) 审美主体性的奠基

哲学中的内向考察典型地开始于笛卡尔,他的做法就是通过怀疑的方法来寻找哲学的"第一原理",即为哲学寻找一个不可怀疑的起点和基础。通过这种怀疑的方法,笛卡尔发现了纯粹的"我思",并由"我思"奠定

---

① L. Wittgenstein, *Lectures & Conversations on Aesthetics, Psychology and Religious Belief*, p. 11.

了"我"这个主体不可怀疑的地位。这样,笛卡尔经过清理哲学的地基而得到的第一原理就是"我思故我在"。① 这也是他的哲学思考进一步展开的逻辑起点。通过这条原理,他实现了哲学研究从本体论向认识论的主体转向。这种主体转向的实质即是从主体的角度寻求知识的确定性。

但是笛卡尔并没有实现美学上的这种转向。"趣味"(taste)尽管已经具有了内向观察的素质,但是对它的考察所具有的心理主义色彩不能使其具有理论基础的意义。而在这种视域中,我们或许能对鲍姆嘉通(Baumgarten)给美学确定的名称进行一种新的解读。"美学"这个名称是19世纪来华传教士对于鲍姆嘉通"aesthetica"的中文翻译。由于"美学"这一译名明显指向了"美",所以我们可以说这个名称的汉译实际上是与鲍姆嘉通的理路正好相背的。我们知道,鲍姆嘉通的"Aesthetica"是从古希腊语中的"感性的"(αἰσθητικός)一词而来,所以从词源意义上说就是"感觉学"或"感性学"的意思。这个名称所指向的明显不是属于客体的美的本质,而是感性(感性认识)这个属于主体的东西。鲍姆嘉通说的美丑主要不是对象形式上的美丑,而是感性认识的完善与否。所以,这已经与柏拉图以来的寻求美的本质的路线完全不同了。鲍姆嘉通经常使用的表达是"美的方式"或"美的思维"等,这里的"美(的)"其实更接近于"诗性(的)"这个概念,也就是我们说的"审美"(aesthetic)。这样我们就可以说,鲍姆嘉通是在美学领域推进了笛卡尔所开创的主体转向。遗憾的是,很少有人充分地注意到他的学科建设的真正精神。康德(Kant)则真正实现了这种主体转向,他的这种转向在认识论上体现为"先验感性""先验知性"这样的范畴,而在美学上则是体现为"判断力"这个概念。

在这种思考下,我们会将关注的目光转向审美。彭锋曾经说到西方美学早在19世纪末差不多就完成了从"美"向"审美"的转型。② 根据他的阐述,从实证的角度研究美感经验的问题在美学中占据了主导地位。然而我却认为,如果单将研究集中于美感经验,所谓的审美转向仍然没有真正实现,因为美感经验本身具有很浓的心理因素,它就很难为这个转向提供一种哲学奠基。所以,我们需要做的是进行严肃的美学沉思,以此寻找美学转向的内在依据。在进行这个沉思的过程中,我们必须为美学建筑起

---

① R. Descartes, *Philosophical Essays and Correspondence*, Hackett Publishing Company, Inc., 2000, p.61.
② 彭锋:《诗可以兴——古代宗教、伦理、哲学与艺术的美学阐释》,合肥:安徽教育出版社,2003年,第2页。

自己的哲学基础。

维特根斯坦其实也并没有彻底切断美学的后路。他说："我们应该谈论的词语是'鉴赏'（apperciated）。鉴赏（apperciation）由什么组成？"①所以他更多地讨论的是"审美判断"（aesthetic judgement）。"鉴赏"即是"审美"。美学不仅研究"美"，还需研究"丑"，并且"美"不等于"丑"，所以只去思考"美"的美学是狭隘的。这还因为，我们不仅在观照"美"的对象时是在审美，而且在观照"丑"的对象时其实也是在审美。"美"是什么，可能有无数答案，但不管怎么说，这些观照都是"审美"。所以，从逻辑地位上看，"审美"是先于"美"的。但我们通常都是认为：所谓"审美"，就是去"审"那个"美"，有了"美"才有"审美"。但是如果我们稍微认真地进行反思的话，就会知道事情根本不是这样的。严格说来，在进行审美的瞬间或过程，我们并没有对象"美"与"不美"的观念，"美"只是"审"的结果，"丑"同样也是"审"的结果。我们通常认为"美"先于"审美"是受了"审美"这个动宾式词语的误导。所以，在美学研究中，我们首先需要做的是考察这个逻辑在先的"审（美）"。

为了从主体性维度为审美奠定一个坚实的基础，我们将其与人的本质联系起来。拒斥本质主义，并不意味着我们必须抛弃"本质"这一概念，问题的关键是我们如何理解本质，尤其是人的本质。维特根斯坦也并没有否定在游戏中可以有本质性的规则。他认为游戏中不仅有规则，而且还有要义。这个要义就是本质性的规则，它区别于非本质的规则。②从审美对于人之本质的意义来说，我们可以借用马克思在前人的基础上所着力阐述的"本质力量"（essential power）这个概念来说明审美与人的本质的关系。③

说到"本质力量"，很自然地就涉及国内的实践美学，因为首先是实践美学将这个概念引入美学并将其作为自己的理论支柱。当然，在实践美

---

① L. Wittgenstein, *Lectures & Conversations on Aesthetics, Psychology and Religious Belief*, University of California Press, 1967, p. 7.
② 维特根斯坦：《哲学语法》，北京：商务印书馆，韩林合译，2012 年，第 232 页；《哲学研究》，李步楼译，北京：商务印书馆，1996 年，第 227 页。
③ 最早使用"essential power"这个概念的可能算是黑格尔了，他在其《精神现象学》中已经使用了这个概念，见 Hegel, *The phenomenology of Mind*, Translated by J. B. Baillie, Courier Dover Publications, 2003, p. 275. 如果说"本质力量"只是对于人而言，那么我们可以将动物的物种特质规定为本能力量（instinct power）。我理解二者的区别是：人的本质力量是在不断发展和得到建构的，而动物的本能力量在物种不变的范围内则是恒定的。

学受到普遍质疑的背景下,如果再拾起这个词来可能会引起回复到实践美学的嫌疑。不过在我看来,尽管实践美学逐渐暴露了不少问题,但它也确实给了我们很大的启发:如何将美学问题与人的存在问题联系起来,是需要我们进一步展开研究的。遗憾的是,当今学界不少人在批判实践美学的同时也把洗澡盆中的婴儿抛掉了。

我们知道,马克思的《1844年经济学哲学手稿》是国内实践美学的重要思想来源。但我认为,实践美学对《手稿》中许多内容的理解,尤其对马克思所阐述的"对象化"与"本质力量"等概念的发挥存在着很大的问题。在实践美学中,蒋孔阳先生对美的界定综合了这两个概念。他认为:"美是人的本质力量的对象化。"① 但是这个命题却将马克思使用这些概念所表达的丰富内涵简单化了。按照马克思的理论表述,人是对象化的存在物,但是对象化却有多种不同的具体方式,所以人的本质力量包含着诸多方面的内容。例如,康德的三大批判分别研究人的知、意、情这几种心理功能,这几种心理功能其实也可以说就是人的几种本质力量,它们的对象化成果显然是不能等同的。所以,绝不可以用"人的本质力量的对象化"这个简单而笼统的表述解释所谓"美的本质"。在我看来,这是一种武断的作法,也是违背马克思的基本旨意的。

审美作为人的一种本质力量,也就是人之为人的一种必然方式。这也就是说,审美的必然性就源于它是人的一种本质力量。对它的专门研究,体现在学科意义上就是美学。在我看来,这也就是美学研究从"美"转向"审美"的内在根据所在。康德认为,只有判断力才能成为沟通自由与自然的桥梁,也只有人类才有沟通二者的可能。这样,对于判断力的考察使得康德在建构他的先验哲学的过程中真正实现了美学上的主体转向。在康德这里,判断力可以说就是人之为人的一个重要标志。

马克思说:"人也按照美的规律来构造。"② 马克思在这里谈的是人的生产所具有的一种特性,所以这个所谓"美的规律"需要限制在传统的物质生产这个狭隘的意义上来理解。如果要让这个表述具有更大的普遍性,那就需要将这个所谓"美的规律"改变成"形式规律"。这样我们就可以说,人的生产如果没有一种形式诉求,也就失去了一个人之为人的重要标志。从某种意义上我们还可以说,马克思从他的视角深化和推进了康德哲

---

① 蒋孔阳:《美学新论》,北京:人民文学出版社,2006年,第177页。
② 中共中央马克思恩格斯列宁斯大林著作编译局编:《马克思恩格斯文集(第一卷)》,北京:人民出版社,2009年,第163页。

学的"哥白尼式革命"。在康德那里,从客观到主观的转向是人的知性为自然界立法。马克思在《关于费尔巴哈的提纲》中则说:"从前的一切唯物主义(包括费尔巴哈的唯物主义)的主要缺点是:对对象、现实、感性,只是从客体的或者直观的形式去理解,而不是把它们当作感性的人的活动,当作实践去理解,不是从主体方面去理解。"① 所以我们可以说,他们二人从不同的路线各自实现了哲学的主体转向。

美学要成为严格意义上的学科,也就必须有自己的核心概念。这个概念不应该是"美",而应该是"审美",如果要再多加一点东西就是"作为人的本质力量的审美"。由此我们说,美学的首要任务是对审美这种人的本质力量进行研究,所以这也就决定了美学的哲学品格。"审美"在历史层面和逻辑层面都要先于我们所习惯称呼的"美"。如果我们认识到审美是人的一种极为重要的本质力量,那么我们就会明白:只要人类得以存在,人类能够称之为人类,审美便不会终结。某种具体的艺术可能会逐渐衰落甚至消亡,但审美这种现象是不会终结的,它只是会发生这样或那样的变化。

(三) 审美现象学的清理

我们在将"审美"确定为美学的核心概念之后,接下来的工作就是寻求并确定审美研究的逻辑起点。我们知道,维特根斯坦将"美是什么"的问题剔除出美学之后,留下了"鉴赏"这个概念。我们基本上可以将这个词等同于"审美"。但是维特根斯坦在分析"鉴赏"时也发现了它的不确定性。这是由于鉴赏或说审美也是一个多层的结构,在不同的境域中有着不同的表现,并且也有各种各样的心理因素。所以就其整体来说,它仍然不具有原初性,而我们需要做的就是发现在各种鉴赏或审美下面最为基础的层面。这就是我们所要寻找的那个逻辑起点,我们也可以说它是一个阿基米德点。哲学发展的历史告诉我们,哲学研究的起点不应该是需要证明的而应该是不证自明的。

故而,寻找这个起点的最好方法就是现象学还原。通过现象学的运思,我们就会知道,这个逻辑起点就是"看"(与"听")。在这方面,维特根斯坦说:"不要去想,而是要去看!"② 这是他将语言落实到日常使用的一个前提,因为"想"容易使我们脱离开具体的境域,而对于共相与本

---

① 《马克思恩格斯文集(第一卷)》,第499页。
② 维特根斯坦:《哲学研究》,第47页。

质的依赖则是脱离具体境域的产物。

在黑尔德（Held）看来，这种对于境域的重视，首先应该归功于笛卡尔开始的主体性转向。黑尔德说："唯藉着随笛卡尔而来的对主体性的发现，以下洞见才成为可能：世界作为境域构成主体权能性的在非课题性意义上熟悉的运作空间。"① 可以说，笛卡尔是西方继古希腊之后第一个具有原创性的哲学大师，他的理论对西方哲学产生了深远的影响。尽管他的心物二元论成为西方哲学批判和克服的对象，但是由他开始的建立严格哲学的理路又被其后诸多哲学大师所秉承。这个理路就是如何为哲学寻找一个自明与可靠的基础。

笛卡尔通过怀疑的沉思为哲学找到了一个不可怀疑的起点和基础。这就是"我思"（cogito）。但是，他的"我思"并没有还原到最根本与最自明的层次。这一任务在现象学那里得到了进一步的推进，得以真正达到境域构成的维度。黑尔德所说的，也正是笛卡尔对于现象学在这方面的影响。

我们知道，他得到的这个"我思"其实还包括"我"（I）与"思"（think）这两个因素，并且他所说的"思"除了思维之外，还有感觉、想象等等。但是他并没有继续进行还原，从而澄清"我"与"思"之间的关系，去发现二者之中哪个更为根本，而只是停留于他的第一个存在——"我"。这是由于他没有发现在"自我我思的我"之下还有一个"纯粹直观的我"，而这个"纯粹直观的我"其实是一种"无我之我"，也就是说，它其实是没有"我"的意识的。这种纯粹的直观只具有一种"匿名的主体性"，它只是一种流动的"思"，是一种"匿名的我思"。"我"只是它的先验构造功能的一种超越性的自我构造。

这种匿名的我思，也正如萨特（Sartre）所说的那种"非正题意识"，也即他所说的那种"前反思的我思"（pre-reflective consciousness）。萨特说："反思没有任何优越之处凌驾于被反思的意识，不是反思对自己揭示出了被反思的意识。相反，正是非反思的意识使得反思成为可能，有一种前反思的我思是笛卡尔式我思的条件。"② 这种"前反思的我思"，也就是那种流动的"思"，而在这种"思"的底层则是一种反思之前的"看""听"等感觉的基本层面。我们可以称其为"基本感性"（basic sensibility），

---

① 克劳斯·黑尔德：《世界现象学》，倪梁康等译，北京：生活·读书·新知三联书店，2003年，第62页。

② Jean-Paul Sartre, *Being and Nothingness*, London: Taylor & Francis, 1969, p. 53.

并且这种所谓的基本感性在其本质上不是概念的。它不仅是知识的基础，也是审美的基础。

不过，我们这里当然并不能简单地根据笛卡尔那样的第一原理说"我感故我在"。这不仅是因为在这种感性中还没有那个作为超越物的"我"，而且是因为在地球上的生物界，虽然可以说只有人类在进行着"思"，但是并不能说只有人类在进行着"感"，进行着"看"与"听"等。我们进行通常意义上的"看"与"听"也并不能保证我们就是在"审美"，所以"看"与"听"只是构成审美的必要而不充分条件。从严格的学术意义上说，看或听都有几个层次：无意识的看或听，有意识的看或听。这样的话，我们在将"看"、"听"这种基本感性作为美学研究的逻辑起点的同时，也就要对其进行合理的界定。我们可以这样说，人的"看"不同于动物的"看"，因为我们的"看"是自觉的，也就是说，我们可以"看到"我们的"看"。我们的"看"可以不断地进行建构，这样的"看"是我们"种"的一种本质力量。然而，动物的形式感觉只产生本能的或具有低级智力的判断，它们没有形式的自觉，也不会得到不断的建构。

我们还可以通过胡塞尔的现象学方法达到这样一个结论。如果我们运用胡塞尔（Husserl）现象学还原的方法，将审美中所包涵的情感、想象、价值等因素进行搁置，最后剩余的就只是那种我们无法将其悬置起来的具有意向性的行为——"看"或"听"等这些基本感性。胡塞尔关于意识奠基顺序的理论即可说明这个问题。倪梁康先生将胡塞尔这个奠基理论分为五步。① 为了更加直观，我们将这个奠基式的结构用表格表示出来（由下往上为奠基次序，从左到右为包含内容）：

表 1 胡塞尔的意识行为结构

意识行为	非客体化意识行为（如爱、恨、同情、愤怒、喜悦等）			
	客体化意识行为	判断性客体化行为		
		表象性客体化行为	非直观行为（图像意识、符号意识）	
			直观行为（感知、想象）	想象
				感知（看、听）

由此可以看出，以"看"、"听"为基本形式的感知行为在整个意识结构中居于基础地位。但是倪梁康也说到，即使就现象学的范围来说，胡塞

---

① 倪梁康：《意识的向度：以胡塞尔为轴心的现象学问题研究》，北京：北京大学出版社，2007年，第124—125页。

尔的这种意识奠基顺序可能是舍勒（Sheler）与海德格尔等人所不同意的。他们二人也许认为最具奠基意义的倒是那些非客体化的行为，如爱（Liebe）、烦（Sorge）等等。① 但是在我看来，即使我们从存在论的视角仍然可以得到感知的奠基意义。我们知道，在海德格尔那里，此在是一种"在世之在"。但是他的这个"在世之在"并没有将现象学的精神贯彻到底。因为他忘了：所谓的"此在"，首先并不是以"在世之在"的方式，而也是以"现成"的方式存在的。所以我们还要还原到此在的这种原初存在方式，考察这种"现成"是怎样成为那个"在世之在"的。这恐怕还要从胡塞尔那里做起。

综上所述，美学的首要研究对象就应该是"审美"（the aesthetic）。审美不是认识，美学也就不是认识论，所以美学也就不是一种寻求知识确定性的学科，我们当然也就不能以笛卡尔那种理性的"我思"作为逻辑起点。同时，我们的目的不是通过寻找所谓的第一原理去演绎出整个美学理论体系，而只是寻找一个合适的逻辑起点以对美学的核心概念进行展开论述，以避免美学研究成为无根的玄思或经验的描述。如果我们不是将"美"而是将"审美"作为美学的核心概念，那么对于审美来说，可以作为研究起点的则应该是处于意识根源部位的这种基本感性，并且以此作为逻辑起点考察人的审美是如何得到建构的。这种建构不仅包括审美在主体那里的发生与展开机制，而且也包括审美是如何在对象那里得到对象化的，等等。这样，美学的逻辑架构将从这些最为基础的考察开始得到一步步的展开。有了逻辑起点作为基础，我们就能以此为前提重新思考美学中的诸多问题。除此，逻辑起点还是一个尺度，它不仅是整个理论的起点，还是思考每一个问题的潜在起点。

在这样的美学研究路径中，以"看"、"听"为主要方式的基本感性就会成为我们首先需要关注的问题。同时，这个基本感性还需进行逻辑的展开以不断丰富自己的意义。

在人的各种感觉中，我们之所以着重讨论"看"和"听"，是由于视觉和听觉在人类文化中的作用是更为重要的。如果从一个生物体的成长来说，触觉这样的身体感觉是基础性的，但是，人是一种文化的生物，人类社会的文化信息主要靠视觉和听觉来获得和传播，这两种感觉也是人类认识世界、鉴赏世界的主要官能，并且这两种官能也会随着人的人化过程而得到不断的文化建构，而其它的身体感觉则无法达到这样的文化

---

① 倪梁康：《意识的向度：以胡塞尔为轴心的现象学问题研究》，第125页（脚注）。

(culturalized)程度。

亚里士多德说:"无论我们将有所作为,或竟是无所作为,较之其它感觉,我们都特爱观看。理由是:能使我们识知事物,并显明事物之间的许多差别,此于五官之中,以得于视觉者为多。"① 还有非常重要的一点,约翰·伯格说:"正是观看,建立了我们在周围世界中的位置。"② 由此可见,在视觉与听觉中,视觉的文化意义更为重要一些。

正是在这样的视野中,我们将目光转向了中国哲学中的"观"。这个概念就为我们思考观看的建构提供了丰富的思想资源。在本项研究中,我们将会看到,中国哲学的"观",不仅表现为多种形态,而且还包含着丰富的意义层面;而"观"所具有的这种架构,在先秦时期的各种理论体系中便得到了丰富的展现。不仅如此,在中国古代的这个轴心时期,"观"这个概念就在中国哲学中成为一种基本的认知及体验方式。它不仅有人类学意义的层面和社会学意义的层面,而且更重要的还是它的哲学维度的形上层面。同时,中国哲学中的"观"经过适当的诠释就会成为一个审美概念,或者说,在某种程度上,它本身就是一个审美概念。这样,我们就可以从这个"观"中直接或间接地提炼出极富美学精神的内涵。我们可以肯定,在以审美研究为核心的美学中,中国哲学和美学将会展现出新的魅力。

二、文献综述

对于本文所涉及的"观"这个概念,目前所见的文献中已有不少关于它的零星讨论,但是还很少有文献单独把它拿出来作为一个哲学—美学的基本范畴而进行较为系统的研究。所以说,我们这里对于这个概念的系统性梳理只是一种尝试。这里我们先将目前所能掌握的文献的相关讨论进行一个粗略的考察。

(一) 整体研究

从哲学方面来说,学界历来重视中国哲学中的本体论范畴,这些本体

---

① 亚里士多德:《形而上学》,吴寿彭译,北京:商务印书馆,2011年,第1页。
② John Berger, *Ways of Seeing*, Condon: British Broadcasting Corporation and Penguin Books, 1972, p.7.

包括宇宙本体（本根）或人的存在本体。① 我们知道，中国哲学是究天人之际的学问，而"观"则正是架在天与人之间的一道重要桥梁，人以"观"的方式去达到对天的认识，或者达到对于天之"性"的掌握。如果不对这个概念进行探讨，不能不说是哲学上的缺陷。但是现在看来这个概念起码在哲学方面并未得到充分的重视。许多关于中国哲学范畴的著作对于沟通主体与对象的"观"这个概念鲜有论及。如张立文主编的《中国哲学范畴精粹丛书》（北京：中国人民大学出版社，1989）选择了中国哲学中"道"、"气"、"理"、"心"、"性"等范畴，葛荣晋《中国哲学范畴通论》（北京：首都师范大学出版社，2001）也是以"气"、"道"为核心论述了从其中派生出的若干哲学概念。这两本著作中都没有"观"这个概念的位置。

不过张岱年主编的《中国哲学大辞典》倒列有这个词条。这本辞书根据内容分类，收录大约6700个词条。这么多的词条当然就很难漏掉它了。在这部辞书中，"观"作为三个词条，分别收录于儒家哲学、佛教哲学与道教哲学中。"观"在佛教哲学中的地位不用赘言，《大辞典》中所讲的也较为客观。但在第一、三两个词条中，《大辞典》对于儒、道哲学中"观"的阐述都有值得商榷之处。其第一个"观"的词条中说："春秋孔子哲学思想的概念。"② 第三个词条中说："道教用语。……源于佛教，唐代重玄学派用为证道方法。"③ 显然这两种说法都是有问题的。我们说，孔子所说的"观"并非它的真正源头，《易经》中就对"观"作了比较系统的阐发。再者，道教的"观"也并非单单来自佛教，先秦道家是其更早的源头。

王树人在《回归原创之思："象思维"视野下的中国智慧》（南京：江苏人民出版社，2005）一书中也涉及"观"的概念。由于他的考察视角主要是从海德格尔"Ereignis"那里过来的，所以他认为"观"是非对象性的。④ 这种看法对于老庄当然是没有什么问题的，但是如果用于《周易》之上则有鲁莽之嫌。我们当然也不否认《周易》中的"观"也有类似老庄的这种境域性意义，即（易）道的显示。但也不能否认其中也有经验观察

---

① 我们这里使用的"本体"概念与从西方哲学的"ontology"翻译过来的"本体论"的"本体"是有区别的。中国哲学中也有"本体"这一概念，它在内涵上主要指事物的本质构成或本质特征。西方的"ontology"由于是由谓语动词"on"（being）而来的，所以它主要是讨论某一事物的"是其所是"。这里的"是"当然是由人而起，所以海德格尔由探讨人的"此在"（Dasein）而开始。

② 张岱年主编：《中国哲学大辞典》，上海：上海辞书出版社，2010年，第96页。

③ 同上书，第313页。

④ 对于海氏此词，孙周兴先生译为"本有"、"大道"，张祥龙先生译为"缘构发生"。

的层面，这种观察当然是对象性的，否则无法"取象"。

在哲学方面将这个概念做了较为全面分析的，就笔者目前所见，也就只有彭富春所著的《论中国的智慧》。他在书中谈到中国思想的"知道"。所谓"知道"，即是对"道"的"知"。在他看来，"观"即是知道的方式，"观"自身的结构包括几个环节：一是以何观？二是观何物？三是如何观？① 第一个问题是说观察者的立场与视角，如《周易》的俯仰远近，庄子的以道观之与以物观之，邵雍的目观、心观、理观。第二个问题所涉及的物分为外在之物与内在之物，由此观物可以分为外观与内观。但是这种分法未免有些刻板。对于第三个问题，他说："观物的过程首先是去蔽，然后是显示。"② 如孔子的四毋，荀子的虚壹而静，道家的涤除玄览与心斋坐忘，禅宗的无念、无住、无相。作者也对"观"在儒、道、释三家中各自的主要形态作了简单的梳理。同时也讲了"观"本身的美学意义。在他看来，无论观心还是观物，都是观其性、观其道。在"观"中，道的本身直接呈现出来，这种呈现就有了审美的意味。他说："道的显现便有文或者象。美在根本上不是其他什么东西，而是道的显现，也就是道之文和道之象。"③ 所以，彭富春先生的这些讨论对于本文是有很多启发的。

作为一个哲学概念，"观"的本身就包含了一些美学的特征，或者说在很多时候，它本身就是一个美学的概念。朱立元主编的《美学大辞典》（上海：上海辞书出版社，2010）也是根据内容分类，收录大约4000个词条。其中"观"列于中国美学的基本范畴中。

在美学方面，比较明确地将"观"作为一个重要范畴而提出来的可能算是张法的《中国美学史》（上海：上海人民出版社，2000）了，他在书中首先提炼出了远古文化的几个重要范畴：礼、文、和、中、观、乐。这几个范畴无疑是理解中国美学的关键词。这本著作展示了在中国美学中"观"作为审美方式的基型所包含的核心内容：仰观俯察与游目流观。同时，本书也分析了这种观看方式与中国古代建筑"台"所具有的深刻联系。并且，这本著作还在审美欣赏的范畴内就"观"与"味"、"悟"的关系进行了深入的探讨。这些观点，不仅启发了本文的考察，而且也是本文对"观"这一概念做出考察的重要参照。

王振复主编的《中国美学范畴史》第一卷结合"象"的概念讨论了

---

① 彭富春：《论中国的智慧》，北京：人民出版社，2010年，第47页。
② 同上书，第52页。
③ 同上书，第60页。

"观"。对此，这本著作主要讲了如下几个方面：一、"观"的原始之义；二、《周易》"观"卦之义；三、儒家比德之"观"。他们认为："观的基本条件是象之存在，无'象'焉能为观？"① 但是这种观点在逻辑上是有问题的。《周易·系辞上》中说："见乃谓之象。"从逻辑上说，观是象的条件，没有观就没有象。在观之外存在的是物的"形"。

刘继潮的《游观：中国古典绘画空间本体诠释》（北京：生活·读书·新知三联书店，2011）着重从美学角度分析了中国古典绘画中"以大观小"的问题。他在书中以沈（括）李（成）之争为线全面梳理了"以大观小"这个命题在中国古典绘画中的深刻根源、内涵与意义。他也认为，"观"是理解中国哲学与美学的重要切入点。

胡伟希在其《中观哲学导论》中也对"观"这一概念作了一些有益的讨论。他这一著作的主要目的是试图以"中观"概念为基础实现沟通中西哲学大一统的诉求。他所说的"中观"，实际上是以"中"为世界观与方法论的思考路径，他所分析的"中观五式"其实就是儒家"执两用中"的五层意蕴。在讨论中，他也对"观"有所分析。他说："所谓'观'，是指人把握世界与宇宙本体的一种直觉方式。"② 他将这种直觉能力分为"知的直觉"和"智的直觉"两种。但是，"观"作为主体与世界发生关系的基本方式，在他这一著作中并不是讨论的重点。

他还认为，"观"在对象的"世界化"中起到了决定性的作用。在世界化的过程中，"观"表现了有观和无观两种形态。二者的不同，表现为：有观为二分化的视角，它使世界呈现为一个有限性的世界；无观为非二分法的视角，它使世界呈现为一个无限性的世界。他说："观意味着超越（作动词用）：对于具体存在者的超越。而这一超越，也就意味着我们从生活常识进入哲学思维，从生活世界走向形上世界。"③ 本文的讨论也将显示，"观"这一行为不仅在周代礼乐中，而且在儒家、道家的思想中都有一个建构的过程。

（二）局部研究

1. 先秦文化中的"观"

在这方面，傅道彬的《诗可以观：礼乐文化与周代诗学精神》可能属

---

① 王振复主编：《中国美学范畴史》，太原：山西教育出版社，2006年，第319页。
② 胡伟希：《中观哲学导论》，北京：北京大学出版社，2016年，第18页。
③ 同上书，第27页。

于近来出现的唯一一本专门从"观"这个方面讨论先秦文化的著作了。傅先生是以诗为出发点，所以他讨论的基础是观诗。他说："通过观诗，可以观礼，可以观政，可以观志，也可以观美；观诗可以观察一个国家的政治，一个人的心态；可以观察一个民族的礼俗，也可以观察一个时代一个地域的艺术与审美风格。"① 而本书是从"观"这个概念本身出发，考察"观"在先秦话语中所呈现出来的多种类型和多种方式。其实，由于"美"在周代并没有独立的地位而是依附于礼，所以"观"的形态首先体现为观礼、观政等方面内容，而观美则是在所有这些"观"的底层起着作用。这样，我们也可以说，周代的礼仪文化本身就具有审美的特征。

2.《周易》中的"观"

学界对于《周易》的研究，大多是集中于"象"这个概念的本体论视角。当然，我们可以说，"象"这个概念在《易传》中算是最为重要的。《周易·系辞下》中说："易者，象也。"并且，"象"对于中国美学的影响也是极其巨大的。但是，哲学与美学的发展需要我们以新的视角来研究。

对于《周易》中"观"这个概念的解读，首先需要提起的就是成中英的《易学本体论》。在这部著作中，有两个方面的讨论是很有价值的：其一是在本书中的《论"观"的哲学意义与易的本体诠释》一文中，他阐述了"观"的八种特征；② 其二是在《观——成中英波恩大学访谈》中，他将"观"视为中国古典哲学中最为原始的起点。③

对《周易》中的"观"进行系统解读的美学著作并不很多，较有代表性的比如陈碧的《〈周易〉象数之美》（北京：人民出版社，2009）一书讲到了"观的审美方式"。这部分内容主要有三个方面：一是先简要解释了"观"卦，并罗列各卦及《系辞》、《说卦》、《序卦》中有"观"的文句并作简单的解释；二是总结了"观"所包含的主要内容：包括观"天地"、观"生"、见"情"、观"会通"、观"卦"；三是讲了"观物取象"及"观"对中国艺术的影响：乐可以观、诗可以观、画可以观。作者的问题在于仅作了资料整理式的汇总，而缺乏深入的分析与逻辑的梳理。另外，作者将"观物"视为"物感"说的滥觞与基元，这是缺乏根据的。如果我们从《周易》文本中挖掘的话，二者的关系可能倒是与此相反的，《周易》中说"观其所感"，显然从逻辑上说"感"是先于"观"的。这里还要分

---

① 傅道彬：《诗可以观：礼乐文化与周代诗学精神》，北京：中华书局，2010 年，第 25 页。
② 成中英：《易学本体论》，北京：北京大学出版社，2006 年，第 81 页。
③ 同上书，第 396 页。

清无心之感（咸）与有心之感。认为"观"的审美方式形成了中国艺术"游"的审美境界，这种看法也是值得商榷的。"游"即使与"观"相关，主要也不是在《周易》那里，而是在《庄子》那里。美学上的游目流观多认为源于"仰观俯察"，这也是缺乏充分根据的，人们大多忽视了庄屈与此的可能关联。

3. 老庄的"观"

在先秦儒家那里，"观"并没有形成一个哲学概念，并且在美学上的影响也远不及道家。但是对于老庄的"观"进行单独研究的著述也很少见，并且也只有少数著作是在分析老庄思想的过程中谈及这个概念。

詹剑峰在《老子其人其书及其道论》（武汉：华中师范大学出版社，2006）的第七章第三节分析了"有无双观"的问题。在第十章第二节中，他又将老子的"玄览"分解为"观物"、"知常"和"知大道"三个层次，也即"直观"、"静观"和"双观"三个层次。陈少明在《〈齐物论〉及其影响》（北京：北京大学出版社，2004）中也谈到"以道观之"这个命题，他认为这个命题说明"道"主要还是一种"观"的方式，是一种视角或一种看法。但是他在这节内容中并未对之进行充分的展开与讨论。此外，杨国荣在《庄子的思想世界》中分析了存在于庄子那里的两种世界图景："其一为未始有封的本然形态，其二则是分化的世界。"① 在此基础上，他认为"以道观之"就是一种存在的图景与视域，而完成两种世界的转换则依赖于视域的转换。

美学方面，刘绍瑾在《庄子与中国美学》（长沙：岳麓书社，2006）中分析了庄子那里的"全"与"亏"并将二者视为庄子的两种美感视境，前者就是自然全美，后者则是人为偏美。这两种美感视域是由"以物观物"和"以我观物"这两种感应宇宙的不同方式造成的。同时他深入探讨了"以物观物"的观看方式，他将其视为一种审美感应方式。但是我们需要澄清的是，"以物观物"是邵雍与王国维所使用的说法，尽管这种说法明显地源于庄子，但贸然以此来讲庄子的观看方式则有些不妥。这里有一个话语转换的问题。因为庄子那里有"以物观之"这个说法，但这个说法是完全不同于邵、王二人所说的"以物观物"的。因为在庄子这里，"以物观之"的层次是位于"以道观之"之下的。

---

① 杨国荣：《庄子的思想世界》，北京：北京大学出版社，2006年，第58页。

三、本书解题

在中国传统文化中，审美不仅是对艺术的鉴赏，在早期更是孕育于对自然与人文的观看之中。这种观看，不仅孕育了中国艺术精神的重要元素，而且也使得中国传统文化与哲学具有浓郁的诗性气质。中国艺术精神并不是某种哲学单独塑造出来的，而是由多种话语模式共同以合力的方式对后世产生作用的。这些模式在先秦都已经基本形成。在先秦诸子时期，理性得到了充足的发展，但是理性精神的成长并非是在诸子时期才得以凸现，这还要上溯到周初周公制礼作乐之时。周代的礼乐文化是先秦诸子对话争鸣的共同背景，而"观"则是本书进入先秦文化与哲学的一个切入点。

（一）题目的概念与表述

简单地说，"观"即"看"，而周代礼乐文化则是在这样一种观看行为之中进行运作的。"看"是审美的基础，但并非看就有了审美，看了之后还可能会导向概念认知。不过，从根本上说，"看"在其最基本的层次上是具有审美性质的，这就是韦尔施（Welsch）在康德的先验感性（transcendental aesthetic）中发现美学成为所谓"第一哲学"的深刻原因。所以我也可以说，周代的礼乐文化本身就是一种具有审美性的文化模式，或者说它在很大程度上就是一种古典型的审美文化。蒙培元先生指出，中国传统哲学是艺术型的，是诗学的或说是美学的；但它又不是纯艺术的、纯美学的，因为其中有更多的道德情感甚至宗教情感的成分。① 这一点在周代礼乐文化之中尤为突出。不过，它也不是一种单纯的视觉模式，而是要求在视觉之中纳入深度的理性内容，甚至是一种形而上的精神诉求。

这里我们顺便说说"观"的英译问题。翻译有时可以推动我们更为深刻地理解一个概念。用我们现在的话来说，"观"其实也就是"看"。但是在先秦，它并不完全等于"看"，它包括了比"看"更多的内容。所以我们把它译为"seeing"显然是不太合适的。由于"观"在先秦时期首先是一个文化概念，而在这种礼乐文化中，"观"的对象具有一种景观的意义，所以我姑且将"观"翻译为"viewing"。但是这个译法也不是很理想的。我们知道，老庄基本上反对经验性的视觉，认为这种视觉的观看阻碍了对

---

① 蒙培元：《中国哲学主体思维》，北京：人民出版社，1993年，第55页。

于道的领悟，所以将他们的"观"翻译成"viewing"显然也是有问题的。但是，由于先秦各种思想形态中就用这么一个"观"字，所以我们也只能谋求这么一种权宜之计了。

尤其值得我们注意的是，中国哲学中的"观"，不管是仪式性的、景观性的，还是审美性的、体验性的，它在最后都要实现一种本质性的洞见。相反，那种只停留在表面的"观"则是他们所强烈反对的。

我这里说的"诗性"，是指文化上重形式、哲学上重体验的特征。张世英先生从天人合一的角度指出了中国哲学的诗性特征。他说："天人合一本是一种物我不分或物我两忘的诗意境界。中国哲学大多是哲学家们对自己的诗意境界的一种陈述或理性表达。"[①] 蒙培元先生则直接说："一部中国哲学何尝不是诗的哲学。"[②] 所以，从根本上说，中国哲学是诗性的。它不是概念论的、实体论的，而是情感论的、境界论的。

我这里说的"诗性建构"，包括两个方面的探究：一个方面是指先秦各种话语本身所包含的一种诗性建构，另外一个方面是指在后人那里得到实现或进一步突出的诗性建构。所以，我们不仅需要关注先秦时期"观"在礼乐文化与各种哲学话语模式中所具有的诗性建构，还要适当地突破先秦这个界限来考察后世对这个概念所进行的诗学阐释或具有诗性的阐释。当然本文侧重于先秦这个时段，而对后世则是选择若干重要的环节进行分析，如理学中的观物理论、王国维诗学中的观物理论等。

中国哲学的"观"之所以会与一种"诗性"联系起来，是由于它不同于西方视觉研究的路径。西方的"看"是进入理性逻辑思考的基础，所以与它联系的是"思"；而中国的"观"很少作知识论的思考，与它联系的则是体验性的"反观"。这样，中国古代哲学中的"观"就不重生理机制的探讨，而主要是突出从形式到内在德性甚至超验维度的把握。与此不同，西方哲学的"看"更重视物理维度的效果，从古希腊哲学的哲学探讨经文艺复兴的艺术追求再到现代的视觉文化都体现了这样一个路径。所以，西方的这种视觉研究体现在艺术中就有了一种与几何空间相关的透视法，这种"看"首先是要获得一种经验的逼真，尤其是在绘画中突出了一种逼真的透视错觉。与此不同，中国古代的"观"则发展出一种非透视的观看方式。

---

① 张世英：《天人之际：中西哲学的困惑与选择》，北京：人民出版社，2005年，第167—168页。

② 蒙培元：《中国哲学主体思维》，第109页。

（二）经典文本的选择

在中国哲学与美学中，"观"这个概念并不算最重要的，儒家的"仁"、道家的"道"、《周易》的"象"，它们在重要性上都是超过"观"的。但是，我们在理解上述这些概念时，"观"却应该是一个不可缺少的维度。比如，"观"是儒家实现"仁"、道家实现"道"的一个极其重要的方式。这种方式也体现了"仁"、"道"的一些本质性的特征。

对于"观"这个概念，我们通常在《周易》或老庄那里进行讨论，而很少注意这些文献的文化背景，所以从"观"的视角分析周代礼乐文化的结构则是本书的重要一环。在周代礼乐文化中，"观"是实现其政教功能的一种重要方式。这可以从先秦大量经子文献中看到。所以，这些文献，尤其是儒家所尊的经学文本将是我们考察的重点。本文所讨论的主要是"观"这个概念，其主要目的在于考察它在先秦时期的源流演变，并且从这个过程中分析古人的相关观念的状况。这种可以称之为概念史或说观念史的研究，就决定了我们对于先秦文献作为古典文本的基本态度。

所谓先秦文献，严格说来，并不是一个十足的事实，因为很多先秦文献中已篡入了后世的文字。所以，作为考察的重点，我们所说的"周代"，在某种程度上也算是文献中的周代，而未必全是事实上的周代。或者说，我们所阅读的文献中的周代，有很多内容只是一种想象的重构。

但是，由于本书这项研究的目的，我们在研究典籍中之概念的发展演变则可不必十分究其虚实。即使并非真正古人所言，但从这个虚构的成分中也恰能反映出真的观念来。

我们是站在观念史的角度来考察的，也就是说，我们是从对后人的影响这个角度来考察古代文本的。这就决定了我们所选择的文本，主要是各种文献的通行本。这主要是因为：其一，后人所受的影响显然是来源于那些通行的本子，而这些通行的本子或者更接近原貌（这样的可能性也许很小），或者经过了后人的加工（即篡入后人的改动）；其二，后人对于前人文本的改动或者干脆加入文字的行为正是后人希望受到前人何种影响的反映，这就是说，他们的改动或加入正是他们希望古人文本所应该成为的样子，而正是这种改动形成了观念史的连贯。

所以在这方面说，尽管我们所看到的文本未必就是真正反映了它名义上所出时代的原貌，但这也正是后人所希望那个时代所是的样子，而那种改动也正是使得自己的观念获得了合理性与合法性。这样，我们在考察典籍的时候就不会受到史家的责难，可以避开人们以史实的视角对于我们的批评。我们所需要接受的也是应该接受的批评是对于这些概念、范畴、命题的梳理是否恰当，对于它们的诠释是否合理、是否合乎逻辑。

（三）本书的方法与结构

在本书中，具有方法论意义上的研究，主要有现象学方法、文献学方法与文化人类学方法等。

首先，现象学的方法主要运用于对美学研究对象的思考上。我在这篇导言中已经说过，本书对于"观"的研究，是出于一种美学思考的目的。我的主要观点是，美学要从人的基本感性开始，而对这种基本感性的发现，则是凭借一种现象学还原的方法。这种方法让我们回到美学的最基本问题。此外，本书在分析《周易》、老庄等话语的时候，也会运用到现象学的方法。

其次，本书的主要内容是对先秦时期的重要哲学文本与文化文本中的相关内容进行深度的研读。这样，我们就要借助先秦之后的诸多注疏文本，这其实也就构成了传统意义上的考证方法。

再次，文化人类学作为一种学科，本书在写作过程中也将其作为一种方法而书写。我们说先秦的"观"具有一种诗性建构，就是由于这些文本体现了中国古代哲学思维与文化人类学中所说的人类早期的诗性智慧具有深刻的联系。当然，我们也会反复强调，这只是一种结构的相似，先秦时期的哲学文本中的思维是一种经过理性化的思维方式，它们大多包含了深刻的形上维度，已经极大地区别于上古时期的原始思维了。

对现代的研究来说，欧洲哲学的表象方式与概念方式无疑是具有极大诱惑力的。这种方式对于东亚艺术中的某些东西也许是无能为力的，但是它也并非必然掩蔽东亚艺术的真正本质。《诗》云："他山之石，可以攻玉。"（《小雅·鹤鸣》）此话的确有其道理所在。对于有些可以言说的问题，我们自己的话语系统却不去言说甚或不能言说，而西方的那种概念方式就有可能给我们提供很大帮助。如《周易》说了"形"与"象"二者的不同，但二者为何不同它却并不去说。也许古人认为这是不需说的。不过，恐怕更为可能的是，这种话语本身很难说清二者的不同。但是如果我们借助于现象学的逻辑与语言，这个问题便可迎刃而解。从另一个方面讲，理性本身的发展使得西方哲学中的许多方法与内容更符合现代社会的理论诉求。

然后，我再简单地勾勒一下本书的结构：

第一章通过概览文化人类学中的若干重要研究成果，以掌握原始思维所具有的诗性特征。通过分析这种特征，我们会发现中国文化中的思维与其保持着更大的结构关联。这种关联体现为从巫文化到礼文化的理性重塑。当然，这种重塑也使得中华文化中的诗性与原始思维的诗性有了本质的区别。

第二章首先分析了语言、文字与思维之间的关系。本章认为，导致中西文化思维之差异的，在语言方面主要不是言语而是文字。在华夏民族文字的形成中，"观"这种方式起到了关键的作用。最后本章讨论了从"堇"到"观"的演变过程。

第三章通过对"观"的文化背景的考察，试图展现"观"在周代礼乐文化中是一种具有仪式性、审美性、本质性的视觉与交往行为。《周易》说："观乎天文，以察四时；观乎人文，以化成天下。"本章以此为线，从两个方面展开对先秦文化中"观"的考察。周代礼乐文化，也是诸子讨论"观"的文化背景与根源。

第四章主要分析《周易》中的"观"。这个讨论从"贞观"这个命题开始，然后讨论《观》卦中的逻辑进路。在《周易》中，"观"首先面对的是事物的"象"，然而通过这个"象"，达到的则是天地的生生之德。所以说，《易传》就实现了对《易经》的一种诗性建构。

第五章分析儒家的"观"以及儒家对视觉行为所持的立场。尽管先秦诸子中并不是儒家最先出现，但是儒家的思想是直接承接周代礼乐文化而来，这是没有疑问的。所以，诸子之中，我们先讲儒家。本章主要是讨论孔子、孟子、荀子对于人的观看行为而提出的观点。儒家相对更为重视观察人的内在德性，孔子的诗学思想与此就是紧密相关的。

第六章主要讨论道家。"观"在道家这里无疑具有了深刻的形上意蕴。老子所说的"观"主要是对"道"之有无的领会方式。从观有到观无，实现有无双观，这样就达到了"道"。庄子对"观"的表述主要体现为两种观看方式的转化。如果实现了从"以物观之"到"以道观之"的转化，也就达到了他所追求的齐物境界，也就达到了人生的逍遥与自由。

第七章是法家、墨家与屈原。法墨二家对"观"这个概念讨论并不算多，为使文章相对全面，最后对其进行简单分析。不过，屈原的游目流观的观看方式则是我们不能忽视的，因为这种观看方式对中国美学与艺术的影响是极其巨大的。

以上是本书所要讨论的主要内容。当然，由于视见与能力的原因，考察中的错误是在所难免的,但我却对这种研究的路径抱有信心。考察"观"这个概念所涉及的材料很多并不新鲜,甚至与这些材料相关的著作、文章已然汗牛充栋,但是站在本文的视角上去考察它们的,可能并不多见。由于不可能将所有文献搜集完全,所以我只能说希望这种考察是新鲜的。如果真如笔者所想,那真的将是一种无上幸福。

第一章 诗性智慧与巫礼传统

可以这样说，中国传统文化之所以呈现出了许多不同于西方文化的面貌，有一重要原因在于这两种文化中人与世界发生关系的方式有很大的区别。中国重"观"，西方重"思"。但是，根据文化人类学的研究，这在文化的初创时期应该并没有什么大的差别，只是在后来的理性化过程中，华夏民族的认知方式与原始民族的思维保持着更多的结构连贯性。这种联系使得中华文化在更大程度上保持了维柯（Vico）所谓的"诗性"。所以，这里首先通过简要地对原始思维的考察来说明这个问题。当然，这种联系并不说明中华文化思维仍然保留着原始思维的蒙昧性，而是说二者在结构上保持着一种相似性。经过先秦轴心时期的熔铸，中华文化中的思维方式已经成为一种自觉的理性追求。

一、维柯《新科学》中的诗性智慧

通常认为，维柯的《新科学》是美学史上的重要著作，因为他在书中提出的"诗性智慧"对于西方美学的发展产生了深远的影响。但是我们仅仅将这本书视为一本美学著作是远远不够的，它更是一部关于文化和历史的著作。

在《新科学》中，维柯将世界分为心灵世界、自然世界和民政世界三个部分，他认为其中的民政世界是人们所劳心焦思却没有取得什么成果的，所以他将自己的研究集中在了这个领域。所谓民政世界，事实上也就是文化的世界，所以《新科学》其实就是研究人类文化的著作。他在这门新科学中主要研究人类古代社会各种制度的起源和原则。维柯对人类古代历史的研究涉及社会的各个层面，并且也取得了很大的成果，这为后人提供了大量可资借鉴的研究材料。对于《新科学》，可以将其中三个重要概念视为他所建立的新科学的理论支柱：天神意旨、心灵词典（mental dictionary）和诗性智慧。当然，我们这里主要围绕"诗性智慧"和与之相关的"心灵词典"这两个概念来领略他对于古代文化世界中人类思维的勾勒。

维柯的《新科学》是以神学作为理论背景的，而构成这个背景的最重要的概念就是"天神意旨"。在研究人类社会的过程中，维柯努力贯彻历史主义的原则和理性与经验相结合的方法。在贯彻这种方法中，他找到了一种特殊的工具，那就是"心灵词典"。

维柯接受了埃及人关于人类历史发展的观念，也认为人类历史经历了神的时代、英雄时代、人的时代三个时期；与他将人类历史分成三个时代相对应，语言也有三种：象形符号（手势、实物）、象征的或符号的语言、凡俗的语言（文字）。他对这三种语言进行研究，并以此发现了他所说的一种"心灵词典"。他认为，我们可以借此正确地解释一切具有不同发音的语言。这种"心灵词典"基于人类的一种"共同意识"。维柯的新科学是研究部落自然法的，并且他认为部落自然法有两个根源，即人类的需要和效益。由于这些需要和效益的共同性，各个民族的人们就有了"共同意识"。共同意识是衡量部落自然法的准则，但这个准则却是天神意旨给予诸民族的。正是由于这种共同意识，不管诸异教民族的语言如何不同，在这些不同发音的语言中，我们可以发现有某种共同的观念。这种共同观念就是由这种共同意识形成的心灵词典。或者也可以说，这种共同意识也就是一种"心灵词典"。

这种心灵词典体现在诸异教民族的文化和制度中就是他所说的一种"诗性文字"（poetic characters）。维柯认为，这种诗性文字是某些想象的类型，大多是由原始人想象而成的生物、天神或英雄的形象，这种诗性文字是各种语言和文字的起源。在维柯看来，这都是出于"一种已经证实过的本性上的必然"。原始人的这种"诗的本性"就决定了他们的"诗性智慧"（poetic wisdom）。"诗性智慧"是维柯在《新科学》中最伟大的发现。

在维柯看来，诗性智慧是世界上最初的智慧。维柯称原始人的智慧为诗性智慧，源于他对诗的认识和他的诗学理论。他接受了西方传统的摹仿说，也认为诗不过就是摹仿，而儿童们都特别长于摹仿。他将原始人类与儿童相类比，认为各个民族在最初都相当于人类的儿童，首先创造出的是各种艺术的世界。作为老人的哲学家们在很长时期之后才出现，这时候才创造出了各种科学的世界。这样，人类文化得以完备。也就是说，艺术是先于科学与哲学的，这在人类学的研究中已经得到了证实。这种创造艺的诗性智慧在早期的人类当中是具有普遍性和必然性的。所以维柯说："在世界的童年时期，人们按本性就是些崇高的诗人。"① 他所分析的诗性智慧包括很广泛的内容，按其在诗性智慧之下安排的章节，分别为：诗性的玄学、诗性的逻辑、诗性的伦理、诗性的经济、诗性的政治、诗性的历史、诗性的物理、诗性的宇宙、诗性的天文、诗性的时历、诗性的地理，等等。可见，在世界的童年时期，整个文化在他看来便是诗性的。

最初的民族运用他们的诗性智慧创造的最早成果就是寓言故事。他看到了寓言故事不同于哲学与科学的地方在于寓言故事表现的是一种"理想真理"（ideal truth），而这种理想真理也就是一种"诗性真实"（poetic truth）。这种理想真理和诗性真实不同于哲学和科学的真理和真实。这就涉及"诗性智慧"的运作方式，即它是一种"以己度物"的隐喻。

维柯认为，在最初的条件下，人们不能认识事物发生的自然原因，并且也不能以同类的事物进行类比来说明这些原因，这样，人们就把自己的本性赋予那些事物，以此来解释它们。这种诗性智慧所创造的成果是一种"想象的类概念"。维柯说："凡是最初的人民仿佛就是人类的儿童，还没有能力去形成事物的可理解的类概念（class concepts），就自然有必要去创造诗性人物性格，也就是想象的类概念（imaginative class concepts），其办法就是制造出某些范例或理想的画像（ideal portraits），于是把同类中一切和这些范例相似的个别具体人物都归纳到这种范例上去。"② 他反复强调这种想象力是"完全的肉体方面的想象力"。

我们可以说，维柯对于这种诗性智慧的描述，已经成为后世文化人类学对于人类思维进行研究的先声。所以，维柯可说是文化人类学的开山宗师。由于其开拓性的工作，他对于原始思维还没有后世那种更为学科化的语汇，"诗性"是一种类比性的、比喻性的描述。但也正是这种更笼统的描述可能也是一种更稳妥的方法。无疑，维柯近于天才的研究路线，使得他成为摩尔根、弗雷泽、布留尔等众多文化人类学家的先驱。

二、文化人类学中的原始思维

维柯之后，英国著名的人类学家爱德华·泰勒（E. Tylor）开启了文化

---

① 维柯：《新科学》，朱光潜译，北京：商务印书馆，1997年，第115页。
② 同上书，第120页。

人类学的研究路线。此后，许多人类学家在大量田野考察的基础上对于原始文化进行了更加深入的研究。这里我们主要对几位文化人类学家关于原始思维的研究成果作一管窥，以便于我们把握华夏文化思维与原始思维之间所具有的那种结构上的关联。

泰勒在其经典著作《原始文化》的开始就指出了民族学研究的两个重要原则。他说："一方面，在文明中有如此广泛的共同性，使得在很大程度上能够拿一些相同的原因来解释相同的现象；另一方面，文化的各种不同阶段，可以认为是发展或进化的不同阶段，而其中的每一个阶段都是前一阶段的产物，并对将来的历史进程起着相当大的作用。"[1] 这样，我们一方面就可以根据这些西方文化人类学家对于原始民族的研究来理解中国上古社会的文化状况；另一方面也可以通过原始文化理解文明开启之后的华夏文化的特征。

泰勒认为，我们之所以能够对原始文化进行按迹探求的研究，其中有一个重要原因就是各民族中人的本性的一般相似点。在对原始文化的这种认识基础之上，泰勒提出了"万物有灵观"的理论。这就是说，原始人都认为万物是有灵的。这种万物有灵观导致了原始人看待世界的拟人化特点，他们对世界进行了一种具有隐喻特点的拟构。神话就是如此形成的。泰勒的这种观点是与维柯遥相呼应的，也是我们理解原始文化与思维的理论基础。泰勒说："神话是真正的诗。"[2] 泰勒的这些观点也可以说明，原始文化中蕴含的是一种诗性思维。在泰勒看来，神话也是后世那些幻想性、虚构性的诗歌的基础。

泰勒的后辈弗雷泽(J. Frazer)研究的重点则是巫术。他指出原始民族中的巫术遵循着一种他称其为"交感律"的思维方式，这种方式又分为"相似律"和"接触律"，这种交感巫术主要是由于对联想的错误应用而形成的。在这方面，他与泰勒是一致的。泰勒也曾说："巫术是建立在联想之上而以人类的智慧为基础的一种能力，但是在相当大的程度上，同样也是以人类的愚钝为基础的一种能力。"[3] 弗雷泽认为，巫术是错误地应用了"人类最简单、最基本的思维过程"，这种思维过程即是"类似联想"或"接触联想"。但是，弗雷泽对于巫术的评价还是较为全面的。他说："如果说巫术曾经做过许多坏事，那么它也曾经是许多好事的根源；如果

---

[1] 爱德华·泰勒：《原始文化》，连树声译，上海：上海文艺出版社，1992年，第1页。
[2] 同上书，第317页。
[3] 同上书，第121页。

说它是谬误之子，那么它也是自由与真理之母。"① 从认识论上说，巫术中是有很多谬误的。但是从伦理学上说，巫术却是人类原始道德的根源。中国古代礼乐文化的很多内容就是源于这些巫术的道德理性建构。

法国人类学家列维-布留尔（Lévy-Brühl）提出了"集体表象"的概念。这种集体表象不同于我们通常所说的"表象"，它有两个主要特征：其一，它们没有逻辑的特征；其二，它们不是真正的表象，而经常是一种"以极端强烈的情感为特色的集体心理状态"。他认为，支配这些表象的原则是一种"互渗律"。他说："形象是与原本互渗的，而原本也是与形象互渗的，所以，拥有形象就意味着在一定程度上保证占有原本。"② 这个观点与弗雷泽所说的"交感律"是很相似的。但是在布留尔看来，这种互渗律并不是以联想为基础的，也不是原始人被万物有灵的信仰堵塞了自己的知觉。这种集体表象的互渗构成了一种所谓的"原逻辑思维"（pre-logical mentality）。这种思维也是与逻辑的思维互相渗透的，但是它却极少考虑逻辑矛盾律。布留尔说："它不是反逻辑的，也不是非逻辑的。我说它是原逻辑的，只是想说它不像我们的思维那样必须避免矛盾。"③ 这种看法应该说比英国人类学派的联想解释可能更为深刻。

布留尔认为，这种原逻辑的互渗律还包含了两个世界的统一。他说："简而言之，看得见的世界和看不见的世界是统一的，在任何时刻里，看得见的世界的事件都取决于看不见的力量。"④ 我们可以说，这种看不见的世界和力量可以与文明时代哲学与艺术中的形上维度有着同构之处。这种看不见的力量，在原始社会体现为神或具有神性的灵物；在理性崛起的时期则表现为一种形上存在，如老子的"道"、柏拉图的"理念"等，都具有一种决定性的力量。布留尔还认为，这种神秘的原逻辑思维，是以后的各种思维类型的源头，而以后的各种思维类型都会或多或少地表现出这种思维的某些特征。相对而言，中国文化中的这种特征相对于西方更加明显。

布留尔还指出，互渗律的实质恰恰在于抹杀了所有的两重性。这其中当然包括主体与世界的两重性。那么，这种失去两重性的思维方式在人类进入文明社会之后尤其体现在审美和艺术经验中。这样，以天人合一为特

---

① 弗雷泽：《金枝》，徐育新、张泽石、汪培基译，北京：新世界出版社，2006年，第50页。
② 列维-布留尔：《原始思维》，丁由译，北京：商务印书馆，1981年，第222页。
③ 同上书，第71页。
④ 同上书，第418页。

征的中国传统文化思维事实上保留了更多的互渗特点，使得中国古代文化具有了更多的诗性特质。

尽管以上几位文化人类学家对于原始文化中人的思维的观点大同小异，但是他们也遗留下了一个非常重要的问题。这里我们用布留尔的说法来指出这样一个问题。原始社会可以细分为若干阶段，如泰勒将人类社会分为蒙昧期、野蛮期与文明期三个大的发展阶段。如果我们将文明时期的开端视为原始社会的结束，那么原始社会至少经历了蒙昧与野蛮两个长的时段。那么这些文化人类学家没有解决的问题就是：原逻辑思维是否在这些阶段中具有相同的地位？根据人类发展的事实，原逻辑思维中的互渗色彩是越来越淡的，它在文化中的主导位置也逐渐被逻辑思维、艺术思维等思维形式所代替。那么我们接着的问题是：推动这种互渗色彩退去的主要动因是什么呢？这时，马林诺夫斯基（Malinowski）的研究能从另外的方面给我们一些启发。

马林诺夫斯基又不同于他的英国前辈。他更多地关注于原始人的器具使用，所以非常强调器具功能在原始人那里的作用。这就是所谓人类学中的功能主义。马林诺夫斯基批评布留尔完全抹杀了初民的理性，认为巫术也不是建立在原始人类的那种如布留尔所说的原逻辑思维的基础之上的。马林诺夫斯基将原始社会分成两个领域："一种是神圣的领域或巫术与宗教的领域，一种是世俗的领域或科学的领域。"① 但是在我看来，问题或许不是布留尔完全抹杀了初民的理性，因为原逻辑思维是与逻辑性思维互相渗透的；或许倒是马林诺夫斯基的功能主义给予了原始初民过多的理性。不过，从功能角度解释先民的许多日常行为应该更为合理。马林诺夫斯基说："巫术行为底核心乃是情结底表演。"② 他认为，巫术所表演出来的是巫师自己的情绪状态，而不是所要达到的目的；但是，有的巫术是通过行为仪式来预兆所要期待的结果。由此看来，这些争论显示出了原始思维的复杂性。

此后，列维-斯特劳斯（Lévi-Strauss）在他的《结构人类学》中，批评马林诺夫斯基在其民族志研究中夹带了自己生活时代的逻辑，也就是批评他在某种程度上是按照自己生活的时代去推想原始民族。列维-斯特劳斯的著作中，与我们这里讨论的问题关系最为密切的，当然就是其《野性

---

① 马林诺夫斯基：《巫术、科学、宗教与神话》，李安宅译，北京：中国民间文艺出版社，1986年，第3页。
② 同上书，第54页。

的思维》一书的成果。在此书中,他又批评了马林诺夫斯基的功能主义,并在此基础上,他也集中地讨论了原始人的思维问题。

列维-斯特劳斯转引现代分类学理论家森姆帕逊(G. Simpson)的话说:"科学家们对于怀疑和挫折是能容忍的,因为他们不得不如此。他们唯一不能而且也不应该容忍的就是无秩序。理论科学的整个目的是尽量最大可能自觉地减少知觉的混乱,这种努力最初以一种低级的、而且多半是不自觉的方式开始于生命的起源时期。"① 斯特劳斯认为,我们所说的原始思维就是以这种对于秩序的要求为基础的,而且这种要求也是其他一切思维活动的基础。在他看来,在原始民族那里,一切神圣事物都应该有其位置,神圣事物由于占据着分配给它们的位置而有助于维持宇宙的秩序。不仅如此,任何一个生灵、物品或特征,都要在某个类别系统中占有各自的位置。此外,他也对于联想持谨慎的态度,认为原始时代的分类很多并非源于联想。他称原始人的思维为"野性思维",并用了一个修补匠和工程师的譬喻来说明这种野性思维与逻辑思维的区别。他说:"工程师靠概念工作,而修补匠靠记号工作。"② 他还认为,野性思维与科学思维是从对立的两端研究物理世界的。他说:"一端是高度具体的,另一端是高度抽象的;或者是从感性性质的角度,或者是从形式性质的角度。"③ 但他认为野性思维也是合乎逻辑的,它是通过理解作用而非感情作用来进行。这种态度应该是受到了他的前辈列维-布留尔的影响。

卡西尔(E. Cassirer)则称原始人的思维为神话思维。他认为,在神话思维中最重要的东西是情感基质。原始人的自然观不是纯理智的,也不是纯实践的,而是交感的(sympathetic)。他们对"生命统一性"有着一种强烈的信仰。这或许就是原始人中的图腾崇拜、巫术仪式等文化行为的心理基础。

以上是几位具有代表性的文化人类学家关于原始思维的主要观点。下面我们再对这些思想的要点做简单的分析与总结。确如马林诺夫斯基所说的那样,每一种文化都会包括器物与风俗两个基本的方面,而不同的文化人类学家则关注于不同的方面。也许正是由于这个原因,他们对于原始思维的看法就有了一些不同,比较典型的比如:弗雷泽与布留尔比较关注于

---

① 克洛德·列维-斯特劳斯:《野性的思维》,李幼蒸译,北京:中国人民大学出版社,2006年,第12—13页。
② 同上书,第24页。
③ 同上书,第296页。

风俗方面，他们倾向于原逻辑性的观点；而马林诺夫斯基主要关注器具的使用，所以认为原始人的思维也具有很强的逻辑特点。

吉尔茨（C. Geertz）也这样看待布留尔与马林诺夫斯基的差别。他在《文化的解释》中认为，这些区别的原因就在于他们看到的是人的生活的不同方面：前者观察的是宗教生活，后者观察的是日常生活。但是他们忽视了人在两种看待世界的对立方式之间可以有些轻松的、频繁的变换。然而也许正如布留尔所说："在原始民族的思维中，逻辑的东西和原逻辑的东西并不是各行其事，泾渭分明的。这两种东西是互相渗透的，结果形成了一种很难分辨的混和物。"① 列维-斯特劳斯也说："我们最好不要把巫术和科学对立起来，而应把它们比作获取知识的两种平行的方式，它们在理论和实用的结果上完全不同。然而科学与巫术需要同一种智力操作，与其说二者在性质上不同，不如说它们只是适用于不同种类的现象。"② 在他看来，巫术与科学中的两种思维，不是人类心智发展的不同阶段，而是人类面对身外的自然世界所采取的两种不同的策略。这种看法显然与维柯的思想就有了很大的距离。

在我看来，布留尔所说的"互渗"与卡西尔所说的"交感"在本质上是一致的。这里我们将这种规律理解为原始思维的主要特点。但是，原始人的思维并非是完全混沌的，这种互渗或交感并没有支配原始人的全部生活，只要我们看看原始人的文化遗存就明白了。无需说那些后起的壁画和陶器，单是那些磨制的非常规整、匀称的石器就足以说明问题了。我们可以说，当原始民族在与外在世界的不确定性打交道时，巫术思维就出现了。但也正如卡西尔所说的那样，巫术本身其实就说明了原始人控制自然的一种愿望。这样我们倒可以说，巫术就是人的主体性的一种觉醒，当然这种觉醒还是处于非常朦胧的状态。

如何从这些研究成果中汲取可以作为理论根据的东西呢？对于我们这些人类学的门外汉来说，在对这些观点没有雄辩的反对之前，我们应该可以将他们结论中的相通之处接受为共识。原始思维的外显模式是"原逻辑"的，我们可以用这个词统辖其他的类似观点。我们这些简单的考察，一方面要说明世界上各原始民族遵循着同样的思维方式——这也说明维柯天才式的研究在这方面的正确性；另一方面要帮助说明中国传统文化中的思维方式与西方相较而言，同原始思维保持了更多的结构相似性，当然这

---

① 列维-布留尔：《原始思维》，丁由译，北京：商务印书馆，1981年，第100页。
② 列维-斯特劳斯：《野性的思维》，李幼蒸译，第17页。

种民族文化思维在经过轴心时代理性的熔铸后已经远非原始时代的那种面貌了。

在具体讨论这个问题之前，我们再看看涂尔干（E. Durkheim）与莫斯（M. Mauss）关于原始分类的观点。他们二人在《原始分类》中认为分类这种思维方式是"名副其实的社会制度"，并且否定了个体知性中存在着进行事物分类的根据。他们说："图腾制度是依据自然事物（相关的图腾物种）把人们分成氏族群体，那么，反过来讲，图腾制度也是按照社会群体对自然事物的分类。"① 但问题是，原始人类群体周围的所有事物是否都以这种形式进入他们的分类体系呢？退一步讲，即使是这样的话，我们仍然可以思考在这背后或者之下是否还隐藏着另一种分类形式。

他们二人说："事物被想象成排列在一系列以个体为中心的同心圆之上；距离越远的圆，对应的是越广泛的属，而且，组成该属的事物与这个个体也越疏远；围绕着他，那些事物渐渐形成了差别。"② 这样，就围绕着他们形成了一个图腾圈，图腾就会出现不同的层级。但是还有可能的是，有些事物同时也是以这些个体组成的整个群体为中心而组成的不同层级的圆圈。比如说一个氏族以这颗星为图腾，另一个氏族以那一颗星为图腾，这两颗星确实处于不同的分类体系中，但是这两颗星都作为一种相似的东西是两个氏族都知道的，而这种知道则是以一种知觉与常识的共同性为前提的。

我们再拿美洲祖尼人的分类来分析这个问题。他们发现祖尼人分类体系中的原则是把空间划分成了七个区域：北、南、西、东、上、下、中，而宇宙中的每样事物都被分配到这七个区域中的一个当中。但是引起我们注意的是，祖尼人还让每一个区域分有一种颜色。这里我们要说的是，他们在将七个区域各分配一种颜色的同时，其实已经对于颜色有了一个统一的概念了，也就是说，七种颜色尽管作为不同的颜色，但是它们都是作为颜色而存在，在这方面是统一的。这已经隐含着他们对于颜色有了一个类的认识。同样不可置疑的是，这种分类的前提又是他们存在着一个空间方位的观念，也许尽管方位在他们那里还具有图腾信仰的性质。

他们认为以空间为基础的分类比以氏族为基础的分类更为复杂和规则，但他们还认为前者是以后者为基础的，并且二者在原则上是没有什么

---

① 爱弥尔·涂尔干、马塞尔·莫斯：《原始分类》，汲喆译，上海：上海人民出版社，2000年，第16页。
② 同上书，第22页。

区别的。其实，能在以氏族为基础的分类之上发展出以空间为基础的分类，这说明在以氏族为基础的分类底层也有着另一种分类方式，不过它不是将事物的一个类划分到不同的氏族，而是在将一类事物划分到不同的氏族时掌握了它们是另一个层面上的一个类。譬如新石器时代的人们，他们在磨制非常规整的石器之时并不是在创作艺术作品，也不是为了欣赏它们，但是这些石器的外形却无可置疑地体现了他们的形式感。这也就是他们的审美意识的最初萌芽。巫术意识中不仅裹挟着审美意识，而且也裹挟着日常生活思维，并且在日常生活思维当中也包含着科学思维的萌芽。

我们可以将这种与图腾、氏族相关的分类称为显性的分类，但是在它下面还有一种隐性的分类，它是以知性为基础的。社会的发展伴随着这两种分类方式的此消彼长。我们很难想象，在社会的发展中，理性的分类会凭空产生代替那种原始分类。他们对于原始分类的研究，目的是要强调这两种分类方式都起源于社会的组织。但是他们忽视了，那种隐藏于其下的对于事物的类别意识却主要奠基于个体的知性能力。我想他们没有区别开我们有两种基本的分类：一种是知识性的，一种是生活性的。当然这两种分类是有交叉的。但事实上，对于事物进行分类所需要的条件并不是单一的。比如我们将鞋子与皮带划入一类，将桃树与杏树划为一类，这两个归类条件是不同的。对于后者，知觉即可以完成哪怕是比较模糊的归类；但对于前者，单纯的知觉是很难完成的。知觉本身具有本质直观的层面，而这种本质直观可以成为某些分类的基础。

三、中国文化与原始思维的关联

实际上，通过以上对于文化人类学成果的梳理，我们应该能够理解原始思维与中国传统文化思维的结构联系。但为了更具有说服力地说明这个问题，我们有必要就文化人类学中涉及的一些具体问题与中国古典文献中的观点进行具体分析。这样就能充分说明中国古典文化因其与原始思维的亲密关系而具有的一种诗性特质。并且，我们后面还会看到，这种特质在很大程度上来源于先秦人们特有的观察世界的方式，即"观"。

（一）从文化人类学的研究来看

这里我们结合列维-布留尔的《原始思维》来具体分析中国文化思维与原始思维存在着一种较深的内在结构关联。原始思维的原逻辑在经过理性化之后，就成为一种具有诗性特征的思维方式。当然这里说的诗性已经大不同于维柯所说的那种具有较大神性成分的诗性，它已经成为一种自觉的思维方式。我想这可以帮助我们解释中国文化所具有的诗性特质。

第一，关于判断动词"是"。布留尔认为，作为判断动词的"是"实际上是人类逻辑思维发展的产物。这个观点是有道理的。这个"是"在古代语言中的有无在某种程度上决定了中西文化与思维的差异。亚里士多德在《形而上学》中专门讨论了这个词，他的第一哲学其实也就是建立在对"是"所作分析的基础上的。布留尔多次谈到"是"这个词。他发现，大多数不发达民族的语言中没有"是"这个动词；并且他又说到克拉马特语中没有动词"是"，代替这个动词的是指示代词"ge"、"ke"的动词化形式"gi"。

绝非巧合的是，中国古代汉语中曾有很长时间是以指示代词表示判断。古代汉语中的"是"首先是作为指示代词而存在的，而作为判断动词的"是"也就是由这个作为指示代词的"是"转化而来的。王力先生认为："先秦时代没有真正的系词，这是肯定了的。……汉语真正系词的产生，大约在公元第一世纪前后，即西汉末年或东汉初叶。"[1] 不过，也有学者认为，作为判断动词的"是"在战国时期就有了零星出现；到了西汉，这种用法处于发展时期。[2] 不管怎样，有一点是可以肯定的：在中国哲学得以奠基的先秦时期，"是"完全没有作为一个判断动词进入诸子讨论的视野；并且在西汉甚至东汉，"是"也还没有成为一个被普遍使用的判断动词。我们可以说，这种情况是中国古代逻辑思维薄弱的一个重要表现。

我们同意王力先生所说："语言的发达与否，要看它能否表达最复杂的思想，而不是看它有没有这个或那个语法形式。"[3] 的确，春秋战国的思想家们用汉语表达了极其复杂的思想，这说明了汉语的成熟是相当早的。但"是"这个判断动词的缺失，的确也反映了中华文化的思维与重视"是"的西方文化思维有很大差别。布留尔以有无"是"来判断一个民族的发达与否，当然是有问题的。但汉语中判断动词"是"的晚起也的确反映了中华文化早期思维与原始思维具有一种结构上的相似。

第二，舞蹈仪式的神秘功能。布留尔说："仪式和舞蹈的目的，是要

---

[1] 王力：《汉语史稿》，北京：中华书局，2004年，第409—410页。
[2] 胡伟：《上古至西汉判断动词"是"的产生与发展》，载《广州大学学报（社会科学版）》，2013年第1期。
[3] 王力：《汉语史稿》，第409页。

通过神经兴奋和动作的忘形失神来复活并维持这样一种与实质的联系，在这种联系中汇合了实在的个体、在个体中体现出的祖先、作为该个体的图腾的植物或动物种。"① 我们知道，中国古代文化很重视"兴"这种活动方式，而"兴"最初就应该是这样一种既是"失神"又是"通神"的活动。《尚书》载舜帝命夔典乐，夔说："於，予击石拊石，百兽率舞。"（《尚书·舜典》）《周易》中说："鼓之舞之以尽神。"（《周易·系辞上》）这就是"兴"所达到的一种状态。所以说，先秦诗学中的"兴"与上古文化保持着紧密的联系。②

第三，方位与色彩的互渗。布留尔还谈到了方位与色彩的互渗，这是原始人的原逻辑思维中互渗特征的一种表现。我们知道，在中国古代文化中，这样的情况是很多的，最为典型的就是在其中占有突出位置的五行系统。在五行系统中，由金、木、水、火、土这五行作为基础联系了如五味、五色、五官、五脏、五方等众多生活元素。

第四，原始制度与美的观念。布留尔分析了以那种受互渗律支配的集体表象为基础的各种原始制度。他首先讲的是狩猎，在狩猎的各个阶段都有相应的巫术活动。他说："在狩猎中，第一个最重要的行动是对猎物施加巫术的影响。"③ 而这些行动主要包括一些舞蹈、咒语和斋戒。他引用了凯特林（George Catlin）所描写的北美野牛舞，其中有这样的描写：他们中的每个人头上戴着从野牛头上剥下来的带角的牛头皮（或者画成牛头的面具）。这些研究可以帮助我们理解中国文化中的"美"字。这个字历来有两种解释：一种说羊大为美，一种说是戴着羊头面具起舞的人。根据布留尔对于原始思维的分析，第二种解释可能更符合历史的真实。《山海经》在描述东次三经之神时说："其神状皆人身而羊角。"④ 这可以帮助我们说明对于"美"的本义的巫术理解比那种羊大而美的理解更为合理。

布留尔所说的原始思维特点与中国传统文化中的诸多相似不会是偶然的巧合。这种相似充分说明了二者之间在历时的发展中保持着更多的关联。除此，涂尔干与莫斯对于分类体系的阐述也可以说明这种联系。在《原始分类》一书中，他们专门谈到了中国古代分类方式的特点。他们说："这种分类的最佳例证，也是最引人注目、最富有教益的，就是中国人的

---

① 列维-布留尔：《原始思维》，丁由译，第 85 页。
② 这方面较为全面的研究，可参见彭锋《诗可以兴——古代宗教、伦理、哲学与艺术的美学阐释》，合肥：安徽教育出版社，2003 年。
③ 列维-布留尔：《原始思维》，丁由译，第 221 页。
④ 袁珂校注：《山海经校注》，上海：上海古籍出版社，1980 年，第 113 页。

集天文与占星、假风水与星图的占卜体系。"① 而在他们看来，占卜体系的基础中至少含蓄地包含着分类体系。

对于中国古代的分类方式，涂尔干与莫斯还提到了我们都很熟悉的四方结构：东西南北四方分别对应于青龙、白虎、朱雀、玄武四物。我们承认，青龙与角、亢等星宿，较之与朱雀、玄武的关系更为亲近，但我们应该不会否认这种分类之下是他们对于动物与植物、动植与星辰的类的区分。所以与其像他们说的原始分类是科学分类的基础，倒不如说它们是两种建立在不同根据之上的不同的分类方式，即：一种是纵向的，一种是横向的。尽管他们忽视了另一种分类的可能性以及必然性，但对于原始分类的阐述仍然是极富启发意义的。我们可以说，自然哲学主要是从古希腊式的横向分类中生发的，而很难从古中国式的结构分类中生发出来。② 弗雷泽所说的事物分类尽管未必是原始分类的基础，但在原始分类之下，它定然得到了持续不断的发育。当然也可能是前者得到了后者的哺育，甚至后者也还从前者那里获得营养。

（二）从古典文献中的阐述来看

从文化人类学家对于原始思维所做的整体研究以及对其具体特点的阐述，我们可以看到中国传统文化与上古文化的内在关联。这种关联是中国传统文化具有浓厚诗性特征的一个重要原因。这种诗性思维的方式在中国古代的哲学文本中也有丰富的体现。不过，我们也反复强调，经过先秦的理性化过程，中国哲学的思维方式主要体现为非逻辑思维，而不宜说是原逻辑思维。

中国哲学中也是有逻辑思维的，只是由于它与上古文化的关联，逻辑思维并没有成为一种主流的思维方式。这里我们再就中国古代的几个典型文本来做一些分析。

第一，先秦文献中的事物关联方式。

在列维-斯特劳斯看来，结构主义即是一种分类方法。美国当代著名学者艾兰（Sarah Allan）教授沿用了斯特劳斯的理论，认为图腾主义也是一种分类方法，而不是一种社会制度。她说："原始人用这个分类法去

---

① Durkheim & Mauss, *Primitive Classification*, London: Cohen & West Limited, 2009, p. 40.
② 古希腊哲学典型地体现为本体论的追问，其表现形式是："什么是……？"这种疑问实现的是同类事物之间的区分，我们这里将其归为横向分类。中国古代思想则重视不同类别事物之间的结构对应，我们将其归为纵向分类。

理解这个世界，并给这个他居身的世界建立秩序，而用这个分类法，人和动物或者其他自然物体之间也有一种类似。"① 这与斯特劳斯的观点是一致的。艾兰认为，在这种分类方法中，思维方式的体现是一种"结构类比"（structural analogy），它源于维柯所说的"以己度物"的方式。我们也可以将这种以分类为主要特征的结构主义思维称为同构思维。

在中国先秦文献中，我们可以看到这样的结构分类俯拾皆是。并且，这种结构类比构成了中国传统文化中"天人合一"的一个重要内涵。作为中华文化的基因文本之一，《周易》就是关于这种同构思维的一个典型文本，其中即有大量蕴含天人同构的典型表述。《周易》六十四卦是由乾、坤、震、巽、坎、离、艮、兑八个经卦推演而成，而这八个经卦与天地诸物及人事都有着一种同构关系。这种关系在《杂卦》篇中得到集中的阐述：这八个经卦，除了与天、地、雷、风、水、火、山、泽八种自然事物的基本关系之外，它们还与牲畜、人体部位、家庭成员以及其他多种自然事物各自具有着一种对应关系，而也正是由于这种丰富的对应关系为《周易》多义的阐释空间提供了基础。同时，这种对应关系使得中国古典思维不是以概念而是以"象"为基本单位，所以有的学者提出中国文化中的"象"思维的重要性，这也是很有道理的。

另外，对中国古代政治体制影响很大的《周礼》中的官制与天的结构也保持着这样的对应关系。《周礼》将邦国官员分为六种，分别称为天官、地官、春官、夏官、秋官、冬官，即以天地四时为治国之维。尽管现在大多认为《周礼》成书于汉代，但其中"设官分职"的基本观念应该是与前代一脉相承的。

除此，再如《逸周书》中《时训解》所说"中气"（即二十四节气）与人事之间的对应关系。《命训解》中有关于"天道"与"人道"之关系的表述，其中说："夫天道三、人道三：天有命、有祸、有福，人有丑、有绋絻，有斧钺。以人之丑当天之命，以绋絻当天之福，以斧钺当天之祸。六方三述，其极一也，不知则不存。"② 这里明确地阐述了天与人之间的对应。而这与其说人道之三源于天道之三，倒不如说是天道之三源于人道之三，因为显然，天道的"命"、"福"、"祸"，首先是人对于自身的理解再加之于天的。这样的阐述，在中国古典文献中不胜枚举。

---

① 艾兰：《早期中国历史、思想与文化（增订本）》，杨民等译，北京：商务印书馆，2011年，第50页。
② 黄怀信：《逸周书校补注译》，西安：西北大学出版社，1996年，第13页。

艾兰指出，中国古代哲学中的类比推理有其严肃的目的。她说："它的应用与活力是出于自然与人类相似性的假设。"① 的确，这种思维背后有着深刻的哲学背景。我们后面还要讲到，儒家、道家、法家、墨家，都是非常重视"法"这种方式的。古人阐述天人同构的目的正是在于实现人对于天的效法。

第二，董仲舒《春秋繁露》中的哲学总结。

儒家思想开始对中国传统文化产生全面影响是从西汉开始的，而西汉王朝实行的"罢黜百家，独尊儒术"的政策，则是由董仲舒给汉武帝提出的建议，所以，作为董仲舒核心著作的《春秋繁露》对中国文化所产生的事实上的影响超过了其它很多经典著作。

董仲舒在《春秋繁露》一书中主要是以阴阳、五行为工具重新解释儒家仁义思想。他所提出的"天人相副"是"天人合一"的一个具体表现。他说："天亦有喜怒之气、哀乐之心，与人相副。以类合之，天人一也。"（《春秋繁露·阳明义》）又说："事各顺于名，名各顺于天。天人之际，合而为一。同而通理，动而相益，顺而相受，谓之德道。"（《春秋繁露·深察名号》）显然在他这里，"天人合一"这个命题已经依稀可见了。天人合一思想在董仲舒那里被称为"合类"、"通类"，所以这种"合一"还仅是停留在"结构类比"的框架之中。他说："庆赏罚刑与春夏秋冬，以类相应也，如合符。"（《春秋繁露·四时之副》）这种观念距离原始思维的那种方式还并不太远，并且由于他还没有从本根论上讨论天人的一体性，也还只是一种结构论或说是同构论，所以这种思想在深度上远不及庄子等先秦诸子事实上已经形成的天人合一思想，也还没有达到张载明确提出"天人合一"的思辨高度。

这种合类、通类的思维方式，其实也是一种非逻辑思维，但它又不能简单说成布留尔的那种原逻辑思维。安乐哲（Roger Ames）称这种思维为"关联性思维"（correlative thinking）。他认为逻辑思维是线性的，关联思维是平面的。这种定位应该说是比较准确的。但是他说："关联性是一种随意的类推过程。……关联是自发自然的，而分析方法与辩证方法则不可能是自发自然的。"② 我则不同意他认为这种思维具有随意性与自发

---

① 艾兰：《水之道与德之端——中国早期哲学思想的本喻（增订本）》，张海晏译，北京：商务印书馆，2010年，第331页。
② 安乐哲：《和而不同：中西哲学的会通》，温明海等译，北京：北京大学出版社，2009年，第205—207页。

性的观点。我们说,尽管这种思维与原始思维有着很多的相似,但实际上也有着本质的区别。原始民族的思维确实基本停留在一种自发的状态;而华夏民族的这种思维方式在先秦三代的漫长过程中逐渐成为一种自觉的方式,尤其到了诸子时代更成为一种被自觉追求的理性精神。董仲舒说:"孝子之行,忠臣之义,皆法于地也。"(《春秋繁露·阳尊阴卑》)"圣者法天,贤者法圣,此其大数也。"(《春秋繁露·楚庄王》)"圣人视天而行。"(《春秋繁露·天容》)法天地是这种理性精神的核心所在。

尽管这种关联性思维与原始的原逻辑思维有着本质的区别,但它们之间的结构相似也使得这种关联性思维具有了浓重的诗性特征。安乐哲也认为,这种关联性思维导致了古代中国的秩序意识不是逻辑的,而是美学的;同这种关联性思维相关的语言形式就是关联性语言,而关联性语言就是过程性语言。他还认为,在中国哲学中,过程被认为是第一性的。① 这样的话,美学秩序就应当是根本性的。中国哲学的核心就是完成一个成人的过程,这个过程的终极就是实现一种诗性的生存方式。

四、从巫文化到礼文化

华夏文化的原初形态,用李泽厚的话来说,是一种巫史传统。其实,如果就文化形态来说,用"巫"这一个字就可以说明问题了。因为"巫"曾在很长时期几乎是所有文化的核心,它可以代表这种文化的特色;但是"史"却没有这样的地位,并且,它也算不上一种文化形态。"史"是巫文化衍生出来的一种身份。《帛书周易》中的《要》篇记有孔子之言:

> 《易》,我后其祝卜矣!我观其德义耳也。幽赞而达乎数,明数而达乎德,又仁守者而义行之耳。赞而不达乎数,则其为之巫。数而不达于德,则其为之史。史巫之筮,乡之而未也,好之而非也。后世之士疑丘者,或以《易》乎?吾求其德而已,吾与史巫同涂而殊归者也。君子德行焉求福,故祭祀而寡也;仁义焉求吉,故卜筮而希也。

---

① 中国哲学中最核心的形上语汇无疑就是"道"这一概念。"道"的本义是道路。许慎《说文解字》说:"道,所行,道也。""道"是我们走路所遵循的一个方向,是要完成我们由此及彼的一个过程。在中国哲学中,"道"的一个重要内涵就是做人与做事需要完成的一个过程。这个意思在各个学派中都是有重要体现的。

祝巫卜筮其后乎!①

对于孔子这段话，我们通常引证为儒与巫、史的区别，这当然是没有问题的。但这里也可以说明，《周易》本来是用于"祝卜"的，也就是说"巫"是最原本的，而"史"与"儒"则分别是通过"达乎数"与"达乎德"的方式从"祝卜"（巫）中进一步发展出来的。从文化人类学的研究成果看，这三者中也唯有"巫"可以视为一种单独的文化形态。可以这样说，中国古代文化是由一种巫文化发展为一种礼文化。我们通常"礼""乐"并称，实际上"乐"与"礼"在整个文化中的地位也是不一样的。"乐"也是为了实现"礼"的内容。尽管说"礼不下庶人"，但是在中国，普通民众的生活受到古代礼法的影响是相当大的，而乐对普通民众的影响则远不及礼。

张光直认为在中国古代文明中有这样一种重要观念：整个世界是由天、地、神、人这四个不同层次构成的。但是，这些层次之间不是相互隔绝的，而是可以沟通的。中国古代许多行为仪式和思想观念的重要目的就是在世界的这些不同层次之间进行沟通，而巫、觋就是进行这种沟通的专职人物。据此，他认为中国古代文明也是一种萨满式（shamanistic）的文明。② 这种萨满文化其实也就是我们这里所说的巫文化。这种文化形态的一个典型特点就是巫师通常是一个族群的首领。我们在上古帝王的身份上仍然能够看出巫文化的遗留。皇甫谧在《帝王世纪》中说："继鲧治水，乃劳身涉勤，不重径尺之璧而爱日之寸阴，故世传禹病偏枯，足不相过，至今巫称禹步是也。"③ 所以，学界认为，大禹就是一个身具巫师身份的族群首领，所以巫师们也便将禹的病步当作巫步了。

在中国上古社会，从三皇五帝到禹汤文武，这些首领身上都具有"巫"的身份特征，他们不仅掌握着王权，同时也掌握着神权。商代的卜辞就能说明这个问题。除此，我们可以通过两处著名的考古遗存来说明中国原始社会的巫文化色彩。

其一是河南临汝阎村出土的陶缸，它是仰韶文化庙底沟类型在伊洛地区的代表（图1）。陶缸上所绘的"鸟衔鱼石斧图"就是上古原始宗教或

---

① 邓球柏：《帛书周易校释》，长沙：湖南人民出版社，1987年，第481页。
② 张光直：《考古学专题六讲（增订本）》，北京：生活·读书·新知三联书店，2010年，第4页。
③ 皇甫谧：《帝王世纪》，载《帝王世纪 世本逸周书 古本竹书纪年》，陆吉等点校，济南：齐鲁书社，2010年，第21页。

说巫术文化的体现。图中的鸟应为"鹳鸟",所以苏秉琦主编的《中国远古时代》也称此图为"鹳鱼石斧图"。其书分析这幅图说:"这幅画最发人深思的地方,是把鹳衔鱼和石斧这两类似乎毫不相关的事象画在一起,并且画在专为装殓成人尸骨的陶缸(棺)上。"① 其中的内涵就是,鹳和鱼分别代表鸟族和鱼族,它们都是图腾文化的象征;而斧子则是权力的象征,当然它首先代表的是军事领袖。吴锐说:"这幅画是我国原始文化中已发现的第一件作品,也是我国原始社会晚期画出的第一件石斧装柄图。"② 这样的陶缸是装殓尸骨用的,由于在河南伊川发现早而数量多,故俗称"伊川缸"。但是各地发现的伊川缸都是素朴无彩的,唯独阎村有三件彩色的,而绘有"鹳鱼石斧图"的乃为其一,故它的地位肯定是特殊的。吴锐也陈述了严文明在《仰韶文化研究》中的推断,也将此图与图腾文化联系起来。由此我们说,这幅图的巫术意义是可以肯定的。

图 1 鹳鱼石斧图彩绘陶缸(现藏中国国家博物馆)

其二是河南濮阳西水坡墓葬 M45,它属于广义仰韶时代后岗一期文化(图 2)。值得我们注意的是,这个墓葬中有蚌壳塑成的龙虎图案。学者大多都是从巫术的角度来解释这个墓葬中的蚌塑图。不管学者把龙、虎的作用理解成什么,但是他们对于墓葬主人的巫师身份是没有不同意见的。也就是说,这个墓葬无疑是当时巫术文化的反映,同时也说明了神权

---

① 张忠培、严文明撰,苏秉琦主编:《中国远古时代》,上海:上海人民出版社,2010 年,第 86—87 页。
② 吴锐:《中国思想的起源(第 1 卷)前神守·神守时代》,济南:山东教育出版社,2003 年,第 238 页。

在当时的存在。《中国远古时代》的作者对这一墓葬作了详细分析。他们认为,在祭祀等宗教活动中,"巫师"的出现首先是临时的,而后祭祀成为某些人的专门活动,这样就出现了专门的巫师。

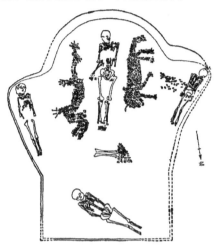

图 2　濮阳西水坡墓葬 M45 平面图
(资料来源:苏秉琦主编《中国远古时代》,第 116 页)

这两处考古遗存无疑都反映了巫术文化的状况,但是我们还不能看到世俗政权的存在,所以我们也可以说这些考古时代处于一种萨满文化的状态。

这些巫术行为的固定化、仪式化就逐渐形成了礼的前身。我们可以通过磁山文化的灰坑遗址说明这个问题。卜工先生从考古遗存、文献记载、文字释义等方面进行了考证,说明这些灰坑是固定的祭祀遗址。甲骨文中有从"兽"从"凵"(音浅)的字。于省吾先生释为"陷",并指出它作动词用,是一种祭祀行为。《尔雅·释天》说:"祭天曰燔柴,祭地曰瘞埋。"《礼记·祭义》说:"祭日于坛,祭月于坎,以别幽明,以制上下。"卜工认为磁山遗址的灰坑即是"陷祭"和"瘞埋"的前身。他说:"中国新石器时代祭祀遗迹大致可以分为两种类型。一是坛祭,其中又有石坛与土坛之分;二是以坑、坎为代表的'陷祭',其分布线索上大体有规律可循,与古礼的分布格局有密切关系。"① 他还认为,从新石器中期以来,中国开始产生了古礼,这是以磁山文化作为先河的。在我看来,这种古礼可能带有更多的巫觋色彩而更少的理性成分,更多的是习俗的而更少的是制度

---

① 卜工:《文明起源的中国模式》,北京:科学出版社,2007 年,第 256 页。

的。其实在各个民族的原始阶段可能都有这种现象,只是中国这种现象逐渐发展为调节社会秩序的重要方式。当然,他说这种古礼是周礼形成的基础和文化背景还是很有道理的。

方东美先生认为,中国古代社会从尧舜时代就开始了由神权政治向德治的转变。① 在我看来,这在逻辑上是成问题的。因为关于尧舜的记录首先是周代,二人被周王朝统治者进行德性的改造是非常可能的;更重要的是,考古发掘的大量商代文献显示出了殷商时期一直具有浓厚的宗教神权统治色彩,而在跨度如此漫长的时期之前,能有一个类似周王朝的德治时期是难以想象的。当然,我们不能排除尧舜个人身上具有德性的可能。但总的来说,三皇五帝之时,应该是具有浓重的萨满色彩的原始宗教政治才对。对于三代的文化特质,陈来也说:"商代宗教在整体上已不是巫术或萨满,上层文化与下层文化已经分离,上层宗教已经是祭司形态。夏以前是巫觋时代,商殷已是典型的祭祀时代,周代是礼乐时代。"② 其实周代礼乐的核心仍然是祭祀。也就是说,《尚书》中所说的那种"神人以和"的观念从尧舜到周代一直延续着,并且在整个文化中占据着非常重要的位置。

在从巫文化向礼文化的转化过程中,周公的作用无疑是非常重要的。陈来指出了这点:"周公的贡献实在是在于他的思想,大半周书所反映的周公的思想极大影响了周人的天命信仰,使中国文化由自然宗教发展为具有伦理宗教水平的文化形态,价值理性在文化中开始确立根基。周公是一个真正的克里斯玛人物,是中国历史上第一个思想家,不仅经他之手而奠定了西周的制度,而且构造了西周的政治文化。"③ 殷周宗法制是由原始氏族制而来,其过渡时期就是尧舜禹所在的时代。甚至有学者认为夏商还有氏族制的特点。瞿同祖在《中国封建社会》中就认为,夏商时期主要是以畜牧为主的氏族社会。④ 这样,夏商时期也不会有成形的礼乐制度。

总之,不管这个过渡或转变是发生在尧舜禹时期,还是发生在商周之际,华夏文明从巫文化到礼文化的转变是没有问题的。这个转变也是与文化的理性化息息相关的,而这个理性化时代主要就是发生在雅斯贝尔斯

---

① 方东美:《中国哲学之精神及其发展》,匡钊译,郑州:中州古籍出版社,2009年,第58页。
② 陈来:《古代宗教与伦理:儒家思想的根源》,北京:生活·读书·新知三联书店,2009年,第12页。
③ 同上书,第214页。
④ 瞿同祖:《中国封建社会》,北京:商务印书馆,2015年,第13、20页。

(K. Jaspers)所说的"轴心时期"(Axial Period)。雅斯贝尔斯在《历史的起源与目标》中提出了"轴心时期"的概念,这个时期主要是指"在大约公元前500年的时期内和在公元前800年至公元前200年的精神过程中"。① 如果我们要在这个轴心时期前增加一个文化准备期的话,那就要上溯到周公摄政制礼作乐的时代。轴心时期在中国就是春秋战国时期(前770—前221),这与雅斯贝尔斯所说的时间正好是一致的。中国的轴心时期发生的诸子百家争鸣,就是在周代礼乐文化出现危机的背景下展开的。

---

① K. Jaspers, *The Origin and Goal of History*, New Haven: Yale University Press, 1965, p. 1.

第二章 "观"的文字考察

我们考察"观"这个概念，是因为在我们可以称之为中国古代"轴心时期"的时段中，它不仅是一种观看方式，而且也是一种思维方式。它作为这样的方式，首先体现在华夏民族文字的产生过程中，所以我们有必要对文字与这种思维方式的关系作些梳理，而这种关系又需要把它放在语言与思维的关系中，才能够体现得更为清晰。所以，这里不仅需要词源学的方法，而且需要语言学的方法。由于文字的产生是与人的观念有深刻联系的，所以词源学在研究人的某些观念的创生或起源问题时是一种很好的方法。对华夏民族来说，这种方法尤其重要。

一、语言与思维

由于"观"首先是一种视觉行为，所以我们这里选择阿恩海姆（R. Arnheim）所提出的"视觉思维"这个概念来开始我们对于它与思维之关系的考察。阿恩海姆在其《视觉思维》一书中说："语言并不是思维活动之不可缺少的东西，但它的确有助于思维。"[①] 他认为，纯粹的语言思维是不产生任何思想的思维的典型，所以他称语言思维为一种"无思想的思维"（thoughtless thinking）。他还认为，思维所借助的不可缺少的媒介是"视觉意象"。这样，在他看来，思维在本质上就是知觉思维。我们可以沿着这种观点继续说，如果思维在本质上是知觉的，那么思维可能就要早于语言，因为知觉必然是早于语言的。所以，阿恩海姆批评了沃尔夫（B. Whorf）、赫尔德（J. G. Herder）、卡西尔和萨丕尔（E. Sapir）等人关于语言与思维的观点，因为这些人都将语言与思维紧密联系了起来。

---

① 鲁道夫·阿恩海姆：《视觉思维——审美直觉心理学》，滕守尧译，成都：四川人民出版社，1998年，第305页。

赫尔德说："第一个有意识的思考行为（Besinnung）发生的那一刻，也正是语言内在地生成的最初时刻。"① 萨丕尔与阿恩海姆的距离更远，他甚至认为日常使用的语言还没有达到思维的水平，语言主要是一种先理性的功能，思维是言语潜在的最高级内容。萨丕尔说："语言和思维不是严格地同义的。语言最多也只有在符号表现的最高、最概括的水平上才能作为思维的外表。"② 在他看来，语言就是一种在概念水平之上使用的工具，而思维则是把语言的内容精炼地解释之后才产生的。换句话说，他认为思维是语言产生之后达到概念水平之后的产物。不过，他也认为语言并不是在系统化的时候才概念化的，而是语言产生后很快地就具有概念性，并且又反过来推动语言的发展。

萨丕尔称其语言理论为言语研究，这对于表音的字母文字语言来说，是没有什么问题的，言语完全可以放在语言的层次上。因为对于口语来说，表音的字母文字在本质上不具有独立的地位。亚里士多德早就指出了这点。他说："口语是心灵的经验的符号，而文字则是口语的符号。"③ 但是如果我们以这样的观点来看待表意文字（如汉字）就非常不妥了。因为汉字在其本质上并不是记录口语的，不管它是不是产生在口语之后。扬雄在《法言·问神》中说："言，心声也；书，心画也。"④ 言即口语，书即文字。在他看来，文字是表现人的心灵的。尽管他并没有说出"书"的真正根源，但是在说明"书"并不从属于"言"这点上，他无疑是正确的。

语言学首先是西方的，而西方的语言学可以不去研究文字外形，这是因为字母文字仅是语言（言语）的记录符号。如果仅从这个角度考虑，汉字当然也是排除在语言学之外的。但是，汉字的产生与西方字母文字的不同致使中国很早就产生了与西方不同的另一种学问——"小学"，而中国古代"小学"的一项重要内容就是文字研究。文字学的研究对于字母文字的意义远远不及对于汉语表意文字的意义，所以西方语言学几乎将文字本身的研究排除于外。当然语言学中必须有词语分析，因为这直接是语言的载体，否则无法说明语言。但中国的文字不直接记录语言（言语）。从时间上说，文字肯定产生于言语之后；但是从逻辑上说，华夏民族文字首先是直接与外界自然事物发生关系，而后才与声音匹配起来。即使有了关于

---

① J. G. 赫尔德：《论语言的起源》，姚小平译，北京：商务印书馆，1998年，第73页。
② 爱德华·萨丕尔：《语言论：言语研究导论》，陆卓元译，北京：商务印书馆，1985年，第13页。
③ 亚里士多德：《范畴篇 解释篇》，方书春译，北京：商务印书馆，1959年，第55页。
④ 汪荣宝：《法言义疏》，陈仲夫点校，北京：中华书局，1987年，第160页。

外界事物的言语，在造这个字的时候也首先是以文字表现这个事物，其次才是与语言的联系。所以，在某种程度上，最早的汉字可以脱离语音来传达意思。

字母文字本身不具思维表征，只有在具体使用中才能发生；但汉字本身是具有思维表征的。当今比较流行的符号语言学是索绪尔（Saussure）奠基的，而索绪尔的语言学又是与亚里士多德关于语言的定义相关的。索绪尔认为语言和文字是两个不同的符号系统，文字唯一的存在理由就在于表现前者。这就是说，文字是用于表现、记录口语。不过，这种定义与理论主要适用于西方的字母（表音）文字，而不适合于中国的表意文字；或者说，西方的文字是附属于口语的，而中国的汉字却具有很大独立性。事实上，索绪尔也明确了自己的考察范围。他说："我们的研究将只限于表音体系，特别是只限于今天使用的以希腊字母为原始型的体系。"① 由于表音文字是直接记录口语的，所以二者之中不管哪一个的变化都会直接导致另一个的变化。就像索绪尔说的那样，这种情况很容易造成口语或文字的混乱。但是表意文字与口语的关系则相对疏远，上述情况则不易产生，反倒显示了口语不及文字的稳定。不管读音怎样变化，对于文字意义的影响也是很小的。所以表音文字与表意文字可以影响两种不同的思维甚至哲学。

华夏民族文字的基础是象形文字，而象形文字是来源于图像符号的。所以很可能的情况是，这些图像符号在使用中与口语发音逐渐联系起来。如果我们的推断没有问题，那么就可以说，汉字在初创时期并非是纯粹用来记录口语的，甚至现在有时也并非单纯为了记录口语，而是为了表达口语所不能表达的意义。索绪尔所说的语言符号的特点首先是针对于口语，但是他所说的这种口语符号的特点可以直接落实在表音的文字体系之中。也就是说，在表音文字的语言中，文字并不具有独立的地位，它只是从属于言语的。但是对于表意的文字系统来说，情况可能就复杂多了。

我们在前文说过，世界上各个民族的文化形态在其初创时期是大同小异，即巫术思维普遍地占据重要、甚至核心的地位。在这些长时段里，语言定然早已产生。这样的话，单从口语上说，并没有导致这些民族的思维产生多大的差异。所以，如果说语言对思维产生影响的话，这种影响主要就是文字使得各个民族的思维产生差异。由于字母文字对于声音（口语）的附属性，它的产生使得语言使用者逐渐形成一种线性思维，而表意

---

① 费尔迪南·德·索绪尔：《普通语言学教程》，高名凯译，北京：商务印书馆，1980年，第51页。

的象形文字则使得使用者形成另一种思维——关联性思维。

我们再从索绪尔语言学中能指与所指的关系上谈一下这个问题。对于表音文字来说，能指与所指的关系具有任意性的特点，即语音与意义之关系的任意性。由于字母文字本身即是口语的记录，所以文字与意义之间的关系同样也具有任意性的特点。但这对于汉语来说情况就大大不同了。从语音层面上，汉语的言语与其意义的关系也可以具有任意性的特点。但对于这种以象形为基础的表意文字来说，我们绝然不能说文字与意义之间的关系也是任意的。如"马"与"羊"、"山"与"水"这些文字，如果它们的意义相互颠倒的话，这就会造成一种极其荒诞的结果。

下面我们尝试通过简单分析希腊文字变化的情况，大胆猜测：可能正是这种文字使用的变化，塑造了极不同于古中国民族思维的古希腊民族思维。

考古学家伊文斯（Arthur Evans）于1900年在克里特岛（Grete）的克诺索斯（Knossos）王宫遗址发掘出了一批黏土书板，他把上面的文字称为"线形文字B"（Linear B），认为这种文字来源于一种他称之为"线形文字A"（Linear A）的文字。线形文字A是一种音节文字，它的前身是一种象形文字的书写形式。线形文字B可能是由线形文字A发展而来。克琳娜·库蕾（Corinne Coulet）说："线形文字B——古希腊人最初的文字系统——包括三种类型的符号：表意文字、标音符号和一种限定符号，如将词分开的斜杠。"① 所以我们推测，这种线形文字可能更加接近于表意文字。但是线形文字B并没有发展成为希腊文字，而从公元前12世纪往后长达三个世纪没有发现任何文字材料。直到公元前9—前8世纪，音节文字基本消失，代之而起的则是腓尼基（Phonecian）字母文字。

库蕾评价腓尼基字母对于古希腊文化的影响时说："字母在古希腊的出现被视为一次革命，它顷刻改变了思维方式，促成了'合理性'的诞生，有助于民主政治。"② 她的这种观点佐证了本文提出的某些看法。所以，我们可以初步做出这样的判断：由于曾在古希腊出现的音节文字并没有成为通行的文字，而是在很短时间——在塑造民族思维中几个世纪并不算长——被外来的字母文字所代替，这就导致了古希腊民族的思维与古中国民族的思维产生了很大的差异，因为毕竟古中国的象形文字一直在使用，并且很长时间也没有丢失象形的特征。

---

① 克琳娜·库蕾：《古希腊的交流》，邓丽丹译，桂林：广西师范大学出版社，2005年，第2页。
② 同上书，第9页。

二、六书与思维

我国传统的文字学主要是研究文字字形的源流发展，而鲜有从哲学层面进行讨论的。现在有些学者开始自觉地从哲学层面研究文字学，这方面的著作有曹念明的《文字哲学》。该书试图建立一种新的中国文字学，并希望从传统的以西方模式为框架的语言学中解脱出来。曹念明认为，在中国文化中，主体认知客体的途径是通过"象"来达到的；而在西方表音文字的系统下，主体认知客体的根本途径是通过"逻各斯"来达到的。①

不过我们需要知道的是，"汉字"当然是后起的名字，所以将甲骨文、钟鼎文、大篆和小篆等文字称为"汉字"并不具有天然的合理性，这只是一种文化的"追认"。我们姑且以"汉字"称之。上古文字在三皇五帝之时如果出现，恐怕也是多种多样而并非单一样式的。只是到了商代，甲骨文占据了压倒性的优势，并经由钟鼎文而逐渐延续成华夏文字之基础。

我们先说汉字的结构，而这又不能不说到"六书"。"六书"之说，最早见于《周礼》。《周礼·地官》说保氏之职："保氏掌谏王恶，而养国子以道。乃教之六艺：一曰五礼，二曰六乐，三曰五射，四曰五驭，五曰六书，六曰九数。"但是，这里却并没有说明六书的具体内容。东汉班固《汉书》中有《艺文志》篇，此篇主要辑录了刘歆《七略》一书的要旨，其中讲到了六书的内容。班固说："古者八岁入小学，故《周官》保氏掌养国子，教之六书，谓象形、象事、象意、象声、转注、假借，造字之本也。"（《汉书·艺文志》）东汉郑玄在《周礼·地官司徒》注中引郑众的说法，将六书名为象形、会意、转注、处事、假借、谐声。许慎在其《说文解字·叙》中将六书名为指事、象形、形声、会意、转注、假借。但是现在学界通行的做法是采用许慎的命名和班固的排序。这样就有了：象形、指事、会意、形声、转注、假借。在这六书中，前四种是造字法，后两种是用字法。现在，这种观点已经基本没有什么争议了。

对于六书中的这四种造字法，我们可以注意班固的说法。尽管他提出的名称并没有成为通行的名字，但他都以"象"名此四者确实有其道理所在，因为这个"象"充分体现了中华文化的思维模式。"象"乃模拟，模

---

① 曹念明：《文字哲学——关于一般文字学原理的思考》，成都：巴蜀书社，2006年，第120页。

拟何物？许慎在《说文解字》中讲汉字起源的时候先说了伏羲作八卦的方法。他说："古者庖牺氏之王天下也，仰则观象于天，俯则观法于地，视鸟兽之文与地之宜，近取诸身，远取诸物；于是始作《易》八卦，以垂宪象。"（《说文解字·叙》）"宪象"是什么意思？《说文》说："宪，敏也。"此意于此显然不妥。《尔雅》说："宪，法也。"所以，"宪象"的"宪"应为《尔雅》中的解释。因为圣人作易是为效法天地，所以，"宪象"就是用以效法的"象"。《周易》本来是说，八卦之象通向了可以效法的天地之象。但是在许慎看来，文字即是按照这个八卦之象来创制的。他说："黄帝史官仓颉，见鸟兽蹄迒之迹，知分理之可相别异也，初造书契。百工以乂，万品以察，盖取诸'夬'。"（《说文解字·叙》）这个意思在《周易》中就有表达。《周易》说："上古结绳而治，后世圣人易之以书契，百官以治，万民以察，盖取诸'夬'。"（《周易·系辞下》）中国古人认为，文字的创制尤其受到了"夬"卦的影响，而"夬"卦却是属于六十四卦中的，所以文字到底是根据八卦之"宪象"创制还是根据六十四卦之"夬"卦创制是有问题的。或者说，许慎关于文字来源的阐述，本身就是一种类似罗兰·巴特（Roland Barthes）的神话学的解说。从古人的记载来看，古人认为汉字的起源与八卦的起源是类似的，或说汉字的这种创制方式最早来源于伏羲作八卦的方式。其实不管就创制八卦还是创造文字来说，真正的方式也未必就如文献记载的那样。但是即使文献记载的传说不是史实，但传说记载本身确实反映了传说产生之时人们某些方面的思想观念。

我们的怀疑是有道理的。许慎说："仓颉之初作书，盖依类象形，故谓之文；其后形声相益，即谓之字。文者，物象之本；字者，言孳乳而寖多也。"（《说文解字·叙》）依许慎的观点，"文"与"字"是不同的，而"文"则是"字"的根本。这里的"依类象形"，当然是依万物之类，象万物之形；而实现这种"依类象形"的方法就是"观"。所以，汉字的根本则是"物象"。

这样，如果我们非要说《周易》对于文字有所影响的话，那就是"夬"卦或八卦之象对于创制文字的方法启示。"夬"是《周易》的第四十三卦，其卦象是"乾下兑上"。《夬》卦《彖》说："夬，决也，刚决柔也。""夬"字的篆书为🉈。许慎说："夬，分决也。从又、彐，象决形。"徐锴说："冂，物也，丨，所以决之。"也就是说，"又"象手的形，"夬"是手拿工具将某个对象分开的意思，这也就是对于事物的理性的判别。也就是说，文字的创制实际上就是对事物的判别。《周易》说："百官以治，万民以察。"许慎说："百工以乂，万品以察。"这些都是说创制文字在认知上的目的。

王充说："苍颉四目，为黄帝史。"（《论衡·骨相》）"四目"之说的真正意思是，文字的创制并非普通的观察，而是达到事物本质的一种方式。故此，《淮南子》中说："昔者苍颉作书，而天雨粟，鬼夜哭。"（《淮南子·本经训》）张彦远也承袭了这种说法。他在《历代名画记》中说："奎有芒角，下主辞章；颉有四目，仰观垂象。因俪鸟龟之迹，遂定书字之形。造化不能藏其秘，故天雨粟；灵怪不能遁其形，故鬼夜哭。"① 对于古人来说，文字通达了天地的隐微之处，文字本身揭示了天地自然的本质。综合这些说法，我们不难看出，古人在理解创制八卦与创制文字上都是非常重视"观"这种方式的。由于这种"观"的方式，人们可以察知万物、判决万物。汉字的产生，本身就是与西方的字母文字极为不同的。

我们这里从"六书"中的四种造字法分析了由"观"到"象"的逻辑。在这四种造字法中，第三种"指事"实际上是从"象形"到"会意"的过渡，所以后来有人提出造字法实际上是三种。比如唐兰在其《古文字学导论》中将此归纳为"三书"，它们是：象形、象意、形声。这也是有其合理之处的。其实，"形声"也是在"象形"与"指事"的基础上发展起来的，所以在这四种或说三种造字法中最为关键的就是"象形"与"会意"。这两种造字法比较突出地反映了我国先民的思维特征，并在中华文化的始源之处奠定了华夏民族的思维特质。

我们结合许慎的解释来看"象形"与"会意"这两种造字法的特点。"象形"是直观的，"会意"则有了很强的逻辑因素。"象形"是穷形而尽象，针对的是可见的东西；而"会意"是得意而忘象，针对的则是不可见的东西。这也可以说古人已经触及到了眼与心的问题。如"武"是两个象形字构成的，但是"武"的内涵超越了这两个象形符号指示的对象，它们之间的关系是在象形符号之外的。但是在中国文字中，不可见的意义始终不脱离可见的字形。也就是说，那种超越符号的东西仍然可以通过符号本身进行把握。很明显，"象形"重在形，"会意"重在意，而"形声"则形意兼有。所以，从"象形"到"会意"再到"形声"，我们就可以看到一种"形"与"意"之关系的逻辑进展。这明显与以古希腊文字为基础的西方文明有区别。西方文明是以表音文字为基础的，而表音文字并没有建立在可见的象的基础上，这就导致了西方文化中的逻格斯中心主义，即语音中心主义。然而，中国文化却不是这样的。

由于汉字源于所"观"之"象"，所以汉字的结构就很重要，这体现于它对思维模式所产生的影响。字母文字当然也讲结构，但这只是字母线

---

① 张彦远：《历代名画记》，俞剑华注释，南京：江苏美术出版社，2007年，第1页。

性的前后顺序。汉字的结构是平面空间的,这就使得汉字所体现出来的是一种整体思维,并且影响了汉字文化的重整体的具象思维方式。这大不同于西方重分析的抽象思维模式。在理性崛起的轴心时期,汉字的表意特征仍然没有改变成为表音的字母文字,也是诗性智慧得以成为华夏文明内在因子的重要原因。当然,这种诗性智慧通过轴心时期的理性化而获得了一种哲学的表达。

我们由以上的分析还可以得出这样的一个推论:由于文字的使用在无论哪个民族的早期很长时间内都不是普遍性的,所以原逻辑思维在普通民众之中将在很长时间内占据统治地位。我们在柏拉图与亚里士多德的文本中,可以看到古希腊逻辑思维的发达,但我仍然相信,古希腊的普通民众整体上仍然是以非逻辑的诗性智慧为主的。文字的使用,就是通过文化产品巩固或改变这种日常的思维。中西两种文明则正好分别是这两种情况:中国的文字是巩固了这种思维,而西方的字母文字则是改变了这种思维。

三、从"雚"到"观"

我们知道,汉字的基础是象形文字。象形文字的产生无疑是通过"观看"这种视觉方式,并且这种"观看"又形成一种结构迁移式的思维方式。既然观看对于汉字如此重要,并且观看这种行为又涉及"观"这个字,尤其是"观"这个字本身就体现了这种视觉方式的特征,所以我们很有必要从文字上分析"观"这个字。

从甲骨卜辞中可以推断,"观"最早的字形实际上是"雚"。"雚"的本义为一种鸟。许慎《说文解字》说:"雚,(小)爵也。"段玉裁注说:"爵当作雀,雚今字作鹳。鹳雀乃大鸟,各本作小爵,误。"《玉篇》释为"水鸟"。《诗经·豳风·东山》中说:"鹳鸣于垤,妇叹于室。"郑玄笺注:"鹳,水鸟也,将阴雨则鸣。"[①] 但值得我们注意的是,"雚"字早在商代就有了相当于后来的"观"的意义了。如以下几例:

  1. 壬寅卜,旅,贞王其往雚于猎,亡灾。(《甲骨文合集》,[②] 24425)

[①] 《十三经注疏》整理委员会整理,李学勤主编:《十三经注疏·毛诗正义》,北京:北京大学出版社,1999年,第523页。
[②] 郭沫若主编:《甲骨文合集》,北京:中华书局,1982年,第3111页,编号24425。

2. 王其雚。(《甲骨文合集》，2232)
3. 王雚尝。(《殷周金文集成》，① 5433)

　　这几个"雚"其实都相当于"观"字。由此我们可以说，"雚"很早就有了两种意义，然后分化为"鹳"与"觀"（观）两个字。这里我们可以试问一个颇为有趣但却并不好回答的问题：为什么是这个"雚"字成为了"观"而不是其他表示鸟的字呢？我们这里尝试着猜测一下古人的想法。

　　我们先从造字的角度做些揣测。通观许慎的《说文解字》，我们会发现，表示鸟禽类的名称基本都从属于"鸟"、"隹"二部。"鸟"与"隹"二字都是象形字。《说文解字》中说："隹，鸟之短尾总名也。象形。凡隹之属皆从隹。"其中又说："鸟，长尾禽总名也。象形。鸟之足似匕，从匕。凡鸟之属皆从鸟。"除《说文解字》之外的其他字书，如《尔雅》、《广雅》等都有"释鸟"之章。其中所释鸟禽之名不外双音节名、单音节名两种，其中单音节的名称基本上都是以"鸟"或"隹"为形符，而双音节的名称有些不是这种结构。我们也可以说，凡是不以此二部为形符的字基本都在双音节名称中。只有少数例外，如"燕"。但为什么"观"（觀）字没有从"鸟"却从"隹"呢？

　　对此问题，我们还是从"观"的原始字形"雚"说起。《说文解字》解释"雚"说："从萑（huán），吅声。"又解释"萑"说："从隹从丫，有毛角。所鸣，其民有旤。凡萑之属皆从萑。"段玉裁注说："说从丫之意，毛角者，首有簇毛如角也。"也就是说，这里的"丬"（guàn）并不是"艹（草）"头，此"萑"并不是彼"萑"（huán，zhuī）。如果按照许慎的说法，"雚"就是个形声字，"萑"是形符，"吅"是声符。但是由于这个字是把声符插入了形符当中，使得这个字更加接近于独体字，也就更加便于造字。更值得我们注意的是，那两个"口"加进去之后也倒更像两只眼睛（见表 2"雚"的字形演变）。所以我们有理由认定那两个并列的"口"可能本身就是两个"目"的简化变形。尤其是这两个"口"与那个所谓的"毛角"在一起极像一个鸟的头部。可能就是这样的原因，古人就用"雚"来表示那个表示观看之意而与其发音相同的音节。这样，它也就成了"观"（觀）的前身。

---

① 中国社会科学院考古研究所编：《殷周金文集成》，北京：中华书局，2007 年，编号 5433。

表 2 "䧹"的字形演变

1	2	3	4	5	6	7
三期后 二/六/六	四期后 二/六/八	周早期 䧹女觯	周早期 王人	周中期 御尊	周中期 效卣	战国 㸰䧹戟

注：1、2为甲骨文，3、4、5、6、7为金文。

资料来源：根据《古文字类编》（台湾大通书局1986年）与《古文字类编（增订本）》（上海古籍出版社2008年）整理。

不过我们又有了新的问题：为什么单单是这种叫做"䧹"的鸟的名字由"隹"加上两个"目"或说两个很像眼睛的"口"呢？我们当然不会知道确切的答案，但是我们很幸运地可以从古籍上找到一些算是合理的说法。所谓"䧹"，也就是后来的"鹳"，这一点是没有疑问的。宋代陆佃在《埤雅》的"释鸟"中有对"鹳"的解释。他在释文中引了《禽经》中的话："鹳俯鸣则阴，仰鸣则晴。"他解释说："仰鸣则晴，是有见于上也；俯鸣则阴，是有见于下也。夫文，䧹见为观，盖取诸此。"① 如果用拟人的说法，就是说"鹳"这种鸟见到天上或地上的某些迹象，就知道或预测到了天气的变化即自然的某些内在规律。这可能是一种物候学上的自然规律。这个解释不仅说明了"观"为何来源于"䧹"，而且还说明了这个"观"并不是普通的"看"，而是一种达到事物真相的"看"。

那么"观"字是什么时候形成的呢？根据考古出土的文物，我们发现在周代早期已经有了在"䧹"上加"见"的"觀"了（见表3"观"（觀）的字形演变）。

---

① 陆佃：《埤雅》，王敏红校点，杭州：浙江大学出版社，2008年，第53页。

表 3　"观"（觀）的字形演变

1	2	3	4	5	6	7	8
（字形）	（字形）	（字形）	（字形）	（字形）	（字形）	（字形）	（字形）
周早期观鼎	战国包山230	战国包山244	战国包山249	战国郭店缁衣	战国郭店老乙	战国上博内豊	战国中山王壶

注：1 为金文（青铜器铭文），2、3、4、5、6、7 为简书（或其他刻辞），8 虽为金文，但字形已近小篆。

资料来源：根据《古文字类编》与《古文字类编（增订本）》整理。

从上表可以看出，"观"字可能没有甲骨文的字形，而从它的字形演变上来看，金文与简书的"观"字尚未定型，尤其体现在"见"的位置上，并且这个"见"还位于并不显著的位置。尽管《古文字类编》因中山王壶上的"观"字在青铜器上而将其列于金文，但是它的字形已经非常接近于小篆了。另外还有一个（战国"云梦为吏"，表未列出）已经非常接近于汉隶了。由此可以推断，"观"字在殷商时期应该还没有形成。事实上考古资料已经证明了这点，在殷商时期都是以"雚"言"观"之意，表 2 中的"雚"多是表示"观"的意思的。

为了能从文字上理解"观"字所具有的意义特征，我们可以通过梳理《说文解字》中的相关文字来看。"观"为"看"意，而《说文解字》中与"看"相关的字基本集中于"目"与"见"二部。

首先是"目"部。"目"部的正字凡 113 个。在这些文字当中，有少数几个是名词，表示与眼睛有关的部位名称。除此之外，约有近半是表示眼睛特征的字，约有半数是表示眼睛动作的词语。所以我们讨论的重点就是这些表示眼睛动作的字。

在表示眼睛动作的文字中，最为常用的是"睹、相、看、省"四个字，其他表示"看"的均为罕用字。我们主要通过分析这四个字以理解"观"的文字意义。

1. "睹"。《说文》说："睹，见也。"所以也就有了"熟视无睹"一语。另外我们还有一个词语"视而不见"，与它的意思是一样的。从这两个词语中，我们也可以见出"睹"和"见"的同义关系。然而事实上这个

"睹"用的并不多,即使在先秦文献中也是基本上都用"见"字。

2."相"。《说文》说:"相,省视也。"这里首先是"省"字,后面我们将看这个字。这里先说"视"字。由于眼睛是视觉器官,所以它的动作也就会涉及看的方式,所以在《说文》中的"目"部里表示眼睛动作的字基本上也是表示眼睛看的方式,并且其中大多采用"××视也"的表达句式,这样就说明"视"是表示"看"这个动作的,事实上古代文献中很少直接用"看"来表达"看"这个意思。

3."看"。《说文》说:"看,睎也。"那么"睎"呢?其中说:"睎,望也。"又说:"望,出亡在外,望其还也。"显然,许慎在这里出了问题,在解释"望"的文字中又出现了"望"字,但这并不影响我们理解"望"字的大意。按照这样的解释,"看"与"望"就大致同义了。然而,"看"作如此"望"意的用法很少,并且逐渐成为表示视觉行为的普通用词了。

4."省"。《说文》说:"省,视也。"但是"省"作为一般意义上"看"的用法并不多见。在古代文献中表示一般意义上"看"的用字通常是"视"这个字。"视"则在"见"部。

然后是"见"部。"见"部的正字凡45个。在这些文字当中,约有半数是表示"看"的动作的,其中最为常见的是"见、视、观、览"四个字。

1."见"。《说文》说:"见,视也。"段注说:"析言之,有视而不见者,听而不闻者;浑言之,则视与见、闻与听一也。耳部曰:'听,聆也,闻知声也。'此析言之。"其实在实际使用中,"见"并不等同于"视"。前文所举"视而不见"即是明显一例。由此例可知,"见"侧重的是看的结果;而"视"侧重的是看的行为,它是否能达到看见的结果,就是另外一码事了。

2."视"。《说文》说:"视,瞻也。"又说:"瞻,临视也。""临,监临也。""监,临下也。"段注说:"目部曰:'瞻,临视也。'视不必皆临,则瞻与视小别矣,浑言不别也。引申之意,凡我所为使人见之亦曰视。"他还根据古文献推断:"古作视,汉人作示,是为古今字。"从解释中,"视"有向下看之意,但是《说文》解释"看"的相关字的时候经常用"视",这说明"视"已是一个普通的"看"了。

3."观"。《说文》说:"观,谛视也。""谛,审也。"也就是说,"观"就是审视的意思。段注说:"审谛之视也。"段注说:"凡以我谛视物曰观,使人得以谛视我亦曰观,犹之以我见人、使人见我皆曰视,一义之转移,本无二音也。而学者强为分别,乃使《周易》卦,而平去错出支离,殆不可读，不亦固哉。"《穀梁传》说："常事曰视，非常曰观。"① 由此，一般的看就是"视"，特殊的看就是"观"。"观"的特殊就在于"仔细"，是一种"审视"，这当然是要涉及到结果的。

4．"览"。《说文》说："览，观也。"段注曰："以我观物曰览，引伸之，使物观我亦曰览。""览"是一种突出物我关系的"观"。在中国古典文本中，能够同时体现"以我观物"和"使物观我"两个方面，通常就是审美的"观"了。所以，在表示审美观看时，经常使用"览"这个词语。

由上观之，"观"并不是普通的"看"，而是一种特殊的"看"，是对事物审察的"看"。所以，《穀梁传》说："常事曰视，非常曰观。"但在先秦时期，"观"不仅有"看"的意思，还有一个也是很重要的，即"示"之义。《尔雅·释言》说："观、指，示也。"邢昺解释说："示谓呈见于人也。"② 郭璞举《国语》中句："且观之兵。"由此我们可以看出，实际上《说文》与《尔雅》对于"观"的解释正好分别讲了一个方面：一个是"视"，一个是"示"。换言之，一个意义是主动地"去看"，一个意义是被动的"让看"。我们将会看到，这两个方面的意义，在周代礼乐文化中都有重要的表现。

---

① 《十三经注疏》整理委员会整理，李学勤主编：《十三经注疏·春秋穀梁传注疏》，北京：北京大学出版社，1999年，第19页。
② 同上书，第58页。

第三章 先秦"观"的文化结构

天人关系是中国古代文化的核心问题。司马迁在《报任安书》中所说的"究天人之际"可以看作是中国古代文化的基本精神。从"观"这个概念来说，我们同样也可以在其中看到古人对于天人之际的关切。《周易》"贲"卦的《象》辞中说："观乎天文，以察时变；观乎人文，以化成天下。"① 这句话基本概括了古代"观"字所包含的文化内涵。这里所说的文化，当然主要是指上古以来就存在而在周代得到系统化的礼乐文化，这也是先秦诸子百家争鸣的文化背景。在诸子之前，"观"主要是一种政治性与礼仪性的行为；然后到诸子那里，它主要体现为一种哲学性与审美性的主体方式。

考察诸子之前的"观"，需要涉及先秦礼制。但如我们前面所说，由于我们所谓的周代文献多有后人的篡入甚至伪造，所以我们研讨的可能不是实际的周代或者周代之前的礼制，而只是文献的礼制。② 尽管如此，我们的研讨仍然是富有意义的：由于这是后人有意为之，这就说明他们认为古代应该是如此的，这样他们才会接受如此的前代，并以此为法构建自己所处的时代。在这种构造中，当然起到主要作用的就是儒家。先秦时期，显学为儒墨。但就传承而言，源于文武周公的儒家当然与周代前期的文化保持着更大的关联，并且，尧舜这些上古君王也被原儒化和经典化。在这种意义上，我们在古代经籍中看到的上古君王，便大多是一种构拟，而不纯是一种记述。这样的话，我们就不能说"六经皆史"，而是"六经皆文"。这样，我们就可以说这些经典的构拟实则构成一种"政治神话学"

---

① 《十三经注疏》整理委员会整理，李学勤主编：《十三经注疏·周易正义》，北京：北京大学出版社，1999年，第105页。
② 对于系统展现周代礼乐文化的核心文献《周礼》的成书年代，就有不少争议。有人认为出于周公，有人认为出于战国，有人认为出于莽新。但根据《周礼》一书的语言，它断不会出于周公之时。即使《周礼》一书确实为整理周公之制而作，那在成书之时也必然会加入时人之见。

(political mythology)。在这种话语中,"观"就是天子君王所参与的、进行社会秩序构建的一种重要方式。

本章即以《周易》中的"观乎天文"与"观乎人文"这两个方面为经,梳理先秦典籍中的这种社会秩序的构建。周代以及此前文化能对后世产生影响,是与《易传》作者的这种理论重构有很大关系的。

一、观乎天文

在古代中国,观天文具有一种特殊的意义。它是古代政治文化的一项重要内容,也是古代天文学形成的政治与文化背景。中国古代天文学是以官方垄断为特征的,所以观天(文)从一开始就是官方的行为。这个官方对于观天(文)的垄断在文献上是以重黎绝地天通的掌故为政治依托的。

(一) 绝地天通

关于绝地天通的代表性阐述,我们可见于《山海经》、《尚书·吕刑》、《国语·楚语》这几种典籍,而其中讲述最为详尽的则是《国语·楚语》。作为古代文献中的经典文段,我们不妨将其引述如下:

> 昭王问于观射父,曰:"《周书》所谓重、黎实使天地不通者,何也?若无然,民将能登天乎?"
>
> 对曰:"非此之谓也。古者民神不杂。民之精爽不携贰者,而又能齐肃衷正;其智能上下比义,其圣能光远宣朗,其明能光照之,其聪能听彻之。如是则明神降之,在男曰觋,在女曰巫。是使制神之处位次主,而为之牲器时服,而后使先圣之后之有光烈,而能知山川之号、高祖之主、宗庙之事、昭穆之世、齐敬之勤、礼节之宜、威仪之则、容貌之崇、忠信之质、禋絜之服,而敬恭明神者以为之祝。使名姓之后,能知四时之生、牺牲之物、玉帛之类、采服之仪、彝器之量、次主之度、屏摄之位、坛场之所、上下之神祇、氏姓之所出,而心率旧典者为之宗。于是乎有天地神民类物之官,是谓五官,各司其序,不相乱也。民是以能有忠信,神是以能有明德。民神异业,敬而不渎。故神降之嘉生,民以物享,祸灾不至,求用不匮。及少昊之衰也,九黎乱德,民神杂糅,不可方物。夫人作享,家为巫史,无有要质。民匮于祀,而不知其福。蒸享无度,民神同位。民渎齐盟,无有

严威。神狎民则，不蠲其为。嘉生不降，无物以享。祸灾荐臻，莫尽其气。颛顼受之，乃命南正重司天以属神，命火正黎司地以属民，使复旧常，无相侵渎，是谓'绝地天通'。其后，三苗复九黎之德，尧复育重、黎之后，不忘旧者，使复典之，以至于夏、商。故重、黎氏世叙天地，而别其分主者也。其在周，程伯休父其后也，当宣王时，失其官守而为司马氏。宠神其祖，以取威于民，曰：'重实上天，黎实下地。'遭世之乱，而莫之能御也。不然，夫天地成而不变，何比之有？"

这个掌故历来为人们所重视。在讲到中国古代政治、宗教的时候，几乎没有不引这个故事来说明问题的。这里观射父对于重黎绝地天通的解说，涉及三个阶段：一是上古之时，民神不杂，敬而不渎。二是少昊之衰，九黎乱德，民神杂糅；夫人作享，家为巫史；民渎神狎，祸灾荐臻。三是颛顼治世，以命重黎，分掌天地，绝地天通。

但是，根据人类学的研究成果，观射父所描绘的"民神不杂"的状况不可能最先出现在上古之时，而上古之时首先出现的状况应该是"民神杂糅"。这就是普遍的神人相通。这里涉及一个"神"的观念产生的问题。"神"是人类进化到一定阶段的产物，而当人类有了"神"的观念之后，首先进入的是一种萨满（shaman）的社会形态或文化形态，也即图腾崇拜的状态。用中国传统文献的概念，就是巫觋文化的状态。杨向奎提出中国古代史职的三个演变阶段：一是神职历史时期，这时还没有绝地天通，人人通天为神，神话与历史不分。二是巫职历史时期，颛顼时代，重黎绝地天通，是为巫的开始。三是春秋时代，诗亡然后《春秋》作，是为史的历史时期开始。[①] 所以从人类学与历史学的角度，观射父的观点都是有问题的。

如果说首先是人神杂糅，其次是民神不杂，那么专职巫师的出现当是在第二个阶段了。《山海经》所记录的巫师，当是这种情况。《山海经》对于专职巫师的记录有三处：

1. 巫咸国在女丑北，右手操青蛇，左手操赤蛇，在登葆山，群巫所从上下也。（《山海经·海外西经》）

2. 开明东有巫彭、巫抵、巫阳、巫履、巫凡、巫相：……皆操

---

① 杨向奎：《宗周社会与礼乐文明》，北京：人民出版社，1992年，第345页。

不死之药以距之。(《山海经·海外西经》)

　　3. 大荒之中有山，名曰丰沮玉门，日月所入。有灵山，巫咸、巫即、巫盼、巫彭、巫姑、巫真、巫礼、巫抵、巫谢、巫罗十巫从此升降，百药爰在。(《山海经·大荒西经》)

　　这里既然出现了专职的巫师，所以便是民神不杂的一种神话式写照。郭璞注第 1 条说是"采药往来"。但是第 1、第 3 这两条都有这样的表述："所从上下""从此升降"。这显然就不单是采药的问题了。既然说"从"，就是说这里是上下升降的途径，上升到哪里？没有比天更为合理的解释。这与巫觋通天的说法就合上了。乔治·弗兰克尔（George Frankl）认为，原始宗教生活以萨满法师（Shaman）为中心，只有他具备接近神灵的能力，并且通过某些特定的地点，能够与神秘的力量产生联系。他说："萨满法师最重要的特点在于，他拥有往返于天堂与大地之间的自由，他与那些他能够理解其语言的动物之间具有特殊的友情，他与神灵之间有着亲密的关系。"① 由此，我们可以知道，前文所引《国语》中楚昭王所问的"登天"之说确实是有所源的，而观射父的解释倒是远离了上古的传说，赋予了其新的宗教政治意义的解释。

　　其实就我们这里所讨论的问题而言，观射父所说的绝地天通之事是否为事实并不是重要的，甚至我们还可以肯定地说这个记载当然不乏虚构的成分，重要的是它在中国古代文化中所起的作用。它实际上真实地说明了中国古代天文学产生的政治意义。正如冯时所说："只有拥有通达祖神意旨手段的人才真正具有统治的资格。"② 所以中国古代天文学的观天是以通天为背景的。如果我们结合人类学的研究，可以将这个"通天"分为两个阶段：一是帝即巫的阶段，二是帝与巫分离的阶段。这也就是从萨满的社会形态到巫术制度的建立。

　　首先是帝即巫的时期。"神"的观念的产生使得人类首先进入图腾社会。在图腾社会中，巫师通常也就是部落、族群的首领。这种情况在许多古籍中也有所透露。如司马迁说黄帝："生而神灵，弱而能言。"(《史记·五帝本纪》)另如《法言》以及《帝王世纪》等文献对于"禹步"的记载。扬雄说："巫步多禹。"(《法言·重黎》)尽管这个"禹步"本不是一种巫

---

① 弗兰克尔：《心灵考古：潜意识的社会史（一）》，褚振飞译，北京：国际文化出版公司，2006 年，第 138 页。
② 冯时：《中国天文考古学》，北京：社会科学文献出版社，2001 年，第 54 页。

术，但后世之所以这样认为，可能就是因为禹与巫有着内在的关系。

其次是帝与巫的分离。这种分离其实是次要的，而更为重要的是政权对于神权的掌握与垄断。这也成为中国古代政治的特色。绝地天通的政治意义就在于世俗政权对神权的垄断。绝地天通之后，专门从事巫术的职业出现，并且巫术专门掌握在天子手中。《尚书》中记载武王有疾，周公特意作坛而自祷。周公说："予仁若考能，多材多艺，能事鬼神。"（《尚书·金縢》）弗兰克尔说："国王角色最早是源于巫师的角色，是统治者和萨满法师的综合。在文化的建构过程中，萨满法师的角色具有非常显著的意义，因为他是祭司和神圣国王的原型。"[1] 弗兰克尔这段话也能够体现出这个身份的变化。

中国自古即有托古改制的习惯。绝地天通其实也是一种托古改制的体现。春秋战国是理性崛起的时代，其典型特征之一就是对上古的理性加工，绝地天通也是为政治秩序提供一个理论上的根据。这种托古的目的也是一种"法先王"的传统。《逸周书·常训解》说："夫民群居而无选，为政以始之，始之以古，终之以古。行古志今，政之至也。政维今，法维古。"这是中国古代政治法先王思想的较早体现。从绝地天通到轴心时期，"观天"所反映的是：与天相沟通是帝王及其政权代理人巫师的专利。在轴心时期，天不再是那种具有意志的事物，并且士人开始思考与天沟通的方式，当然这种沟通已经不是巫师式的了。

另外，这种托古改制也包含着一种神化家族起源的思想。祖先崇拜在中国文化中无疑具有重要的地位。在中国古代的朝代更迭中，家族始终是建构政权的重要方式。这种方式源于三代，三代的祖先崇拜是构建政治秩序的依托。正是由于这样，统治者便赋予自身家族的神性，即自己的祖先是具神性的人甚至于神。其实归根结底，也是将自己的祖先与天联系起来。史华兹（Schwartz）不仅提出了这种以祖先崇拜来奠定政治合法性基础的局限，也指出了他们为克服这种局限而采取的办法便是将其归结于天。他说："在也许可以称为国家宗教的领域内，不论天的概念会在中国思想史中经历什么样的转变，对于帝国官位的占据者来说，是天而不是祖先一直成为合法性的最高来源。"[2] 同时，他们也垄断了与神沟通的权力，通天也便成了一个掌握政权的合法性依据。

---

[1] 弗兰克尔：《心灵考古：潜意识的社会史（一）》，褚振飞译，第137页。
[2] 本杰明·史华兹：《古代中国的思想世界》，程钢译，南京：江苏人民出版社，2004年，第37页。

重黎绝地天通，使得巫觋通神具有了一种特殊的政治意义。这样，巫觋手段便与政治统治联系起来了。这种联系可以通过考古上的器物得到说明。学者们通常认为，青铜礼器上的动物纹样与祭祀、沟通天地有联系。张光直说："商周青铜器上的动物纹样有其图像上的意义；它们是协助巫觋沟通天地神人的各种动物的形象。"① 并且说："既然商周艺术中的动物是巫觋沟通天地的主要媒介，那么，对带有动物纹样的青铜礼器的占有，就意味着对天地沟通手段的占有，也就意味着对知识和权力的控制。"② 这可能也就是"鼎"后来成为权力象征的原因，并且这也可能说明了"铸鼎象物"所具有的政治意义。此外，张光直还在他的书中谈到了君主掌握政治权力的几个条件，如家族地位、军事装备、德行、巫术、礼器、文字、财富等等。但是，还有一项重要的内容他基本没有提到，那就是观象授时。

（二）经始灵台

观象授时，是与"台"这种建筑无法分开的。说到"台"，我们还要从"山"说起。诸多学者考察说明，山在文化初创之时还是族群兴起之地。章太炎比较早地提出过"神权时代天子居山说"。

柳诒徵在讨论"中国人种之起原"时提出了两个观点：一是"出于多元"，二是"兴于山岳"。对于第二点，他说："世多谓文明起于河流，吾谓吾国文明，实先发生于山岳。……周、秦诸书，虽不尽可据为上古之信史，然自来传说，古代诸部兴于山岭者多，而起于河流者少。如天皇兴于柱洲昆仑山，地皇兴于熊耳龙门山，人皇兴于刑马山。出旸谷，分九河之类，实吾民先居山岭，后沿河流之证。"③ 他举出几点论据：一是君主相传号为"林"、"烝"。《尔雅·释诂》说："林、烝，君也。"二是唐虞之时诸侯首领尚号为"岳"。如《尚书》中的"四岳"，或有释为一个，或有释为四方各一人，但其义不离部族首领。三是天子巡狩以朝诸侯必于山岳。四是人民相传为"丘民"。《孟子》中说："得乎丘民而为天子。"（《孟子·尽心下》）五是为帝王者必登山封神。《管子》中说："古者封泰山、禅梁父者，七十二家；而夷吾所记者，十有二焉。"（《管子·封禅》）如果说民族起源尚待于考，而如果说文明兴起于山则近于实。孙作云的考察也说明

---

① 张光直：《美术、神话与祭祀》，郭净译，沈阳：辽宁教育出版社，2002年，第46页。
② 同上书，第58页。
③ 柳诒徵：《中国文化史》，长沙：岳麓书社，2010年，第19页。

了这点。他说:"泰山为东岳,是东方的大山,为殷民族的栖息之地;嵩山为中岳,为夏民族所居之地;岐山为周民族所居之地,三大族皆依山就高,其他各族亦莫不然。"① 胡厚宣也提出了"古人居丘说"。② 所以我们可以说,山在上古之时就是政治与宗教的中心。

山在文化早期的重要地位可能也是后世"台"与"坛"这两种人工建筑在文化中居于重要地位的原因。就这两种建筑来说,台的早期功用主要是用来观天;坛则主要是用来祭祀,而这个祭祀主要也是祭天。对天所进行的这一"观"一"祭",都是在高地上来完成的。这里我们主要说"台"。台在开始出现之时,可能也并不是首先用来观天的。我们试看《山海经》中的若干阐述:

1. 穷山在其北,不敢西射,畏轩辕之丘。(《山海经·海外西经》)

2. 有轩辕之台,射者不敢西向射,畏轩辕之台。(《山海经·大荒西经》)

3. 不敢北射,畏共工之台,台在其东。(《山海经·海外北经》)

4. 有係昆之山者,有共工之台,射者不敢北向。(《山海经·大荒北经》)

5. 禹杀相柳,其血腥,不可以树五谷种。禹厥之,三仞三沮,乃以为众帝之台。(《山海经·海外北经》)

6. 禹湮洪水,杀相繇,其血腥臭,不可生谷,其地多水,不可居也。禹湮之,三仞三沮,乃以为池,群帝因是以为台,在昆仑之北。(《山海经·大荒北经》)

7. 帝尧台、帝喾台、帝丹朱台、帝舜台,各二台,台四方,在昆仑东北。(《山海经·海内北经》)

由此可知,上古之帝大多有"台"。其中第 1 条虽说是"丘",但结合后面的第 2、3、4 条内容,此处的"丘"也应该理解为"台",而不同于上面所说的山丘了。对于以上所列第 7 条,郭璞注说:"此盖天子巡守所

---

① 孙作云:《孙作云文集(第 3 卷)中国古代神话传说研究》,开封:河南大学出版社,2003 年,第 836 页。
② 胡厚宣:《甲骨学商史论丛初集(外一种)》,石家庄:河北教育出版社,2002 年,第 491 页。

经过，夷狄慕圣人恩德，辄共为筑立台观，以标显其遗迹也。"① 此可备为一说。如果我们按照郭璞的这种解释，那么"台"这种建筑开始是为纪功之物，而非观天之用。但根据考古发现，台作为观天之用，却是很早的事了。如位于山西临汾的龙山文化陶寺遗址中的古观象台。孟慧英说："陶寺遗址还发现了以观天授时为主并兼有祭祀功能的观象台，这座大型建筑基址被称作古观象台遗址。……我国传说时代的政权，其核心权力就是观察天象、制造历法、授民以时。"② 这样的话，"台"的意义就非同寻常了。

但是事情并非简单的线性发展，台这种建筑并没有纯粹地从纪功之物顺理成章地成为固定的观天之所。还有另类的台：相传桀有瑶台，纣有鹿台。这台却是别有他用的。刘向《新序·刺奢》中说："桀作瑶台，罢民力，殚民财，为酒池糟隄，纵靡靡之乐，一鼓而牛饮者三千人。"又说："纣为鹿台，七年而成，其大三里，高千尺，临望云雨。"除此，如《竹书》亦记桀之瑶台，《史记》亦记纣之鹿台。桀、纣二人皆以台为行奢之所，此乃为享乐之台。二台之外，还有如桀之夏台。《史记》中说："（桀）乃召汤而囚之夏台。"司马贞索隐说："夏曰均台。"③ 是为牢狱之台。

从文献上看，明确地提到台为观天之用的就是周代。根据周礼，天子所建为灵台，诸侯所建为观台。《说文》与《尔雅》释"台"，皆曰："四方而高。"《说文》释"高"："崇也，象台观高之形。""高"本为台之象形，而引申为"高低"之"高"的意义。所以，台四方而高，在台上建屋以仰观远望，是为观台。

周代之台，是为"灵台"。《诗经·大雅·灵台》中有："经始灵台，经之营之。庶民攻之，不日成之。经始勿亟，庶民子来。"这个灵台是文王为征讨纣王而建。《孟子》中说："文王以民力为台为沼，而民欢乐之，谓其台曰灵台，为其沼曰灵沼，乐其有麋鹿鱼鳖。"（《孟子·梁惠王上》）周代灵台之下有灵囿，灵囿之中有灵沼。郑玄笺注说："天子有灵台者，所以观祲象，察气之妖祥也。文王受命，而作邑于丰，立灵台。"④ 朱熹

---

① 袁珂校注：《山海经校注》，上海：上海古籍出版社，1980年，第313页。
② 孟慧英：《中国原始信仰研究》，北京：中国社会科学出版社，2010年，第131页。
③ 司马迁：《史记》，北京：中华书局，2011年，第79页。
④ 《十三经注疏》整理委员会整理，李学勤主编：《十三经注疏·毛诗正义》，第1038页。

《诗集传》注说:"国之有台,所以望氛祲、察灾祥、时观游、节劳佚也。"① 按照后世文献的说法,周代的灵台就是观天之台。孔颖达正义引《异义》、《公羊》说:"天子三,诸侯二。天子有灵台以观天文,有时台以观四时施化,有囿台观鸟兽鱼鳖。诸侯当有时台、囿台。诸侯卑,不得观天文,无灵台。"② 由此,我们说周代的灵台主要是用来观天象,从文献上说是没有什么问题的。

不仅如此,时台与囿台也是用来观看的。这样,"台"就与"观"紧密联系起来了。所以也就有了"观台"之说。《左传·僖公五年》记载说:"五年,春,王正月,辛亥,朔,日南至。公既视朔,遂登观台以望。而书,礼也。凡分、至、启、闭,必书云物,为备故也。"对于"观台",杜预注说:"观台,台上构屋,可以远观者也。"③ 根据杜预注,"云物"是"气色灾变",察妖祥以为备也。"分"是春分和秋分,"至"是夏至和冬至,"启"是立春和立夏,"闭"是立秋和立冬。这里所说的观台显然应该是时台而非灵台。以后历代朝廷均有灵台,以观天文、察吉凶。这种台或称"观象台",或称"观星台"。

台的功能本是观天象,但是后来就有了用于观天的台与用于观景的台的分化。这就有了台的两种分类:观星台与观景台。在先秦时期,以观星台为主。当然,到了战国时期,观景台也很多了,只不过这种观景台还基本没有进入审美讨论的范围。徐坚《初学记》卷二四列举了大量"台"的建筑可供参考。根据文献,春秋战国时台之著名者,如齐桓公之戏马台、柏寝台,楚庄王之匏居台,楚灵王之章华台、乾溪台。较著名的还有如吴王夫差的姑苏台,姑苏台也有说为吴王阖闾所建。唐代陆广微《吴地记》说:"姑苏台在吴县西南三十五里,阖闾造,经营九年始成。其台高三百丈,望见三百里外,作九曲路以登之。"④ 可见此台奢侈之至也。秦汉之时著名者则如:秦始皇之琅邪台、望海台,汉武帝之柏梁台、通天台,等等。在这些台中,有些主要是用来观景的,而这种用于观景的台,便引发了后世中国士人关于亭台楼阁的审美体系。

---

① 朱熹注:《诗集传》,王华宝整理,南京:凤凰出版传媒集团 凤凰出版社,2007年,第218页。
② 《十三经注疏》整理委员会整理,李学勤主编:《十三经注疏·毛诗正义》,第1039页。
③ 《十三经注疏》整理委员会整理,李学勤主编:《十三经注疏·春秋左传正义》,北京:北京大学出版社,1999年,第338页。
④ 陆广微:《吴地记》,曹林娣校注,南京:江苏古籍出版社,1999年,第38页。

（三）观象授时

如果我们抛开学科意义而只考虑学问意义，称中国古代的观天之学为"天文学"，算是名副其实的，因为它确实也只是关心天的"文"或说"象"，而现代的天文学实则着重对宇宙中之"天体"进行研究。许慎在《说文解字》中说："文，错画也，象交文。"《淮南子·天文训》说："文者，象也。"也就是说，天文即是天象，观天文即是观天象。《周易》"贲"卦《彖》辞说："阴阳交错，天文也。"

中国古人观天象的目的主要有二：其一，以授人时；其二，以见吉凶。但是这二者却都是围绕着一个终极目的而进行的，这个目的就是施政。范晔说："仰占俯视，以佐时政。"（《后汉书·天文上》）沈约说："历所以拟天行而序七曜，纪万国而授人时。"（《宋书·律历中》）由此可见，"纪万国"是观天授时的最终目的，这对于研究中国古代天文学的人来说已经是没有什么可争论的了，并且学界对于中国古代天文学的官营性质也已经没有什么异议了。冯时说："中国传统天文学的官营性质以及它与占星术的密切关系是其区别于西方天文学的根本特点。"① 这是因为"授人时"之"时"，其基本内容就是"四时"，对于四时的掌握具有很重要的政治意义。《管子·四时》主要阐述了四时之政，首先阐述了掌握四时对于施政的重要意义。篇中说："唯圣人知四时。不知四时，乃失国之基。"四时是掌握政权的根本，那么授人四时之更替则当然也是政治之根本了。

柳诒徵在《中国文化史》中说："古人立国，以测天为急；后世立国，以治人为重。"② 测天的前提当然就是观天。《尚书·尧典》中说的尧命羲、和二人历象日月星辰自然已是观象测天之事了。《尚书·尧典》说：

> 乃命羲和，钦若昊天，历象日月星辰，敬授人时。分命羲仲，宅嵎夷，曰旸谷。寅宾出日，平秩东作。日中，星鸟，以殷仲春。厥民析，鸟兽孳尾。申命羲叔，宅南交。平秩南为，敬致。日永，星火，以正仲夏。厥民因，鸟兽希革。分命和仲，宅西，曰昧谷。寅饯纳日，平秩西成。宵中，星虚，以殷仲秋。厥民夷，鸟兽毛毨。申命和叔，宅朔方，曰幽都。平在朔易。日短，星昴，以正仲冬。厥民隩，鸟兽氄毛。

---

① 冯时：《中国天文考古学》，第3页。
② 柳诒徵：《中国文化史》，第61页。

事实上，我们由这里还可以知道，观天与通天实则是一脉相承的。但是我们还需要注意羲、和二人与重、黎之间的关系。《尚书·尧典》孔安国传说："重黎之后羲氏、和氏世掌天地四时之官，故尧命之，使敬顺昊天。"① 《尚书·吕刑》孔安国传说："重即羲，黎即和。"② 《史记·五帝本纪》张守节正义则据此说："重即羲，黎即和，虽别为氏族，而出自重黎也。"③ 司马迁说："昔之传天数者：高辛之前，重、黎；于唐、虞，羲、和。"（《史记·天官书》）显然，司马迁把他们都作为了传天数者。重、黎与羲、和之间是否可以对应，固然可以怀疑，但这起码说明在后人看来，巫术与天文之间存在着内在的关联。

前面我们说到，古代天子授时的首要目的是施政，并且我们也可以说施政中的首要工作是"授四时"。在没有计时设备的时代，这种授时显然是非常重要的。所以，冯时认为："观测天象是决定时间的唯一准确的标志。"④ 这个观点应该是没有什么问题的。但是他还认为天文历法在中国古代的首要意义在于对农业的指导，因为进入农业经济，掌握相关的天文知识则是必需的，否则无法保证正常的农业生产。但是江晓原在他的《天学真原》中却有与此不同的观点。他认为，天学在中国古代的发展并非源于农业的需要，而是政治统治的需要。他说："所谓'观象授时'或'敬授人时'，其本义绝不是指'安排农事'，而是指依据历法知识，安排统治阶级的重大政治事务日程。"⑤ 我们说观天与通天根本上是一脉相承的，它们对于王权都是极为重要的。在古代中国，直至明代中叶，天学事务始终是皇家禁脔。通天事务通常由巫觋执行，而观天事务则首由天子、次由星占学家执行。

那么，授人四时的首要意义到底何在？陈美东引用夏纬英的观点，认为《夏小正》中罗列的事情多关农业生产，应该是大政而不应该是小政。莫非倒是古人弄错了？恐怕这个文本倒更能成为江晓原观点的证明了，他会说这正是小政而不是大政。正者，政也。大政是什么？礼仪！陈美东又引述了古籍中的"告朔"之制，而"告朔"或说"颁朔"又牵涉"月令"。司马迁说："幽厉之后，周室微，陪臣执政，史不记时，君不告朔。"（《史

---

① 《十三经注疏》整理委员会整理，李学勤主编：《十三经注疏·尚书正义》，北京：北京大学出版社，1999年，第28页。
② 同上书，第539页。
③ 司马迁：《史记》，第16页。
④ 冯时：《中国古代的天文与人文》，北京：中国社会科学出版社，2006年，第62页。
⑤ 江晓原：《天学真原》，沈阳：辽宁教育出版社，2004年，第123页。

记·历书》）可见，告朔对于施政来说是至关重要的。陈美东说："各诸侯国开始自行其事，以各自的历法颁用于其管辖的地域之内。这既成为周天子丧失其统治权的标志，又成为各诸侯国各自行使统治权的象征。"① 此言凿矣。告朔与四时之令有着紧密的关系。

古人对于"雅"的解释也可以说明这个问题。《毛诗序》中即有对于"雅"的政治学解释。其中说："雅者，正也，言王政之所由废兴也。政有小大，故有小雅焉，有大雅焉。"② "正"即是"政"。孔颖达显然也接受了这种训"雅"为"政"的解释。《诗经》中的大雅与小雅都是天子之诗，二者分别体现了天子大政与小政之分。《诗经》正义说：

> 王者政教有小大，诗人述之亦有小大，故有小雅焉，有大雅焉。小雅所陈，有饮食宾客，赏劳群臣，燕赐以怀诸侯，征伐以强中国，乐得贤者，养育人材，于天子之政，皆小事也。大雅所陈，受命作周，代殷继伐，荷先王之福禄，尊祖考以配天，醉酒饱德，能官用士，泽被昆虫，仁及草木，于天子之政，皆大事也。诗人歌其大事，制为大体；述其小事，制为小体。体有大小，故分为二焉。③

我们知道，《尚书》的前两篇《尧典》与《舜典》分别记述了尧和舜在践天子位之后的行政事迹。在前一篇，尧首先是确定历法，然后是筹划承帝位者；在后一篇，舜首先是制历行为（可能由于《尧典》中已经详写了，所以此处写得简单，而重点讲了祭祀巡守四岳的事），其次是任命官员的事。这些是大政。那么相对而言，农事确实就是小政，也就是"小正"了。与《大戴礼记》中的《夏小正》所记多为农事不同，《礼记·月令》与《逸周书·月令解》所记主要为天子之事。所谓"月令"，就是"论十二月政之所行"。《管子》说："令有时。"（《管子·四时》）又说："出令当时曰政。"（《管子·正篇》）《月令》与《月令解》两篇都是先阐述每月天象及自然物象，然后再讲天子祭祀与其他政事，最后才涉及些许农事安排的内容。《后汉书·礼仪上》就说："礼威仪，每月朔旦，太史上其月历，有司、侍郎、尚书见读其令，奉行其政。"此处所说的按月令所行之政即为祭祀之事。由此看来，在古代早期，大政确为授时以定王事，农

---

① 陈美东：《中国古代天文学思想》，北京：中国科学技术出版社，2008年，第2页。
② 《十三经注疏》整理委员会整理，李学勤主编：《十三经注疏·毛诗正义》，第17页。
③ 同上书，第17—18页。

事则为小政也。

在分析了"授人时"在上古三代政治中的地位之后,我们再谈这四时是如何掌握的。《逸周书·周月解》说:"至于敬授民时,巡狩祭享,犹自夏焉。"《尚书》中的《尧典》和《舜典》中的观天授时也涉及所观的方式与内容。《尚书·尧典》说:"历象日月星辰,敬授人时。"蔡沈在《书集传》中说:"历,所以纪数之书。象,所以观天之器,如下篇玑衡之属是也。"①《尚书·舜典》中说舜承尧之帝位后首先做的事就是:"在璇玑玉衡,以齐七政。"对于"璇玑玉衡",历来有两种解释:一种理解为星象,如《史记·天官书》说是北斗,《晋书·天文志》说是北极,等等;一种理解为观天的仪器,如孔安国、郑玄与蔡沈等人的观点。蔡沈认为,"璇玑"是"以璇饰玑,所以象天体之转运";"玉衡"是:"以玉为管,横而设之,所以窥玑而齐七政之运行,犹今之浑天仪也。"②

所谓"七政",就是古代天文学或星占学的主要观察对象。"七政"就是日月和五星。蔡沈说:"七政,日月五星也。七者运行于天,有迟有速,有顺有逆,犹人君之有政事也。"③ 五星即五行:太白(金)、岁星(木)、辰星(水)、荧惑(火)、填星(土)。除七政之外,所观的天象还包括:北辰、北斗、二十八宿,三垣、五宫、十二次、十二辰,以及其它特殊天象。由此可见,星象占据了七政的大部分内容。

观象授时,主要通过这七政的相互配合来掌握。《尚书·尧典》中所说的"历象日月星辰"就是这样的方式。根据蔡沈的说法,古人是将一昼夜的时间分成了一百刻。《尧典》中的"日中"与"宵中"都是说昼夜长短适中,各五十刻;"日永"是指白昼时长为六十刻,而"日短"是指白昼时长为四十刻。四时之分又是以"昏之中星"为标志的。所谓"昏之中星",就是黄昏日落而星辰初显之时位于南天正中的星宿。四时尤指春分、夏至、秋分、冬至,它们所对应的昏之中星分别为:鹑火、大火、虚星、昴宿;与它们各自对应的七宿则分别为:星鸟(南方朱雀七宿)、星火(东方青龙七宿)、星虚(北方玄武七宿)和星昴(西方白虎七宿)。这里还涉及"辰"。"辰"是日月所会,即日月交会之所,即"十二次"。日月交会之所年有十二。

先秦三代,掌握天时与获得王权是紧密相关的,所以观象是维护王权

---

① 蔡沈注:《书集传》,钱宗武、钱忠弼整理,南京:凤凰出版社,2010年,第2页。
② 同上书,第9页。
③ 同上。

的重要手段，而我们通常以道德视角来理解的"允执厥中"最早可能是具有一种政治意义的表述。根据张法先生的考察，有一种说法认为"中"字的本义是测量日影的圭杆。①《周礼·地官司徒》在举大司徒之职时说："以土圭之法测土深，正日景，以求地中。"土圭即一种玉制的长杆，用它测日影不仅是定四时，还是求地中。所谓"地中"，即天下之中央。这样的话，"允执厥中"则有一种掌握天下权柄的意味了。

（四）观天象，见吉凶

在中国传统文化中，天象与吉凶之间的关系也是非常重要的。我们知道，古人所观之象主要是日、月、五行，同时又特别重视观察日月之食亏等特殊天象，他们认为这些天象与吉凶祸福之间存在着一种神秘的联系。《国语·晋语》中子犯说："天事必象。"由于这种对天象与吉凶之间关系的信念，对观察天象的重视便是自然而然的事了。

这种从天象见到人事的观念源于古代天人合一的思想。天人合一不仅是一种思维方式，而且也是一种施政根基。天人合一的观念还强调君主施政对于天事天象的影响，这样也就能够根据天事与天象判断君主施政之善恶。《尚书·洪范》较早地涉及这种天人合一的观念。其中"九畴"之一为"庶征"之说，即是五种会得到征验的自然现象："庶征：曰雨，曰旸，曰燠，曰寒，曰风，曰时。"其中的雨、旸、燠、寒、风五者，各以其时，体现在施政之上；或为"休征"，即好的征兆；或为"咎征"，即坏的征兆。关于休征和咎征，《洪范》篇中说："曰休征：曰肃，时雨若；曰乂，时旸若；曰哲，时燠若；曰谋，时寒若；曰圣，时风若。曰咎征：曰狂，恒雨若；曰僭，恒旸若；曰豫，恒燠若；曰急，恒寒若；曰蒙，恒风若。"《礼记·中庸》则说："国家将兴，必有祯祥；国家将亡，必有妖孽。见乎蓍龟，动乎四体。"所以吉凶可以通过天象的方式呈现于天。这样，古人观天象的一个重要目的就是为了知道人事之吉凶、政治之善恶。

江晓原认为："古代中国天学主要内容由两部分组成，其一为星占，其二为历法。"② 这二者当然是紧密联系的，历法是观天的理论根据，而星占则是观天的主要方式，如此以达到佐时政的目的。在他看来，古代的星占学家正是由上古能够通天的巫觋演变而来。这是他由分析《史记·天

---

① 张法：《中国美学史》，上海：上海人民出版社，2000年，第35页。
② 江晓原：《天学真原》，第38页。

官书》所列的"传天数"的名单而来的。他又说:"古代天文星占之学,即属上古通天之术,太史观星测侯,不啻巫觋登坛作法。"① 陈来认为在古代天学中,至少包括四个方面:历法、气象、星象、星占。对于星象与星占,陈来说:"比起巫术文化和祭祀文化,星象学包含着更多的自然主义和理性主义成分,但其自然主义是一种神秘的自然主义,而占星术所设定的星象与人事的关联,是与人事理性主义相冲突的。"② 所以,中国的星象学与占星术始终没有发展成为纯粹理论的研究而是服务于政治。这当然与官方的垄断有关,因为官方始终考虑的一个核心问题是如何维持自己的统治而不是民众智慧的启蒙。

杨义认为,周代负责观天象、卜吉凶的主要是史官。他说:"周朝的史官不限于记史事、掌典籍,同时也司祭礼、观天象、卜吉凶、论兴亡。"③ 史官之职具有以灾祥解释国家兴亡的权威性。根据《周礼》,古代与观天有关的官员主要有:占梦、视祲、冯相氏、保章氏,等等。这些官员的观天之事大多都与吉凶有关。我们试看《周礼》对这些官员职责的阐述。

占梦的职责是:"掌其岁时,观天地之会,辨阴阳之气,以日月星辰占六梦之吉凶。"(《周礼·春官宗伯》)这意思是说,根据天子做梦的年月时间,观察天地交会之次所,以所观天象来判断天子六梦的吉凶。

视祲的职责是:"掌十煇之法,以观妖祥,辨吉凶。"(《周礼·春官宗伯》)按郑众的解释,"煇"即日光之气。所谓"十煇",并非同等重要,其中"祲"是阴阳之气相侵,它统领其他表示特殊状况的九煇。故称"视祲"。

冯相氏的职责是:"掌十有二岁、十有二月、十有二辰、十日、二十有八星之位,辨其叙事,以会天位。冬夏致日,春秋致月,以辨四时之叙。"(《周礼·春官宗伯》)即负责观察十二岁、十二月、十二辰、十日、二十八宿的位置,并观测四时之更替。

保章氏的职责是:"掌天星,以志星辰日月之变动,以观天下之迁,辨其吉凶。"(《周礼·春官宗伯》)掌握吉凶祸福是观天的重要目的。保章氏的主要职责就是通过观察五星、日月交会等重要天象以辨吉凶、观妖祥。

---

① 江晓原:《天学真原》,第 81 页。
② 陈来:《古代思想文化的世界:春秋时代的宗教、伦理与社会思想》,北京:生活·读书·新知三联书店,2009 年,第 75 页。
③ 杨义:《老子还原》,北京:中华书局,2011 年,第 6 页。

在这些对天象的观察中，那些异常的天象是非常重要的。《管子》解释了异常的天象对于政治的重要意义。《管子》说："日食，则失德之国恶之；月食，则失刑之国恶之；彗星见，则失和之国恶之；风与日争明，则失生之国恶之。是故，圣王日食则修德，月食则修刑，彗星见则修和，风与日争明则修生。此四者，圣王所以免于天地之诛也。"（《管子·四时》）所以记录这些异常的天象是非常重要的事，如果不能尽职后果是非常严重的。《尚书·胤征》就记载有此类事件：夏帝仲康之时，羲和湎淫于酒，废天时乱甲乙，没有及时地记录发生的异常天象，胤国之君于是承王命而征之。

此外，观天象还引发了中国古代哲学中的宇宙本根论思想。在杨义看来，周朝的史官，那些出色的往往是学者兼智者。他们在玄幻的天道中开始注入某种民本意识，潜伏着思想突破的可能。周室既衰，天子失道，王官失业。这种思想突破，从可能发展为现实。所以，从这个意义上，即使我们不能说东周诸子之学皆出于官学，但可以肯定的是，西周的王官之学，乃为东周诸子之学的普遍背景与基础。这样，周史之后，也就有了政权之外的学者与智者。这些学者与智者，尽管不能敬授人时，但是却可以进行深入的哲学思考。像老子这样的卓越者，就试图穿越上天所悬之象，观看到那永恒的存在之根。

二、观乎人文

观人文，是与周代礼乐文化联系在一起的。礼乐文化有一个重要特点，就是仪式性，而仪式主要是通过呈现的方式来实现其功能的，所以，"观看"就成为联结礼乐文化各要素的一条重要纽带。这样，"观"也就成为把握周代礼乐文化基本结构的一个重要维度。

对于观人文的内涵，我们还是从《周易》说起。如果按照《周易》中"观天文"与"观人文"的说法，那么这个"观"无疑首先都是天子之事。《贲》卦《彖》辞说："文明以止，人文也。"又说："观乎人文，以化成天下。"这两句话涉及与观人文最为相关的两个问题：一是"人文"的内涵，即"文明以止"；二是观人文的目的，即"化成天下"。既然"人文"是"文明以止"，那么这里我们就要对"文明"一词做一番考察。

在先秦早期文献中，"文明"一词主要出现在《周易》中。《周易》中"文明"的使用，除了一处在《乾》卦《文言》中外，其余几处都是在卦的《象》辞中：

1. "潜龙勿用"，阳气潜藏。"见龙在田"，天下文明。(《乾·文言》)
2. 文明以健，中正而应，君子正也。唯君子为能通天下之志。(《同人·彖》)
3. 其德刚健而文明，应乎天而时行，是以元亨。(《大有·彖》)
4. 刚柔交错，天文也；文明以止，人文也。观乎天文，以察时变；观乎人文，以化成天下。(《贲·彖》)
5. 内文明而外柔顺，以蒙大难，文王以之。(《明夷·彖》)
6. 文明以说，大亨以正，革而当，其悔乃亡。(《革·彖》)

从上看出，在《彖》辞中有"文明"一词的是《同人》、《大有》、《贲》、《明夷》、《革》五卦。这五卦中的"文明"都是指"离（火）"，因为五卦中都有"离"，其中《同人》（☲）与《大有》（☲）中的"健"都是指"乾（天）"，《贲》中的"止"是"艮（山）"，《明夷》（☲）中的"柔顺"指"坤（地）"，《革》（☲）中的"说（悦）"指"兑（泽）"。所以说，就《易传》的作者而言，"离"与"文明"的内涵具有一种内在的关联。这又需要我们分析"离"的意义。《周易·序卦》与《离》卦《彖》辞都释"离"为"丽也"。《离》卦《彖》辞还说："日月丽乎天，百谷草木丽乎土。重明以丽乎正，以化成天下。"段玉裁在《说文解字注》中以前两句为例解释了"丽"的意义："耦也。……两相附则为丽。……丽则有耦可观。……两而介其间亦曰丽，离卦之一阴丽二阳是也。"《彖》辞中所说的"重明以丽乎正"也正与此意相合。孔疏正义的解释是："重明"，谓上下俱离；"丽乎正"，谓六二、六五两阴在内，既有重明之德，又附于正道。阴居二位，固谓为正；阴居五位，虽非阴阳之正，却得事理之正。所以说，"离"以其"丽"化成天下。这样，在古人看来，文明、人文与教化就是密不可分的了。

(一) 大观在上

先秦之时，"文明"的内涵首先是指一种德性。王弼在《同人》卦注中说："君子以文明为德。"[①] 孔颖达在《明夷》卦《彖》辞正义中说：

---

① 王弼著，楼宇烈校释：《王弼集校释》，北京：中华书局，1980年，第284页。

"内怀文明之德,抚教六州,外执柔顺之能,三分事纣,以此蒙犯大难,身得保全,惟文王能用之。"① 《革》卦正义中也说到"文明之德"。除了《周易》,先秦儒家典籍中还有"文明"一词的是《尚书》。《尚书》说帝舜:"濬哲文明,温恭允塞,玄德升闻,乃命以位。"(《尚书·舜典》)这里的"文明"显然也是指帝舜的一种德性。不仅如此,它在这些文献中都是指天子的一种德性。天子以文明之德化成天下,则天下文明。许慎《说文解字》说:"明,照也。"即如《乾》卦正义所说:天下有文章而光明也。

王弼在《贲》卦《象》辞注中说:"止物不以威武而以文明,人之文也。"② 在《象》辞注中说:"处贲之时,止物以文明,不可以威刑,故君子以明庶政,而无敢折狱。"③ 王弼所说的"止物",当是止物于善。儒家典籍《大学》中说:"大学之道,在明明德,在亲民,在止于至善。"朱熹在《四书集注》中解释"止"说:"止者,必至于是而不迁之意。"④ 《大学》中所说的当然还是修养自己,止于至善。这样自然可以彰显自己澄明的德性,也就达到平天下之境。天子有德,还当止物。天子以德性止物于善,而这种德性则要通过礼仪行为呈现出来。这样,"观乎人文"之意,则应该是天子文明之德性在人文之中昭示出来,以感化天下万民。

天子感化万民是通过示民以德的方式,此之谓"大观在上"。《周易·序卦》说:"物大然后可观。"圣人天子,乃人之大也,示人以德,故可观也。《诗经·周颂·敬之》中说:"示我显德行。"这是由于天子一人,可为万邦之表。《尚书·太甲下》说:"一人元良,万邦以贞。"天子一人的德性是决定万邦之治的重要基础,这也成为各方君主所需要效仿的。《左传·桓公二年》中记载臧哀伯谏宋庄公说:"昭令德以示子孙。"这也是一种"观"。或者说,这也应该是观人文的题中应有之意。《尚书·武成》说:"乃偃武修文,归马于华山之阳,放牛于桃林之野,示天下弗服。"这里是说,武王在伐纣之后,偃武修文,以示文德于天下。

所谓"大观",除了示人以德之外,还有观民之意,即天子只有了解四方民风方可以有效地施政以化成天下。程颐在《周易程氏传》中释《观》卦说:"凡观视于物则为观(guān),为观于下则为观(guàn)。如楼观谓之观者,为观于下也。人君:上观天道,下观民俗,则为观

---

① 《十三经注疏》整理委员会整理,李学勤主编:《十三經注疏·周易正义》,北京:北京大学出版社,1999年,第155页。
② 王弼著,楼宇烈校释:《王弼集校释》,第326页。
③ 同上书,第327页。
④ 朱熹注:《四书集注》,王浩整理,南京:凤凰出版社,2008年,第4页。

(guān)；修德行政，为民瞻仰，则为观（guàn）。"① 我们已经考察了上观天道（观天文）这个方面，而下观民俗、修德行政以为民所瞻仰这两个方面其实正好被概括在《观》卦《象》辞中："先王以省方观民设教。"《彖》辞中又说："圣人以神道设教而天下服矣。"所以这里我们可以据此将"观"分为两个方面：一是省方观民，二是神道设教。这也正好是"观"所具有的两种意义："去看"与"让看"。

如何省方观民？所谓"省方"，是指天子巡守之事；"观民"则是观察各方民风。《尚书·舜典》记载了天子巡守以及与之相关的祭祀之事。不过，《礼记·王制》中的记述则更为详尽，涉及巡守之时的观民之事。篇中说：

> 天子五年一巡守。岁二月，东巡守，至于岱宗。柴而望，祀山川。觐诸侯，问百年者就见之。命大师陈诗，以观民风。命市纳贾，以观民之所好恶，志淫好辟。命典礼，考时月，定日，同律、礼、乐、制度、衣服，正之。山川神祇，有不举者为不敬，不敬者君削以地。宗庙有不顺者为不孝，不孝者君绌以爵。变礼易乐者为不从，不从者君流。革制度衣服者为畔，畔者君讨。有功德于民者，加地进律。五月南巡守，至于南岳，如东巡守之礼。八月西巡守，至于西岳，如南巡守之礼。十有一月北巡守，至于北岳，如西巡守之礼。归假于祖祢，用特。

我们看到，其中说："命大师陈诗，以观民风。"大师，即太师，是掌管音乐的官员。孔疏说："此谓王巡守，见诸侯毕，乃命其方诸侯。大师是掌乐之官，各陈其国风之诗，以观其政令之善恶。若政善，诗辞亦善；政恶，则诗辞亦恶。观其诗，则知君政善恶，故《天保》诗云'民之质矣，日用饮食'，是其政和。若其政恶，则《十月之交》'彻我墙屋，田卒汙莱'是也。"② 左思《三都赋序》："先王采焉，以观土风。见'绿竹猗猗'，则知卫地淇澳之产；见'在其版屋'，则知秦野西戎之宅。故能居然而辨八方。"③ 这是一个方面。另一方面，孔疏又说："命典市之官，进纳

---

① 程颢、程颐：《二程集》，王孝鱼点校，北京：中华书局，1981年，第797—798页。
② 《十三经注疏》整理委员会整理，李学勤主编：《十三经注疏·礼记正义》，北京：北京大学出版社，1999年，第365页。
③ 萧统编，李善注：《文选》，上海：上海古籍出版社，1986年，第173页。

物贾之书，以观民之所有爱好，所有嫌恶。若民志淫邪，则爱好邪辟之物，民志所以淫邪，由在上教之不正。此陈诗纳贾，所以观民风俗，是欲知君上善恶也。"① 由此可知，天子观察民风主要通过两个途径：一陈诗，就是天子巡守各方诸侯，让其乐官唱演其邦国风，天子以此知国君施政之善恶。二纳贾，就是管理市场的官员上呈物价簿册，天子以此知民众喜好与民风善恶。《大戴礼记·小辨》中孔子对鲁哀公说："循弦以观于乐，足以辨风矣；尔雅以观于古，足以辨言矣。"孔子所说的以乐辨风，也是这种观民风的体现。

何为神道设教？《观》卦《彖》辞说："观天之神道而四时不忒，圣人以神道设教而天下服矣。"孔颖达正义说："'神道'者，微妙无方，理不可知，目不可见，不知所以然而然，谓之'神道'，而四时之节气见矣。"② 张载在《横渠易说》中说："天不言，藏其用而四时行。"③ 天行不言而四时不忒，是之谓"天之神道"。圣人之神道则是行不言之教。这种不言之教当然主要是指祭祀之事，天子通过祭祀之事教化天下。《礼记·祭统》说："夫祭之为物大矣，其兴物备矣。顺以备者也，其教之本与！……是故君子之教也，必由其本，顺之至也，祭其是与！故曰：祭者，教之本也已。"所以说，祭祀是治国教化的根本。《祭统》篇说："凡祭有四时：春祭曰礿，夏祭曰禘，秋祭曰尝，冬祭曰烝。"在四时之祭中，最为重要的当属夏祭与秋祭。这是因为在古人看来，禘是阳之盛，尝是阴之盛。所以，《祭统》篇说："禘尝之义大矣，治国之本也，不可不知也。"这与前面所说的祭为教化之本是一致的。另外，《祭统》还记录了周代鼎上的铭文："明示后世，教也。"教化主要是通过呈现的方式进行的，而呈现的德性内容又是通过祭祀展示出来。

如果祭祀与教化有关，那么祭祀本身就应该具有道德与伦理方面的意义。《祭统》中就有"祭有十伦"的说法，可以佐证祭为教化之本的观点："夫祭有十伦焉：见事鬼神之道焉，见君臣之义焉，见父子之伦焉，见贵贱之等焉，见亲疏之杀焉，见爵赏之施焉，见夫妇之别焉，见政事之均焉，见长幼之序焉，见上下之际焉。此之谓十伦。"《祭统》中还说了五种所谓的"天下之大教"，祭祀也是其中重要的内容，它在这五教之中就占了两条：其一："祀乎明堂，所以教诸侯之孝也。"其二："祀先贤于西学，

---

① 《十三经注疏》整理委员会整理，李学勤主编：《十三经注疏·礼记正义》，第 365 页。
② 《十三经注疏》整理委员会整理，李学勤主编：《十三经注疏·周易正义》，第 97—98 页。
③ 张载：《张载集》，章锡琛点校，北京：中华书局，1978 年，第 107 页。

所以教诸侯之德也。"由此可见，祭祀对于教化的意义是极为重大的。

这种设教首先是天子或君王的"让看"，即展示。根据文献，周代以前的古圣先贤在这个方面已经有所展现。《尚书·益稷》中记舜帝对大禹说："予欲观古人之象，日、月、星辰、山、龙、华虫，作会；宗彝、藻、火、粉米、黼、黻、绨绣，以五采彰施于五色，作服，汝明。"这里的"古人之象"即是"古人衣服之法象"。"观"即为"示"之意；"会"盖通"绘"，为图画。这里舜帝的目的是要"左右万民"、"宣力四方"，要让大禹帮助辅佐他。蔡沈在《书集传》中把《尚书》的这个说法与《周易》和《周礼》中的相关表述联系起来，说明了服饰的图案与等级的区别。《周易·系辞下》说："黄帝、尧、舜，垂衣裳而天下治，盖取诸乾坤。"韩康伯注曰："垂衣裳以辨贵贱，乾尊坤卑之义也。"① 古代服饰，上为衣，下为裳。蔡沈认为上衣下裳之制创于黄帝，成于尧舜。日、月、星辰、山、龙、华虫，六者绘制于上衣；宗彝、藻、火、粉米、黼、黻，六者绘制于下裳，这即是所谓的"十二章"。他说："衣之六章，其序自上而下；裳之六章，其序自下而上。"②《周礼》则说明了这些图案的绘制规则。

对于三代政治的核心事务，《左传·成公十三年》中有这样的说法："国之大事，在祀与戎。"祭祀与军事是最重要的政治。况且其后又说："祀有执膰，戎有受脤，神之大节也。"由此看来，虽说军事也是政治的要务，但是军戎之事也还离不了祭祀的事，那么祭祀自然便是国家最为核心的事了。所以也就有了《左传·文公二年》中所说的："祀，国之大事也。"《国语·鲁语》记展禽说："夫祀，国之大节也；而节，政之大成也。故慎制祀以为国典。"《左传·僖公三十年》说："国君，文足昭也，武足畏也，则有备物之飨以象其德。"不管文治还是武功，它们的最为根本之处都是备物之飨以象其德。这是先王施政之根本。总之，一方面是德化天下，一方面是神道设教。那么教化与祭祀之间也就有了不可分割的联系，并且祭祀之仪是天子展示其文明之德的主要方式。

前面我们重点说了"台"，这里我们结合祭祀可以再说说"坛"，因为"坛"就是与祭祀联系在一起的。"坛"是天子祭天的场所。就目前的考古发现来说，"坛"的最早来源当是原始宗教文化取得较高水平的红山文化与良渚文化。尽管我们不能轻易将二者的考古时间与前面所说的"绝地天通"的文献时间对应起来，但是这两种文化的考古遗存说明了宗教仪式已

---

① 王弼著，楼宇烈校释：《王弼集校释》，第559页。
② 蔡沈注：《书集传》，钱宗武、钱忠弼整理，第34页。

经由某些特殊的成员来进行。这些重要的考古遗存就是"坛"。

红山文化在距今约 6000 年—5000 年之间,其中的辽宁牛河梁遗址距今 5000 多年。牛河梁遗址的代表性考古遗存是庙、坛、冢。所谓"庙"与"冢",就是位于遗址中心的"女神庙"遗址和其周围的积石冢群。张忠培先生称这是一处"远离住地的陵园建筑"。① 陵园的中部有用石头层层向上垒砌起来的建筑,即是所谓的"坛"。通过对大量古籍文献的考察,冯时说:"现在我们可以放心地承认,建立于公元前 3000 年的红山文化的方丘其实就是迄今我们所知的最早的地坛,同时也是月坛;而圜丘则是最早的天坛,同时也是日坛。"② 这个结论看来应该是没有什么问题了。

良渚文化在距今约 5000 年—4000 年之间,它在宗教方面也取得了很大的成就,其突出现象是出现了大量祭坛,其中具有代表性的是浙江余杭瑶山的祭坛。对于这些祭坛,《中国远古时代》的作者说:"根据迹象推断,最大的可能是祭天礼地的场所,是祭司和贵族首领们通达天意维护其统治的重要设施。"③ 考古学家在良渚文化中发现了大量玉器,尤以璧与琮为代表显示了其宗教文化特色。《周礼》中说:"以苍璧礼天,以黄琮礼地。"据此,祭祀无疑是这里的重要活动。当然这些祭坛也反映了巫术的垄断。如果在良渚文化中有绝地天通这类的政治事件,这就是明证了。

(二) 下观而化

其实,"大观在上",是从展示者的角度说的。从观看者的角度说,这也就是"下观而化"。所以,我们也可以说这两个方面是二而为一的。对于"下观而化"的问题,我们可以结合《周易·观》卦的卦辞来讨论。卦辞说:"盥而不荐,有孚颙若。"《象》辞释之为:"下观而化也。"据此,我们可以说,"盥而不荐"是"下观"的方式与内容,"有孚颙若"则是"化"的体现。观之为道,不以刑制使物,而以盛仪感化万民。

在这里,"盥而不荐"涉及祭祀过程中的两个重要步骤:"盥"与"荐",即灌地与荐羞。其中,灌地为降神之仪。孔子说:"禘自既灌而往者,吾不欲观之矣。"(《论语·八佾》)这里的"灌"即灌地降神,这是禘礼,就是在宗庙中享配祖先的盛大祭祀。如果我们细分的话,灌地降神还

---

① 张忠培、严文明撰,苏秉琦主编:《中国远古时代》,第 434、453 页。
② 冯时:《中国天文考古学》,北京:社会科学文献出版社,2001 年,第 354 页。
③ 张忠培、严文明撰,苏秉琦主编:《中国远古时代》,第 224 页。

包括"盥"与"祼"两个过程。许慎《说文解字》说:"盥,澡手也。"盥,即濯手,此为祭祀求神之始以尽诚。《说文解字》说:"祼,灌祭也。"祼,即盥手之后酌郁鬯于地以降神。所以,如马融将"盥"释为"进爵灌地以降神"并不是很准确的说法。

但是为何"盥而不荐"?对此却有不同的说法。我们无法看到孔子说自己不欲观荐的原因,后世则大多依王弼的解释,即认为至荐简略,不足复观。但是如果我们以《周礼》为依据的话,荐牲之时并不比灌地降神简略,甚至于更加繁琐。程颐也认为:"至既荐之后,礼数繁缛,则人心散,而精一不若始盥之时矣。"① 所以,从王弼而来的主流解释并不可取。张载说:"盥求神而荐褻也。"② 我想这种解释倒是有些说服力的,这个原因可以用苏轼的说法来解释。苏轼在《东坡易传》中说:"'盥'者以诚,'荐'者以味。"③ 程颐的观点与苏轼是大同小异的。如果我们非说灌地降神为祭祀之盛,那么这个"盛"也应作意义之盛大,而不是规模之盛大。所谓"盥而不荐",其实也是从祭祀仪式对于礼仪教化的意义这个方面来说的。这样,我们才可以说:王道可观之事,在于祭祀;祭祀之盛,莫过初盥降神。所以,祭祀之所观,首在于宗庙之祭盥。盥礼尽夫观礼之盛,故可使下观而化。所以,孔疏说:"但下观此盛礼,莫不皆化,悉有孚信而颙然。"④

在这种对祭祀仪式的观看中,当然包含着很强的审美因素。孔颖达正义说:"'观'者,王者道德之美而可观也,故谓之观。"⑤ 神道不以行为、言语,只是凭借仪式的呈现创造肃穆的氛围,以感性的方式达到道德教化的目的。道德当然不是审美,但是道德的落实需要外在的形式才能得到顺利实现。这样,道德的教化就不是外在的压力,而是通过形式上的感染,所以说这种道德教化是借助了审美的形式。"观"的实现也就说明了天子通过直接给予的方式达到教化万民的目的。

(三)观法象魏

这里我们结合《周礼》中的相关内容来看另一种在下之观的情形,即其中所说的观"象之法"。这也是一种仪式性的观看方式。《周礼》本为

---

① 程颢、程颐:《二程集》,王孝鱼点校,第798页。
② 张载:《张载集》,章锡琛点校,第106页。
③ 苏轼著,龙吟点评:《东坡易传》,长春:吉林文史出版社,2002年,第87页。
④ 《十三经注疏》整理委员会整理,李学勤主编:《十三经注疏·周易正义》,第97页。
⑤ 同上。

"周官",是周代的官职制度。周代官职立六官、建六典。六官为:天官、地官、春官、夏官、秋官、冬官;六典为:治典、教典、礼典、政典、刑典、事典。六官依六典各有其职:天官掌邦治,地官掌邦教,春官掌邦礼,夏官掌邦政,秋官掌邦禁,冬官掌邦事。由于冬官之属失考而后人代以《考工记》,故不在讨论之列。在其余的五官中,除了春官以外,都有悬象之法于象魏的事情。这里我们以《天官冢宰》章为例:

> 正月之吉,始和布治于邦国都鄙,乃县治象之法于象魏,使万民观治象,挟日而敛之。(《天官冢宰·大宰之职》)
>
> 正岁,帅治官之属而观治象之法,徇以木铎。曰:不用法者,国有常刑。(《天官冢宰·小宰之职》)

这里说的"正月"乃周之正月,周之正月为建子之月,也即现行农历的十一月;"吉"则指朔日。"正岁"乃夏之正月,夏之正月为建寅之月,也即现行农历的正月。郑玄注引郑众语说:"象魏,阙也。"① 贾公彦疏说:"周公谓之象魏,雉门之外,两观阙高魏魏然。"② 孔子称之为"观"。贾公彦疏说:"云观(guàn)者,以其有教象可观(guān)望。又谓之阙者,阙,去也。仰视治象,阙去疑事。"③ 以天官冢宰为例,建子之月由大宰(太宰)宣布王治之事于天下,建寅之月由小宰帅治官之属以及万民观治象之法。但是这里没有明确的是这两个问题:其一,书而悬治象之法于象魏是在建子之月还是在建寅之月;其二,万民观此治象之法是不是也是由小宰所帅。贾公彦疏认为是在建寅之月悬治象之法于象魏,并助大宰以帅治官之属以及万民共观治象。但是《周礼》在阐述"乡大夫之职"时,说:"正月之吉,受教法于司徒,退而颁之于其乡吏。使各以教其所治,以考其德行,察其道艺。"由此我们说,观看教法之象的也有可能并不是官属的所有官员,而是其直接的属官观看,然后逐次传达。依郑玄注,传达的次序是:由乡大夫到州长(一年四次读法),再到党正(一年七次读法),再到族师(一年十四次读法),最后再到闾胥。

除《天官冢宰》中有"治象之法"外,《地官司徒》中有"教象之

---

① 《十三经注疏》整理委员会整理,李学勤主编:《十三经注疏·周礼注疏》,北京:北京大学出版社,1999年,第42页。
② 同上。
③ 同上书,第43页。

法",《夏官司马》中有"政象之法"(小司马之职失考),《秋官司寇》中有"刑象之法",都有这样的悬象观法之事。这种观看首先无疑是一种政治性的行为,当然这同时也具有一种仪式性的特点。

(四)观政以礼

先秦礼乐文化中的"观",作为一种仪式性的观看方式,在周代礼乐文化中包含了非常丰富的内容。傅道彬通过对"十三经"中的"观"字做梳理而考察了其主要的内涵。他说:"所观之事,或是总揽整体,或是涉及礼仪规范,或是观察一个邦国或个人的风俗与心态,或是结合礼乐活动的艺术与审美欣赏等重大事件。"[①] 他是以诗为出发点的,所以他分析"观"的基础是观诗,并且重点阐发了观诗的意义。他说:"通过观诗,可以观礼,可以观政,可以观志,也可以观美;观诗可以观察一个国家的政治,一个人的心态;可以观察一个民族的礼俗,也可以观察一个时代一个地域的艺术与审美风格。"[②] 但我们这里是从"观"这个概念本身出发,考察"观"在礼乐文化中的原初对象。由于"美"或说"审美"在周代礼乐文化中并没有获得独立的地位而是依附于政治教化的,所以"观"的基本形态则是观礼、观政,等等,而观美则在所有这些"观"的底层起着作用。

天子示人以文明之德,神道设教以化成天下,这就是古代政治文化的主要内容。所以,观德即是观政,观政即是观德。并且,这二者都是与祭祀有着紧密关系的。《尚书·咸有一德》说:"七世之庙,可以观德;万夫之长,可以观政。"为理解这种说法,我们先看《礼记·王制》中对周代庙制的阐述。《王制》篇说:"天子七庙:三昭三穆,与大祖之庙而七。诸侯五庙:二昭二穆,与大祖之庙而五。"《尚书》之所以说可以观德、观政,孔颖达在孔安国的基础上给我们作出了解释。他说:"七世之庙其外则犹有不毁者,可以观知其有明德也。立德在于为政,万夫之长能使其整齐,可以观知其善政也。万夫之长尚尔,况天子乎?观王使为善政也。"[③] 蔡沈在《书集传》中解释说:"七庙亲尽则迁,必有德之主,则不祧毁。故曰'七世之庙,或以观德'。天子居万民之上,必政教有以深服乎人,

---

[①] 傅道彬:《诗可以观:礼乐文化与周代诗学精神》,北京:中华书局,2010年,第189页。
[②] 同上书,第25页。
[③] 《十三经注疏》整理委员会整理,李学勤主编:《十三经注疏·尚书正义》,北京:北京大学出版社,1999年,第218页。

而后万民悦服，故曰'万夫之长，可以观政'。"① 观德、观政，都是可以通过庙堂这些礼制的物化形态来实现的。

从文献上看，周代政治的核心就是德。观人文的核心就是观政、观德。政者，正也，正人以德，化人以德。《尚书·大禹谟》说："德惟善政，政在养民。"有德者有善政，无德者无善政。根据晁福林先生的考察，"德"作为一种品性是在周代形成的。原始社会后期出现了构成德的诸多因素，当然并没有形成这个概念。这个概念的明确出现是到了商代，这是文献记载和甲骨卜辞材料都可佐证的，但是它开始并不具有周代的意思。到了周代，"德"的观念有了巨大的变革，"德"字有了"心"字底，说明它与人的品性联系起来了。② 所以，《尚书》中所说的这种德治观念当是周代的产物。

这种德政主要是通过礼的形式来实现的。礼是具有一系列程式的行为，这种作为仪式的"礼"首先是与天子施政有关的一组行为方式，其次是一种专门施行在贵族阶层的政治行为。如果按照文献，这些作为仪式的行为在周公制礼作乐时得到系统化。这个仪式体系以"礼"的形式固定下来，就又成为政治教化的一种工具和手段。

这样，也就有了"观礼"。观政、观德即是在观礼中得以实现，而这种对礼的观看则主要是在祭祀仪式中得以实现。也就是说，政是否合于德也是在祭祀仪式中得到体现。从词源学上说，"禮"的本字即是它的形符"豊"，"豊"的甲骨文为"𧯞"。许慎《说文解字》说："行礼之器也。从豆，象形。"《说文》又说："豆，古食肉器也。从口，象形。"《周礼·天官冢宰》说："醢人：掌四豆之食。"四豆之食，就是朝事（也即朝践）、馈食、加实、羞实，这是祭祀之时与豆食相关的四种仪节，而后这些仪节也扩展到了宾礼、丧礼等仪节当中。由此可见，礼与祭祀有着不可分割的联系。按《周礼·大宗伯》，周代大礼有五，即所谓的"五礼"：吉礼、凶礼、宾礼、军礼、嘉礼。祭祀主要是在"吉礼"中。所谓"吉礼"，是"事邦国之鬼神祇"的。《礼记·祭统》说："凡治人之道，莫急于礼。礼有五经，莫重于祭。"五经就是指吉、凶、军、宾、嘉五礼。由此便可知道祭祀在礼中的地位是如何重要了。

祭祀乃施惠之事，即施惠于鬼神。所以《礼记·祭统》就祭祀中的"馂"礼说："惠术也，可以观政矣。"孔颖达正义说："尸馂鬼神之馀，是

---

① 蔡沈注：《书集传》，钱宗武、钱忠弼整理，第 95 页。
② 晁福林：《先秦社会思想研究》，北京：商务印书馆，2007 年，第 92—118 页。

施恩惠之术法，言为政之道，贵在于惠，可以观省人君之政教。能施恩惠者，即其政善，不能施恩惠者，则其政恶，故云'可以观政矣'。"①《祭统》又说："是故上有大泽，则民夫人待于下流，知惠之必将至也，由馂见之矣。故曰：'可以观政矣。'"孔颖达正义说："馂若以礼，则能施惠，其政善也。馂若不以礼，则不能施惠，其政恶也。故云'可以观政矣'。"② 再者，祭祀的主要目的就是示人以德。《左传·定公十年》记孔子说："夫享，所以昭德也。不昭，不如其已也。"③《国语》中说："夫祀，昭孝也。"（《国语·鲁语》）又说："祀所以昭孝息民、抚国家、定百姓也，不可以已。"（《国语·楚语》）这种祀以昭德本身就是一种政治行为。

观政以礼，观德以礼，政与德也便体现在一系列的仪式中，所以，礼就成了天子施政的根本所在。《礼记·哀公问》中记孔子说："古之为政，爱人为大。所以治爱人，礼为大；所以治礼，敬为大。……爱与敬，其政之本与。……为政先礼。礼其政之本与！"④ 孔子所说的古代，主要是指文武周公之时。在孔子看来，政治的根本就是一个"礼"字。《国语·晋语》也说："夫礼，国之纪也。"在西周时代，礼对于国家的意义是非常重要的。据《晏子春秋》（内篇杂上第十六篇）记载，晋平公欲伐齐，先使范昭观齐国之政。范昭便是通过饮酒、调乐的礼仪而知道齐国政治的，以此知道齐国不可征伐。

我们可以这样说，当"德"开始成为一种德性时，它首先是指天子所应该具有的一种政治德性。在此之外，它还是人与人在交往之间所显示出来的品性。如《国语·周语》说："礼所以观忠、信、仁、义也。"通过礼，可以展示人的这些内在德性。这种仁义之道当然也是通过人的行为是否符合礼的规范而得以体现的。《礼记·礼器》说："故君子欲观仁义之道，礼其本也。"这就是说，在儒家那里，德又具体化为仁义之道。

上面所分析的，主要体现在天子示人以德的层面。当然在周代之礼中不仅天子需要示人以德，并且对于士人君子来说，这都是一种生活的要求。比如射礼在先秦是非常重要的一项政治活动，观射也是与观德相关

---

① 《十三经注疏》整理委员会整理，李学勤主编：《十三经注疏·礼记正义》，北京：北京大学出版社，1999年，第1353页。
② 同上。
③ 另见《孔子家语·相鲁》。
④ 另见《大戴礼记·哀公问于孔子》、《孔子家语·大婚解》。

的。《礼记·曲礼》郑玄注说："射者所以观德。"①《礼记·射义》说："射者，所以观盛德也。"射是礼中重要的一种，那么它是如何体现射者之德呢？《礼记·射义》说："故射者，进退周还必中礼。内志正，外体直，然后持弓矢审固。持弓矢审固，然后可以言中。此可以观德行矣。"显然，这也是对行为的一种规范。

我们知道，在先秦时期，虽说祀与戎为国之大事，但是军旅之事是不可随意展示的。对于军旅的展示是为失德。所以，《国语·周语上》说："先王耀德不观兵。"这个"观"，其实是展示。祀是耀德；观兵却是耀兵，就是展示武力。但是在周代王朝权威日下的时候，这种"观兵"炫耀武力以示霸心的事情便也日渐多了起来。《左传·襄公十一年》记载：诸侯四月伐郑，六月围郑，观兵于南门；九月再次伐郑，观兵于东门。《宣公三年》记载楚子伐陆浑之戎，至洛而观兵于周疆之事。这些所谓的观兵都是非德之举。这是"让看"的非礼。另有"去看"的非礼，如《春秋·隐公五年》记有"公观鱼于棠"之事。《穀梁传》解释说："常事曰视，非常曰观。礼：尊不亲小事，卑不尸大功。鱼，卑者之事也。公观之，非正也。"②国君专门去观鱼是不合礼法的。再如《左传·庄公二十三年》记庄公如齐观社，这也是行非礼之事。

扬雄说："所谓观，观德也。如观兵，开辟以来，未有秦也。"（《法言·寡见》）也就是说，先秦之"观"的核心就是围绕着"德"。所以，观兵是失德的体现。在扬雄看来，整个先秦的观兵行为，没有一个能够超过秦国的。

（五）乐以观德

对于《周礼》来说，大多学者认为其成书于战国，如钱穆、郭沫若、杨向奎、顾颉刚等；甚而至于还有主张其成于汉初者，如彭林等。但是不管说它成书于战国，还是成书于汉初，我们不能否认的是，它就是作为周代礼制而对后世产生作用的。我们通常都说周公制礼作乐。周公当然是周代礼乐文化的关键人物，但是根据文献，文王已经奠定了礼乐政治的基础。《逸周书》中记载了周公对成王所说的文王之教。其中说："奏鼓以章

---

① 《十三经注疏》整理委员会整理，李学勤主编：《十三经注疏·礼记正义》，第107—108页。

② 《十三经注疏》整理委员会整理，李学勤主编：《十三经注疏·春秋穀梁传注疏》，第19页。

乐，奏舞以观礼，奏歌以观和。礼乐既和，其上乃不危。"（《逸周书·本典解》）如果按照这种说法，我们可以说礼乐之治在文王那里就已经粗具规模了。并且我们还可以看出，文王已经开始主张礼乐二者不可偏废。这样，礼乐在政治中的地位就是不可替代的了。

其实，周公制礼作乐也是以践天子位而进行的。《逸周书·明堂解》与《礼记·明堂位》都说周公为明诸侯之尊卑而建明堂，并朝诸侯于明堂，制礼作乐。周公制礼作乐的目的之一也是为了示人以德、治国以德。在《左传》中，季文子说周公制礼为："则以观德，德以处事，事以度功，功以食民。"（《左传·文公十八年》）并且以礼乐可以知邦国之治。《礼记·礼器》说："礼也者，反其所自生；乐也者，乐其所自成。是故先王之制礼也以节事，修乐以道志。故观其礼乐而治乱可知也。"也就是说，通过礼乐可以达到对政治善恶治乱的掌握。

构成礼乐文化的核心要素当然是礼、乐，这种礼乐文化也就是先秦时期（尤其是西周）人们进行"观"的基本背景，并且礼、乐也是他们所观的核心内容。所以我们可以将"观"的对象在最高层面上概括为礼、乐，这就有了观礼、观乐。先秦礼乐文化中的礼、乐，当以"五礼"、"六乐"为核心。《周礼·地官司徒》中讲大司徒之职时说："以五礼防万民之伪而教之中，以六乐防万民之情而教之和。"与此相联系，《春官宗伯》中讲大宗伯之职时说："以天产作阴德，以中礼防；以地产作阳德，以和乐防之。以礼乐合天地之化，百物之产，以事鬼神，以谐万民，以致百物。"这里的礼乐也当是指那"五礼"与"六乐"。"五礼"即吉礼、凶礼、宾礼、军礼、嘉礼；"六乐"即黄帝之乐《云门》，唐尧之乐《咸池》，虞舜之乐《大韶》，夏禹之乐《大夏》，商汤之乐《大濩》，周武之乐《大武》。这就是周代礼乐文化中最为核心的内容。

乐的核心内容也就是"德"。《周礼·春官宗伯》在讲大司乐之职是便说到了"乐德"。《春官宗伯》中说："以乐德教国子：中、和、祗、庸、孝、友；以乐语教国子：兴、道、讽、诵、言、语；以乐舞教国子：舞《云门》、《大卷》、《大咸》、《大韶》、《大夏》、《大濩》。"其中，乐语与乐舞本身就是为了将乐德呈现出来。

成书于战国时的《乐记》比较详细地讨论了乐与德的关系问题。不过为了说明这个问题，我们首先需要澄清人们对于《乐记》中"物感说"的一些模糊认识。准确地说，《乐记》中所说的感于物而生的是"声"或至于"音"，但"乐"绝不是感于物而生的，"乐"是王者所作。乐的生成，是一个文化过程。《左传·昭公二十一年》说："天子省风以作乐。"天子作乐的目的也是为了达到移风易俗。《乐记》认为，王者制礼作乐，教民平好恶而返人道之正。也就是说，礼乐皆得，谓之有德。"乐"与"礼"、"刑"、"政"这四者的目的都是为了同民心而出治道。归根结底，先王制礼作乐本身的目的就是德与政。这样，说乐以象德便是顺理成章了。所以，《乐记》说："乐者，所以象德也。……乐章德。"章者，彰也，乐以彰德也。

乐之所以为德之象，是由于乐在以下两个方面与德有着关系：一是天子作乐赏赐给有德行的诸侯，故而可以通过观诸侯所有之乐知道诸侯的德行。天子赏赐诸侯的"乐"是与他们的"德"相匹配的。所以说："观其舞，知其德。"天子省风作乐与移风易俗之间有这么一个中介，就是天子作乐之后根据风俗盛衰、邦民劳逸而赏赐诸侯。《乐记》如是说：

> 昔者舜作五弦之琴以歌《南风》，夔始制乐以赏诸侯。故天子之为乐也，以赏诸侯之有德者也。德盛而教尊，五谷时熟，然后赏之以乐。故其治民劳者，其舞行缀远；其治民逸者，其舞行缀短。故观其舞，知其德；闻其谥，知其行也。

二是乐中有德。我们这里不是说乐本身具有一种自在的德性，而是说先王作乐之时，通过它与德所具有的同构关系，赋予乐以德的内涵与因素。这样，乐与德之间就有了深刻的关系。《乐记》中又说：

> 是故先王本之情性，稽之度数，制之礼义，合生气之和，道五常之行，使之阳而不散，阴而不密，刚气不怒，柔气不慑，四畅交于中而发作于外，皆安其位而不相夺也。然后立之学等，广其节奏，省其文采，以绳德厚，律小大之称，比终始之序，以象事行，使亲疏、贵贱、长幼、男女之理，皆形见于乐，故曰：乐观其深矣。

据此，《乐记》中所说的"乐象"，也就是说乐乃德之象。其中说："德者，性之端也；乐者，德之华也。……德音之谓乐。"所以就有了以乐观德。《乐记》中说：

> 故曰：乐者，乐也。君子乐得其道，小人乐得其欲。以道制欲，则乐而不乱；以欲忘道，则惑而不乐。是故君子反情以和其志，广乐以成其教。乐行而民乡方，可以观德矣。

具体来说，观乐主要是通过听歌与看舞这两个方面得到落实。孔颖达在《春秋左传正义》中说："乐之为乐，有歌有舞。歌则咏其辞而以声播之，舞则动其容而以曲随之。"① 由此，"乐"的主要构成要素即是歌与舞，并且所歌之辞多为《诗》。所以对于观乐来说，在不同的场合可能各有侧重，或为听歌，或为看舞。也就是说，所谓"观乐"并不只是一种单纯的视觉行为，而是包括了视、听两种主要的感觉，并且由此构成了一种综合性的文化行为。

先秦文献中对于观乐场面的描述莫过于《左传·襄公二十九年》中所记载的吴公子季札聘访于鲁而观乐之事。由于鲁为周公封地，所以鲁国因周公之故而有天子之乐，所以季札所说的周乐即天子之乐。《左传》中如是记载：

> 使工为之歌《周南》、《召南》，曰："美哉！始基之矣，犹未也。然勤而不怨矣。"为之歌《邶》、《鄘》、《卫》，曰："美哉，渊乎！忧而不困者也。吾闻卫康叔、武公之德如是，是其《卫风》乎？"为之歌《王》，曰："美哉！思而不惧，其周之东乎？"为之歌《郑》，曰："美哉！其细已甚，民弗堪也，是其先亡乎！"为之歌《齐》，曰："美哉！泱泱乎！大风也哉！表东海者，其大公乎！国未可量也。"为之歌《豳》，曰："美哉！荡乎！乐而不淫，其周公之东乎？"为之歌《秦》，曰："此之谓夏声。夫能夏则大，大之至也，其周之旧乎？"为之歌《魏》，曰："美哉！沨沨乎！大而婉，险而易行，以德辅此，则明主也。"为之歌《唐》，曰："思深哉！其有陶唐氏之遗民乎？不然，何忧之远也？非令德之后，谁能若是？"为之歌《陈》，曰："国无主，其能久乎？"自《郐》以下无讥焉。为之歌《小雅》，曰："美哉！思而不贰，怨而不言，其周德之衰乎？犹有先王之遗民焉。"为之歌《大雅》，曰："广哉！熙熙乎！曲而有直体，其文王之德乎？"为之歌《颂》，曰："至矣哉！直而不倨，曲而不屈，迩而不逼，远而不携，迁而不淫，复而不厌，哀而不愁，乐而不荒，用而不匮，广而不宣，施而不费，取而不贪，处而不底，行而不流，五声和，八风平，节有度，守有序，盛德之所同也。"见舞《象箾》《南籥》者，曰："美哉！犹有憾。"见舞《大武》者，曰："美哉！周之盛也，其若此乎！"见

---

① 《十三经注疏》整理委员会整理，李学勤主编：《十三经注疏·春秋左传正义》，第1105页。

舞《韶濩》者，曰："圣人之弘也，而犹有惭德，圣人之难也。"见舞《大夏》者，曰："美哉！勤而不德，非禹其谁能修之？"见舞《韶箾》者，曰："德至矣哉！大矣！如天之无不帱也，如地之无不载也，虽甚盛德，其蔑以加于此矣。观止矣！若有他乐，吾不敢请已！"

根据礼法，演乐之时，歌在堂而舞在庭。孔颖达正义说："以贵人声，乐必先歌后舞。故鲁为季札，先歌诸《诗》，而后舞诸乐。其实舞时，堂上歌其舞曲也。"① 此处的观乐，先是听歌，后是看舞。按杜预注，季札在观鲁之周乐时，所赞的"美哉"，或为"美其声"，或为"美其容"。孔颖达也说："歌则听其声，舞则观其容。"② 乐工所歌为《诗》，当然是有辞的，但是季札所听并非诗辞，而是歌之声曲。季札的赞辞"泱泱、荡荡"是对歌之声曲的描述。他对《秦》所说的"此之谓夏声"则又是明证。

季札观乐，实为观德、观政。如《左传》中所说，听《周南》、《召南》，知文王之政；听《邶》、《鄘》与《卫》，知康叔、武公之德；听《王》，知平王之政；听《郑》，知郑君之政；听《齐》，知太公之德；听《豳》，知周公之德；听《秦》，知秦仲有诸夏之声；听《魏》，知魏君无舜禹之德；听《唐》，知晋有帝尧之风；听《陈》，知陈无国主之德。见《象箾》、《南籥》，知文王之憾；见《大武》，知武王之功；见《大濩》，知汤之德；见《大夏》，知禹之德；见《箫韶》，则知舜之盛德。所以，这里的"观"不仅是"听"与"看"，而且是深度的"听"与"看"，即是"一种有深度的本质性洞察"。③ "观乐"之至，以达乎"观止"。这是先秦典籍中记载的一场最为盛大的观乐行为。总之，观礼、观乐，不仅作为一种礼仪性的观看行为，也是一种本质性的认识过程。

（六）赋诗观志

除了观礼、观乐，这种礼乐文化中还有一项重要的观看活动，即观诗。观礼、观乐的主要目的在于观政、观德；而观诗的主要目的则在于观志。这就涉及中国古代诗学中的著名命题"诗言志"。这个命题也正反映

---

① 《十三经注疏》整理委员会整理，李学勤主编：《十三经注疏·春秋左传正义》，第1105页。
② 同上。
③ 张法：《中国美学史》，第44页。

了观诗的文化背景。"诗言志"最早见于《尚书》。《尚书·舜典》说:"诗言志,歌咏言,声依永,律和声。"

根据《古文字类编》,"诗"字无甲骨文,亦无金文;而"志"字也仅在战国中山王壶上见一金文。据此,尧舜之时应该是没有"诗"这个字的。当然,没有这个字,也可能已经有了它所表示的概念。这样的话,尧舜之时也可能就有了"诗言志"这个观念。即便如此,我们说"诗言志"作为文字出现在《舜典》中当是后来的事,这是没有问题的。不过在我看来,"诗言志"的观念如果出现在周朝采诗之前都是可疑的,我们可以初步推断此说成于春秋战国时期。这是因为在《尚书》之后说到"诗言志"问题的文献首先集中在此时;而商代甲骨、周代铭文中,至少我们现在没有看到。春秋战国讲到"诗言志"意思的重要阐述有:

> 诗以言志。(《左传·襄公二十七年》)
> 诗以道志。(《庄子·天下》)
> 诗言是其志也。(《荀子·效儒》)
> 诗言其志也。(《礼记·乐记》)

这里我们结合闻一多与朱自清两位先生的相关著述讨论一下"诗言志"的内涵。闻一多先生在他的文章《歌与诗》中提出"志"字的三个意义。他说:"志有三个意义:一记忆,二记录,三怀抱,这三个意义正代表诗的发展途径上三个主要阶段。"[①] 他将"志"训为记忆、记录,这是没有问题的,但是他将这样的"志"与"诗言志"关联起来却是值得讨论的。

他的主要逻辑是:"志"意为"记忆"、"记载",而诗有记诵之功,诗为韵文,韵文先于散文,所以"诗言志"的早期意义便是说,诗是用以记忆与记载的。他说:"最初的志(记载)就没有不是诗(韵语)的了。"[②] 但是仔细推敲,他的这个结论是有问题的。我们的理由是:其一,为何记必用诗?《周易·系辞下》说:"上古结绳而治,后世圣人易之以书契。"结绳而治,即结绳记事,然后以文字代替。其二,为何诗必以记?闻一多的理由是,诗的本质是记事的,而歌的本质是抒情的。但是,二者在功能上可能本就没有清晰的界限,也没有他所说的那样的记事与抒情的明确分

---

① 闻一多:《歌与诗》,载《闻一多全集 10》,武汉:湖北人民出版社,1993 年,第 8 页。
② 同上书,第 10 页。

工。《诗三百》中的所谓"诗"到底是"诗"还是"歌"？这个提问本身恐怕就是成问题的。他认为，"志"的"怀抱"之义是诗、歌合流之后生发出来的。他说："诗与歌合流之后，诗的内容又变了一次，于是诗训志的第三种解释便可以应用了。"① 但是，他说的"志"包括"情思，感想，怀念，欲慕等心理状态"。如果按照他说的歌是抒情的，那么这些心理状态在他所说的合流之前的歌里不是完成得很好吗！所以，"言志"首先就应该是歌的事了，怎么还要等到合流之后，再有个"诗"来"言志"呢？

他说的"《郑志》即《郑诗》"同样也不能成为早期"志"与"诗"联结起来的根据，因为这倒更有可能是后人将"志"与"诗"联系起来的结果。另外，他还忽视了这一点：记忆与记录是动词，而怀抱是名词。如果诗与志的这三个意义发生关联的话，它则是体现了诗的不同方面的特点：记忆与记录说的是诗的目的，而怀抱说的是诗的内容。如果与诗发生关系的"志"是记忆与记录之意的话，那就应该是"诗以志"而不是"诗言志"了。"言志"说的是诗要说什么内容。

如果我们能够这样推理的话，那么我们也就可以说，在"诗言志"中，"志"的意义只应该是"怀抱"了。这样，我们的问题就是："诗"是如何与"志"发生联系的？本为"记忆、记录"的"志"是怎样到了《诗》中成为"怀抱"的？《诗》中的"怀抱"又是什么样的"怀抱"？

尽管春秋战国之时，众多文献有关于"诗言志"的说法，但是要想知道诗如何言志，恐怕我们首先能够找到的线索也就是《左传》了。这就是《左传》中的赋诗言志。对于"诗言志"最早进行系统考察的应该算是朱自清先生的《诗言志辨》了。他在分析"诗言志"时，在"赋诗言志"前加上了一个"献诗陈志"。先秦文献中关于周代献诗的记载有几处主要集中在《国语》与《左传》中，而《国语》中的两处则更为明显，直言"献诗"。《国语》说：

> 故天子听政，使公卿至于列士献诗，瞽献曲，史献书，师箴，瞍赋，矇诵，百工谏，庶人传语，近臣尽规，亲戚补察，瞽史教诲，耆艾修之，而后王斟酌焉，是以事行而不悖。（《国语·周语上》）
>
> 吾闻古之言王者：政德既成，又听于民。于是乎使工诵谏于朝，在列者献诗，使勿兜（按王引之，应为兆，读若瞽，意为惑也），风听胪言于市，辨袄祥于谣，考百事于朝，问谤誉于路，有邪而正之，

---

① 闻一多：《歌与诗》，第14页。

尽戒之术也。先王疾是骄也。(《国语·晋语六》)

从这里我们可以看出，献诗的目的是在朝堂之上讽谏天子，而朱自清先生则明确说了讽谏即是为"志"。他说："'言志'不出乎讽与颂，而讽比颂多。"① 尽管我们同意闻一多先生说用"止于心上"来说明"记忆"可能是"志"的本来之意；但是这却很难用来解释"言志"所涉及的讽谏这一功能。不过，《左传》中有一个说法，可能正好帮助我们说明了"诗"所言之"志"的本来之意。这就是"以止王心"的说法。《左传》中如是说：

> 昔穆王欲肆其心，周行天下，将皆必有车辙马迹焉，祭公谋父作《祈招》之诗，以止王心，王是以获没于祇宫，臣问其诗而不知也。(《左传·昭公十二年》)

这里，如果我们以"以止王心"来释"志"的话，我想这也并非牵强附会之说，因为这也许正是献诗言"志"的目的。除此，我们也还可以从"诗"字的构造上来考察这个问题："诗"为"言"与"寺"之合。尽管"诗"字与"志"字晚出，但是"寺"字虽无甲骨文，却有金文，并出现多次。这样的话，可能"寺"与"诗"的关系在最初比"志"更为密切，而"寺"对于"诗"的意义恐怕也并非象许慎在《说文解字》中说的仅在于表声那样简单了。从文献上看，"寺"与"诗"确实是有关联的。《诗经》中的《小雅·巷伯》说："寺人孟子，作为此诗。"叶舒宪在《诗经的文化阐释》中考察了寺人的身份，并引用了王安石《字说》中的话。王安石说："诗为寺人之言。"②《巷伯》这首诗也正是刺幽王的，所以我们说，可能正是献诗之事使得"诗"与"志"发生了联系。"诗"是讽谏，是"以止王心"，"止心"为"志"，这样，"志"就有了怀抱之义，这种怀抱即是讽谏或说美刺。

除此，对于赋诗言志的考察也可以佐证这样的观点。所谓"赋诗"，在春秋战国之时已有了作诗之意。孔颖达在对《诗经·小雅·常棣》毛亨解题的注疏中引郑玄的话说："凡赋诗者，或造篇，或诵古。"③ 按孔颖达

---

① 朱自清：《诗言志辨》，长沙：岳麓书社，2011年，第9页。
② 叶舒宪：《诗经的文化阐释》，西安：陕西人民出版社，2005年，第138页。
③ 《十三经注疏》整理委员会整理，李学勤主编：《十三经注疏·毛诗正义》，第568页。

《左传·隐公三年》之正义，《左传》中造篇之例有三：

> 卫人所为赋《硕人》也。（《隐公三年》）
> 许穆夫人赋《载驰》。（《闵公二年》）
> 郑人为之赋《清人》。（《闵公二年》）

其中，许穆夫人赋《载驰》之事，杜预注说是"作诗以言志"。《清人》是郑人针对郑国大夫高克而作，杜预注说"刺文公退臣不以道"。由此，我们也可以说，"讽谏"或说"美刺"是作为"怀抱"之"志"的最早意义。在心为志，发言为诗，也就是说，志是内心的东西，志为心之止也，或说是心之安顿之地。尽管赋诗有造篇之例，但是在当时来说，这种情况确实还是少数。所以，我们可以这样说，赋诗言志，主要不是一种创造，而是一种使用。所以从这个角度，与其说"诗言志"是创作论的，倒不如说它是功能论的。

春秋之时，贵族、官员与士人之中盛行赋诗之事。在赋诗之时，赋诗者都是选择可以表达自我志意的篇章以使听诗者观己之志。《左传·襄公二十八年》说："赋诗断章，余取所求焉。"这就是所谓的赋诗言志。傅道彬先生在《诗可以观》中说，据劳孝舆《春秋诗话》（卷一）统计，《左传》记载列国赋诗场面共32处，共赋诗74首（含逸诗）。其中最为著名的当属《左传·襄公二十七年》所记载的"郑伯享赵孟于垂陇"。当时有七人，赵孟让七人赋诗以观其志。篇中如是说：

> 子展赋《草虫》。赵孟曰："善哉！民之主也。抑武也不足以当之。"伯有赋《鹑之贲贲》。赵孟曰："床笫之言不逾阈，况在野乎？非使人之所得闻也。"子西赋《黍苗》之四章。赵孟曰："寡君在，武何能焉？"子产赋《隰桑》。赵孟曰："武请受其卒章。"子大叔赋《野有蔓草》。赵孟曰："吾子之惠也。"印段赋《蟋蟀》。赵孟曰："善哉！保家之主也，吾有望矣！"公孙段赋《桑扈》。赵孟曰："'匪交匪敖'，福将焉往？若保是言也，欲辞福禄，得乎？"（《左传·襄公二十七年》）

除此，另外一次较为有名的赋诗观志的例子是在《左传·昭公十六年》：

夏四月，郑六卿伐宣子于郊。宣子曰："二三君子请皆赋，起亦以知郑志。"子齹赋《野有蔓草》。宣子曰："孺子善哉！吾有望矣。"子产赋《郑之羔裘》。宣子曰："起不堪也。"子大叔赋《褰裳》。宣子曰："起在此，敢勤子至于他人乎？"子大叔拜。宣子曰："善哉，子之言是！不有是事，其能终乎？"子游赋《风雨》，子旗赋《有女同车》，子柳赋《萚兮》。宣子喜曰："郑其庶乎！二三君子以君命贶起，赋不出郑志，皆昵燕好也。二三君子数世之主也，可以无惧矣。"（《左传·昭公十六年》）

在诗言志的文化背景下，诗有观志的意义。但是除了观志，诗还具有观民风的价值。《礼记·王制》中说："命大师陈诗以观民风，命市纳贾以观民之所好恶，志淫好辟。"这是天子巡守至诸侯之地，命诸侯之乐师陈其国风之诗，以观其政令之善恶。在时人看来，若政善，则诗辞亦善；若政恶，则诗辞亦恶。观其诗，则知君政之善恶。献诗、陈诗之外，还有采诗。《汉书》有言，天子通过采诗之官所采之诗，以观民风而知得失。《汉书》中说：

古有采诗之官，王者所以观风俗、知得失，自考正也。"（《汉书·艺文志》）

孟春之月，群居者将散，行人振木铎徇于路，以采诗，献之大师，比其音律，以闻于天子。故曰王者不窥牖户而知天下。（《汉书·食货志》）

这种意义上的观诗其实是与前面的讽谏紧密相关的。献诗言讽颂之怀抱是美刺天子施政之得失，而天子观诗也是通过知天下之风俗以明施政之得失。只是两者还有些区别：一是向度的不同。献诗是公卿主动献与天子，是由公卿而天子的美刺；陈诗是天子命太师陈献，是由天子而太师的观知。二是地点的不同。献诗通常是在朝堂之上，而陈诗则通常是在天子巡守之时。

根据这种赋诗观志的风气，我们可能会对孔子所说的"诗可以观"产生新的理解。朱熹解释这里的"观"是"考见得失"，这当然是其中的应有之意。但是恐怕孔子的意旨不单在此。在孔子那里，更大成分上可能是指士人阶层在社交活动中通过诵《诗》达到相互了解、和谐相处的目的。

为此我们再看孔子的另一处说法。孔子在教导孔鲤时说："不学

《诗》,无以言。"(《论语·季氏》)朱熹解释说:"事理通达,而心气和平,故能言。"① 这种解释恐怕距离孔子的意思更远了。通过上面的考察我们自然知道,在春秋士人之间的交往活动中,这种观诗风尚自然渗透到了日常谈论中,《诗》是他们交谈的必备的资源。不学《诗》,当然是无法实现言谈之交流的。所以,孔子让孔鲤好好学《诗》,目的就是为了使他能够在士人阶层立足。

(七)观器视才

另外,对人的观察也是先秦之"观"的重要组成部分。在周代的政治文化背景中,这种对人的观察主要有两个方面:一是对于官员的选择,二是对于人的德行品性的了解。从文献上说,这种观人之术始于尧之试舜。《尚书·尧典》说:"女于时,观厥刑于二女。"这是说,尧欲让舜接替他的帝位,就想通过观察他的行迹来知道他的品德。尧的作法就是将其二女嫁给舜,然后观察舜接受二女的法度。用孔安国注的话说就是:"观其法度接二女,以治家观治国。"② 这里其实就隐含了以后儒家齐家治国平天下的逻辑。

上古三代之时,通过观察而任命官员是政治事务中非常重要的事情。《尚书·皋陶谟》说:"知人则哲,能官人。"能够认识一个人的是非善恶,这样就算是"哲"了,并且也就能够选择官员了。这也说明在中国传统社会中政治是最为核心的事情。这也是中国先秦文化的特色。孔子对鲁哀公所说的"观器视才",便是说如何通过观察来发现一个人是否为真正的人才。《大戴礼记》有孔子说:

> 平原大薮,瞻其草之高丰茂者,必有怪鸟兽居之。且草可财也,如艾而夷之,其地必宜五谷。高山多林,必有怪虎豹蕃孕焉;深渊大川,必有蛟龙焉。民亦如之,君察之,可以见器见才矣。(《大戴礼记·四代》)

这就是孔子所说的如何观器视才。用他的话说就是"可以表仪",即可以凭借外在仪表来揆度其内。认识人的品性与认识自然事物的规律一样,都是通过观看可见的东西而推知不可见的东西,事物的本质是经由现

---

① 朱熹注:《四书集注》,王浩整理,第170页。
② 《十三经注疏》整理委员会整理,李学勤主编:《十三经注疏·尚书正义》,第46页。

象而通达的。这就正如《国语·周语》中所说的："观其容而知其心。"《大戴礼记》也说：

> 盖人有可知者焉：貌色声众有美焉，必有美质在其中矣；貌色声众有恶矣，必有恶质在其中矣。（《大戴礼记·四代》）

对于其中的"众"，孔广森与洪颐煊释为"皆"，王聘珍与黄怀信释为"多"。不管是"皆"还是"多"，对于观器视才来说，需要进行多方面的观察，只是释为"皆"比释为"多"对于人的"表仪"的要求更为严格些。貌、声、色这些方面都要成为观察的对象，也就是说，这个"观"是综合的。并且，"观"也是一种本质性的观看。

在这方面，讲述最为详尽的可能就是《大戴礼记·文王官人》与《逸周书·官人解》这两篇了，二者更为系统地阐述了观察任命官员的所谓"六征"之说。两篇文献对于六征的解释大同而小异，只是在表述上略有差异。具体说来，《官人解》中的说法是：观诚、考言、视声、观色、观隐、揆德；《文王官人》中的说法是：观诚、考志、视中、观色、观隐、揆德。

这里所说的"六征"，其核心就是"观"，即通过对某些方面的观察，达到对于人才的认识判断。这里我们逐一简要分析为何说"观"是此"六征"的核心：一是"观诚"。"观诚"就是观察他是否有"诚"的品质。二是"考志（言）"。两篇对此的解释都是先说："方与之言，以观其志。"对于"志"的考察是通过"言"。也就是说，"观"不仅是观看，也包括倾听以及理性的判断。三是"视中（声）"。《文王官人》在解"视中"时说："诚在其中，此见于外。以其见，占其隐；以其细，占其大；以其声，处其气。"《官人解》解"视声"则说："诚在其中，必见诸外。……以其前观其后，以其隐观其显，以其小占其大，此之谓视声。"由此可见，"视声"也同样可以包含在"观"这个概念之下，它有一种由可见者达至不可见者的意义。四是"观色"。两篇都说："五气诚于中，发形于外，民情不隐也。"所以前面所说的"以其隐观其显"似应为"以其显观其隐"。五是"观隐"。两篇都首说理由，文字大同而小异。《官人解》说："生民有阴有阳。人多隐其情，饰其伪，以攻其名。有隐于仁贤者，有隐于智理者，有隐于文艺者，有隐于廉勇者，有隐于忠孝者，有隐于交友者，如此不可不察也。""观"与"察"是不可分解的。有了"察"，"观"才真正可以达其根本。"察"其实与"观"也没有根本的区别，只是它是更具本质性的

"观",而"观"更加关注外在的表征。对于现象有了全面的了解即可以了解事物的本质。六是"揆德"。德是内在的,而内在的德性也需要通过外在的言行来把握。《文王官人》中说:"观其阳,以考其阴;察其内,以揆其外。"所以,"揆德"与"揆外"有一种内在的关联。综上所论,这六征之观的核心旨意即在于以其见者观其隐者。

这种观器视才的方法显然是一种由外而内、由表及里的认识路线。在《大戴礼记》中,曾子的一段话说明了人的各种自然表现与其内心的联系。书中是这样记载的:

> 故目者,心之浮也;言者,行之指也,作于中则播于外也。故曰:以其见者,占其隐者。故曰:听其言也,可以知其所好矣。观说之流,可以知其术也。久而复之,可以知其信矣。观其所爱亲,可以知其人矣。临惧之而观其不恐也,怒之而观其不惛也,喜之而观其不诬也,近诸色而观其不踰也,饮食之而观其有常也,利之而观其能让也,居哀而观其贞也,居约而观其不营也,勤劳之而观其不扰人也。
> (《大戴礼记·曾子立事》)

古代文献中通常将"浮"释为"符",以此理解此处的"浮",也是可以讲通的。但是按黄怀信的解释,"浮"为漂浮物,即浮于上者;"指"为指示物,即指向他者。人的内心,通过其目光表现出来;人的行为,通过他的言谈体现出来。"以其见者,占其隐者",就是通过考察可见的方面以达到不可见的方面。"观说之流"之"流",王聘珍引卢辩注释为"部分",而黄怀信释为"主流",对于"术"都解为"心术"。这里我们认为黄怀信的解释更为合理些。

但是,有时现象并不能真正带着认识者进入本质,这是由于有假象的存在。对于人来说,目光的假象可能较少,但是言谈的假象相对而言则是很常见的。所以由言谈到品性,经由行为可能就会产生一种错误。这里对于这样的问题并没有深入,只是不自觉地有所涉及。其中说:"久而复之,可以知其信矣。"这就是说,通过反复的观察,可以知道他的内在品质。我们也可以说,这就是观者避免被那个被观者的言谈以假象的方式所欺骗的方法。由此不难看出,"观"是一种由现象进入本质的认识方式。不管孔子说的"观器视才",还是曾子说的"以见占隐",都是一种认识论的观察,即通过人的仪表达到对于人的品性、德性的认识。

（八）仪式中的审美

我们在前面已经说过，周代文化语境中的"文明"首先是指一种德性，尤其是天子所应该具有的一种德性；其次就是指天下所达到的一种教化状态，即天下文明。这种文明的理想就是以止于善，这就是人文的内涵。先秦时期，这种人文建构主要是通过一套礼乐仪式的制度来完成的。在这种礼乐文化的建构中，社会群体之间的相互关系则主要通过"观"这种方式来达到。这种"观"不仅包括视觉的方面，同时也包括听觉的方面。视觉的对象主要是舞、容、图、像等，听觉的对象则主要是乐、歌等。所以，礼乐文化也可以说就是一种视听文化。除此之外，它还统辖了味觉（酒）、嗅觉、触觉这几种感觉。礼乐文化是由一系列的仪式组成的，而这些感觉的落实都渗透在了这一系列的仪式当中。礼乐文化中的"观"，是一种仪式性、审美性、本质性的视听行为。当然，这些特点在不同的场合中也是各有侧重的。

我们知道，礼本身包含着仪、数、义等方面的内涵，而其中的仪则具有很浓的审美意味。杨向奎说："行礼有式是谓仪。"[①] 周公对于原始礼仪的加工就是充实礼的内容，这就是将礼伦理化；同时以乐舞来塑造仪的形式，这样就将仪审美化。陈戍国沿用了其师沈文倬先生对于礼的界定。他说："礼是现实生活的缘饰化。"[②] 所谓"缘饰化"，就是对生活行为所进行的仪式化，其中一个方面就是审美化。《荀子·大略》杨倞注："不可太质，故为之饰。"[③] 也就是说，审美因素是礼中不可或缺的，否则它就不能很好地实现其功能。其实，作为形式的仪式，本身就是礼的内容，没有这个所谓的形式，礼也就不存在了。不过我们可以将礼分为可见的与不可见的。可见的是为仪，不可见的是为德。礼，是一种秩序。安乐哲称这是一种"美学的秩序"（aesthetic order）。他说："因为任何美学的成就都追求在达成的整体效果中最充分地揭示个别的细节。"[④] 所以我们也可以这样说，周代的礼乐文化即是一种古典型的审美文化。这样，观美在礼乐文化诸多方面的底层起着作用，因为对形式的观看起着非常重要的作用。

这种对于仪表的观看还有它欣赏性的方面。当然这种仪表是包括行为

---

① 杨向奎：《宗周社会与礼乐文明》，第332页。
② 陈戍国：《先秦礼制研究》，长沙：湖南教育出版社，1991年，第7页。
③ 王先谦：《荀子集解》，沈啸寰、王星贤点校，北京：中华书局，1988年，第490页。
④ 安乐哲：《和而不同：中西哲学的会通》，温明海等译，第138页。

在内的。这就是《孝经》所说的："行思可乐，容止可观。"《左传》中北宫文子对卫侯解释"威仪"的话，更能体现这一点：

> 有威而可畏谓之威，有仪而可像谓之仪。君有君之威仪，其臣畏而爱之，则而象之，故能有其国家，令闻长世。臣有臣之威仪，其下畏而爱之，故能守其官职，保族宜家。顺是以下皆如是，是以上下能相固也。……故君子在位可畏，施舍可爱，进退可度，周旋可则，容止可观，作事可法，德行可像，声气可乐，动作有文，言语有章，以临其下，谓之有威仪也。（《左传·襄公三十一年》）

礼的核心是"文"。文以表序，序以成礼。从字源学上说，"文"本为巫师身体上的纹理，"文"对于巫者是极其重要的。巫术即是原始之礼。所以，"文"对于礼也便是极其重要的。推而言之，文化中凡是直接呈现出来的方面都可称之为"文"。文化，即是文以化人。从这层意义上，文化的目标就是实现一种美育。《大戴礼记》为我们描述了这样一种极具审美性的生活文化。

> 居则习礼文，行则鸣佩玉，升车则闻和鸾之声，是以非僻之心无以入也。在衡为鸾，在轼为和，马动而鸾鸣，鸾鸣而和应，声曰和，和曰敬，此御之节也。上车以和鸾为节，下车以佩玉为度，上有双衡，下有双璜，冲牙玭珠以纳其间，琚瑀以杂之。行以采茨，趋以肆夏，步环中规，折还中矩，进则揖之，退则扬之，然后玉锵鸣也。古之为路车也，盖圆以象天，二十八橑以象列星，轸方以象地，三十幅以象月。故仰则观天文，俯则察地理，前视则睹鸾和之声，侧听则观四时之运，此巾车教之道也。（《大戴礼记·保傅篇》）

这种仪式既是一种文明教化，又是一种审美熏陶。耳目的熏陶就是实现人格塑造的重要手段。梁漱溟也认为，礼乐是专门作用于情感的，它通过人的直觉影响人的生命。他说："要晓得感觉与我们内里的生命是无干的，相干的是附于感觉的直觉；理智与我们内里的生命是无干的，相干的是附于理智的直觉。我们内里的生命与外面通气的，只是这直觉的窗户。"[①] 礼乐对人产生影响的就是这直觉的窗户，它通达了人的内在的生

---

① 梁漱溟：《东西文化及其哲学》，北京：商务印书馆，1999年，第146页。

命，使得人的生命蕴含了一种诗意。

我们说礼乐文化具有浓厚的审美意蕴，但是这绝对不意味着礼乐文化就是一种纯粹的审美。这种审美因素只是被裹挟在政治与道德意义之中，以便能够更容易地达到施政与教化的目的。涂尔干关于原始仪式的观点也非常适合我们来理解这种具有审美特色的礼乐文化。他说："仪式是在集合群体之中产生的行为方式，它们必定要激发、维持或重塑群体中的某些心理状态。"① 仪式需要营造一种气氛，而营造这种气氛的重要途径就是乐舞的运用。等级是礼乐文化中一个重要的内容，而这个等级在礼乐文化的落实中通常是通过一些我们今天视之为艺术的形式来体现的。这些形式主要是乐、舞、图等。不仅宗教仪式是一种"文化表演"，而且政治行为也经常是一种"文化表演"。

所谓礼乐，它的核心其实是礼，而乐是附着于礼并以礼为目的的。我们知道，周代之礼的核心即是五礼：吉礼、凶礼、宾礼、军礼、嘉礼。在这五礼中，最重要的莫过于吉礼，吉礼的主要内容是祭祀。所以，最能代表先秦礼乐文化之特色的莫过于祭祀了。按照《周礼》，祭祀不同的对象时，所用的乐舞是不同的，《周礼》述大司乐之职时是这样说的：

> 乃分乐而序之，以祭、以享、以祀。乃奏黄钟，歌大吕，舞《云门》，以祀天神。乃奏大蔟，歌应钟，舞《咸池》，以祭地祇。乃奏姑洗，歌南吕，舞《大韶》，以祀四望。乃奏蕤宾，歌函钟，舞《大夏》，以祭山川。乃奏夷则，歌小吕，舞《大濩》，以享先妣。乃奏无射，歌夹钟，舞《大武》，以享先祖。凡六乐者，文之以五声，播之以八音。（《周礼·春官宗伯》）

这是祭祀的用乐制度。除此，祭祀时从王公到卿大夫，所著的服饰以及服饰上的图案也都是有严格区别的。其中最为典型的，当然就是天子的六服。《周礼》司服说：

> 王之吉服：祀昊天上帝，则服大裘而冕，祀五帝亦如之；享先王，则衮冕；享先公，飨，射，则鷩冕；祀四望山川，则毳冕；祭社稷、五祀，则希冕；祭群小祀，则玄冕。（《周礼·春官宗伯》）

---

① 爱弥尔·涂尔干：《宗教生活的基本形式》，渠东、汲喆译，上海：上海人民出版社，2006年，第8页。

这六服的本身就体现了祭祀的差异，这种差异主要是靠服饰上的图案来实现的。这些图案，就是所谓十二章纹。这十二章纹最早是在《尚书》中提到的。舜对禹说："予欲观古人之象，日、月、星辰、山、龙、华虫，作会；宗彝、藻、火、粉米、黼、黻，絺绣，以五采彰施于五色，作服，汝明。"(《虞书·益稷》)这十二章纹的图案在天子的大裘冕上是齐备的，从大裘冕往下则依次减少。这十二章纹作为图案，当然是具有审美意义的，但这种审美支撑起的却是周代封建制度的等级秩序。

除了乐舞，就是器物的造型与纹饰，这些东西也具有很强的审美意味。尊彝是祭祀中的重要器具。按照《周礼》，尊彝分为六尊六彝。其中六尊为：鸡尊、鸟尊、斝尊、黄尊、虎尊、蜼尊；六彝为：牺彝、象彝、壶彝、著彝、太彝、山彝。对于这些尊彝的类型，一说为器具之上雕有相应的图案，一说为器具做成相应的形状。根据考古研究，应该说后者的解释更为合理些。除了这些器物本身的造型之外，上面还多有纹饰。

根据容庚先生的《商周彝器通考》，青铜器物上的纹饰主要是两种：花纹与铭文。对于器物上的花纹，他共列出了七十七种，当然其中最为重要的就是饕餮纹。对于饕餮纹的产生，学界有不同的说法。孙作云先生认为商周彝器的饕餮花纹是图腾文化的产物，而张光直先生则认为这是祭祀通神的助手。那么在这二人相异的解释中有没有可以相通的地方呢？孙作云先生认为，饕餮纹即是蛇纹，它的原型就是蚩尤。他还认为，禹为蚩尤后裔，所以，夏代多是饕餮纹。这种解释对夏而言，可以备为一说。但是，他还认为，商周工匠是从夏代传下来的，他们依样画葫芦，这饕餮纹以后便逐渐变成了单纯的美术花纹。这显然是没有什么说服力的。我们知道，商周是巫觋、占卜气氛相当浓厚的，青铜器作为礼器上的花纹定然不是单纯用于审美的美术花纹，否则，可画的东西很多，不会这么长的时间老是依这个样子。

毋庸置疑，青铜器上的文字同样也具有很高的审美价值，并且现在已然成为书法艺术的一个门类了。闻一多说："卜辞的文字是纯乎实用性质的纪录，铭辞的文字则兼有装饰意味的审美功能。"[①] 此话不虚。尽管两种文字都可以反映时人的审美意识，但青铜器具是在特定场合用以展示的，所以上面的文字除了记颂之外还有装饰的功能。当然，这与文字的形式因素是两个层面的事情。

但是，也正是由于周代礼乐文化的这种极强的审美功能，也导致了其

---

① 闻一多：《字与画》，载《闻一多全集（2）》，第206页。

所拥有的政治功能的危机。因为诸多仪式与其所要呈示的道德之间的关系并没有一种必然性的逻辑，所以仪式就有可能脱离道德本身而成为一种纯粹而空洞的"文"。这样，礼就可能面临着仅仅作为一种视觉景观的危险。这种危机，我们在诸子百家的讨论中可以清楚地看到。不管是当时作为显学的儒、墨，还是后世使之成为显学的道家，都针对于这种"文"的充斥提出了自己的看法。文化中仪式性与观赏性的过度突出，则容易导致这种形式因素脱离政治本身。这就有了周代文化的礼坏乐崩。先秦时期的诸子百家则可以说是在这种礼乐文化的废墟上建立起来的。

第四章 《周易》：观象知几

由第三章我们可以看出，"观"这个概念在先秦诸子之前的文化中已然展现出了丰富的内容。不仅如此，它的这种文化展开对于塑造华夏文明的形态起到了重要的作用。它以哲学的方式得到系统地展开则首先是在《周易》当中。① 我们知道，在礼乐文化中，"观"的方式已经包含了丰富的审美意蕴；而对于《周易》中"观"这个概念进行系统的考察，同样有助于我们理解华夏文化之精华部分所特有的诗性气质。从《周易》开始，"观"即成为中国古典哲学中主体与对象发生关系的基本途径与方法，而"观"所具有的特殊意蕴就使得由"观"而来的主体行为在某种程度上具有了非认识论的性质。通过对于"观"的考察，我们将会看到，古人如何通过直观自然世界而达到对世界秩序和生存秩序的双重建构；同时，我们还会看到，在这种建构中包含着古人对于生命终极价值的深沉追求。

一、确定性的寻求

当人有了时间意识以及生命在时间中生存的这种自觉，也就有了对于未来的筹划。人需要与世界打交道，然而世界是多变的和不定的，但是人的生活需要的却是确定性，这样才能进行有效的筹划，所以人就需要不断地面对这种世界的多变性与不定性。由于在对未来的筹划中，人们会面对许多不确定性，而这些不确定性又会让人的心中产生不安甚至恐惧。所以，为了安身立命，人们就需要对世界进行一种秩序的表象与建构。这就

---

① 我之所以这样认为，主要基于两个原因：首先，在成书较早的《易经》中，《观》卦的卦辞对于"观"的阐述，已经有了一个基本的逻辑结构；《易传》则为"观"的地位奠定了牢固的哲学基础。其次，老子、孔子尽管早于《易传》作者，并且他们也有关于"观"的阐述，只是这些内容还没有在他们那里自觉地成为一个体系性的观点。

是对确定性的寻求。西方的本体论就是这样一种对确定性的寻求。其实西方哲学传统也并没有像海德格尔所批评的那样彻底地遗忘存在者的存在，倒很可能是古典的哲学家们无法忍受海德格尔式的存在的不确定性，而是让一个终极的存在者决定了这个无法把捉的存在，或者说让存在蜕变成了一个终极的存在者，如此以保证存在的确定性。

杜威（Dewey）在《确定性的寻求》中指出人寻求安全的两条途径：一条是通过在行动上改变世界，一条是通过在感情上和观念上改变自我。就改变自我的两种方式来说，在感情上主要是通过宗教来完成，在观念上主要是通过哲学来完成。在杜威看来，对安全的这种寻求也就是对确定性的寻求。但是，对确定性的寻求也并非完全为了寻求安全，而经常是为了实现一种精神上的安顿。在与这变动不居的世界打交道的过程中，人可以通过知识的方式寻找世界的规律性，以此来获得世界的确定性，这是一种知识的确定性。除此之外，人也要为安身立命寻找根据，获得一种生存的确定性。当然，寻求知识的确定性也通常是为了最终获得一种生存的确定性。

人作为一种理性生物，每一个人都面临着选择的自由，而且人又要为这些选择寻求一个确定性的根据，而这个确定性的根据经常是要达到一种心理安顿。譬如我摘不到树上的葡萄，我可能会说这葡萄是酸的，这种自我解嘲实际就为我们选择放弃摘取奠定了一个具有稳定性的心理基础。同样，在我们面临众多选择时，我们通常要在这样的选择范围内为所进行的每一种选择提供理由以建立一个稳定性的心理基础。

中国古代的哲人将思考的目光转向了天地自然，主要目的就是要为人的生存奠定一种确定性的根据。中国哲学中的"法天"思想就是这样一种建立确定性的方式。我们可以看这样几种表述：

> 法天合德，象地无亲，参于日月，伍于四时。（《管子·版法》）
> 人法地，地法天，天法道，道法自然。（《老子·第二十五章》）
> 奚以为治法而可？故曰：莫若法天。天之行广而无私，其施厚而不德，其明久而不衰，故圣王法之。（《墨子·法仪》）
> 主法天，佐法地，辅臣法四时，民法万物，此谓法则。（《老子甲本卷后古佚书·九主》）①

---

① 见国家文物局古文献研究室编：《马王堆汉墓帛书（一）》，文物出版社，1980年，第29页。

这个"法"实则构成了中国哲学的一个奥秘。天人关系得到落实的一个重要方式就是"法天"。法天，就是效法天地。如何法天？其前提则首先是观天、知天。"法"是一种践行模式，它是要实现一种法则的由天到人的转移。这个转移需要有一个前提，就是对天的"知"，这个"知"不是由"思"而是由"观"来完成的。由于"法"的特点，天文对于中国古代文化与哲学就具有了重要的意义，同时对于政治秩序的建构也具有着直接的意义。所以，中国文化先是树立天的权威，建构天的结构模式，然后反过来以此佐助建构人间政治模式，并以此保证这种政治模式的合理性与合法性。这里的"理"与"法"当是自然之理、自然之法，也即自然法则。当然，这种法则也不是现代意义上的关于自然的物理学规律，而是人们在生活中所逐渐表象出来的规则和秩序。

在先秦时期，礼仪就是法天思想的一种重要体现。礼是一种秩序，这种秩序源于天的秩序。礼者，立也，履也，立命之则即为礼。礼仪是儒家通过法天而建构的秩序。《周易·系辞上》说："知崇礼卑。崇效天，卑法地。"与儒家不同，道家也有自己的法天思想。《老子》中说："人法地，地法天，天法道，道法自然。"也就是说，道家在人（经法地）法天之后并没有结束，还有"天法道，道法自然"。对于"道法自然"，我们有两种解释：其一，"法"就是效法，"自然"就是自己的本来样子。"道法自然"就是说"道"效法自己的本来样子。其实这也就是说，"道"实际上什么也不效法。它本来是什么样子，就应该是什么样子。其二，"法"就是法则，这个"法"与前面的"法"不同，已经不是一种效法的关系了。"道"本身有自己的"法"，这就是"自然（而然）"（Naturalness）。《老子》中这整句话，如果省略了中间的环节就是：人法自然。这就是说，人不应该去刻意雕琢，应该保持自己本然的样子。这当然也就排斥儒家的礼仪了。

不可否认，儒、道面对的其实是同样的天地，不过儒家看到的是"秩序"，看到的是道德理性；而道家看到的是"自然"，看到的是自然理性。儒家看到秩序，就要将这种秩序实现于天下国家，仿佛天地的秩序就是为人的效法而存在的，这就有了目的论的色彩。当然，道家之所见，实际上也是一种秩序，只是道家认为这种秩序只是一种自然，自然而然，或者说是一种没有固定秩序的秩序，所以人的生存也应该是自然而然的。当然，道家应该也不会否认人类社会中的底线伦理秩序。这个底线是通过去欲而呈现出来的。

我们可以这样说，古希腊哲学对于世界本原的追问是为了获得一种知识的确定性；而中国哲学中的"道"也是一个确定性的保证，它是一种生存确定性的保证。《易经》本是卜筮之书，卜筮是为了通过对于未来的掌握而获得确定性，而《易传》的哲学发挥则是在哲学层面为人的生存寻找一个稳固的根基。这主要就是《周易》中的那种正位凝命的思想，而这种思想首先来源于对天的观察。

二、"贞观"

我们说，"观"这个概念对于中国文化的影响是极其巨大的，这种影响无疑首先来源于《周易》。为了说明"观"这个概念在《周易》中的地位，我们从《周易》中的"贞观"这个命题说起。尽管我们都知道"贞"是《周易》中的重要概念，但是却很少有人去探讨这个"贞观（guàn）"对于《周易》哲学的重大意义。

对于"贞观"的熟悉，恐怕大多还是来自于唐太宗李世民的年号以及其治下的"贞观之治"这段史话。其实除了唐太宗以此为年号外，西夏崇宗李乾顺、日本清和天皇与阳成天皇都曾以"贞观"作为年号。由此可见古人对于此语的推崇。"贞观"之语，源于《周易·系辞下》：

> 天地之道，贞观者也；日月之道，贞明者也；天下之动，贞夫一者也。（《周易·系辞下》）

显然，在这几个句子里，最为重要的就是"贞"字，这对于理解《易传》作者的思想是极为重要的。这个"贞"在《周易》中首先作为乾之四德之一。四德之说，出于《乾》卦之《文言》，这四德就是元、亨、利、贞。就目前所见文献，这所谓四德首先见于《左传·襄公九年》中穆姜的解释。如果根据这个文本，襄公九年为公元前564年，即使《周易》大传是孔子所著，这也比孔子诞生（前551年）早了十几年。穆姜的解释是："元，体之长也；亨，嘉之会也；利，义之和也；贞，事之干也。"（《左传·襄公九年》）《周易·乾》之《文言》中的解释是："元者，善之长也；亨者，嘉之会也；利者，义之和也；贞者，事之干也。"这个解释与《左传》中穆姜的解释基本上是相同的，而后世对于乾之四德的解释也基本沿用了这种说法。

但是这种解释恐怕并不符合《周易》古经之本义，近世诸多学者的考察可以说明这点。李镜池先生考察了"贞"在《周易》中的用法，他指出，"贞"在《周易》中组成的说法主要有："贞吉"、"贞凶"、"贞厉"、"贞吝"、"利贞"、"可贞"等等。他认为，"元亨利贞"实际上应该是"元亨，利（于）贞"，其中能够独立成义的只有"亨"一个字。① 高亨先生在释"元亨利贞"时说："元、亨、利、贞之初义维何？曰：元，大也；亨，即享祀之享；利，即利益之利；贞，即贞卜之贞。"② 这种见解与李镜池是一致的，只是李先生的解释略有言及。高亨先生还说："由此观之，《乾》、《随》之'元亨利贞'犹言大享利占耳。"③ 这种解释应该是符合《周易》起初作为卜筮之书原义的。成中英对于"贞"的意义也作了详细的考察，他归纳了"贞"的五层意义：第一是原始意义"占卜"，第二层是"正"，第三层是"固"，第四层是"信"，第五层是"节"。

然而后世对于"贞"的理解多以《文言》中"贞固足以干事"为依据进行阐释。孔颖达认为，圣人应当效法乾体，行善道而长万物。以此，"贞固足以干事"，意为圣人以贞固干事，"干事"是"贞固"延伸出来的意思，"贞固"是品性，"干事"是成果。程颐在解"乾"之四德时说："贞者万物之成。"④ 如此，"贞固"又引申出"正"的意义。朱熹说："贞，正而固也。"⑤

对于"贞观"中的"贞"来说，韩康伯解释说："贞者，正也，一也。"⑥ 对于"贞观"之句，他的解释是："明夫天地万物，莫不保其贞，以全其用也。"⑦ 尽管他并没有将"贞"的意思明确地落实到这个解释中，但他应该有这样的意思，即"观"是"天地"之"用"，因其"贞"而有其用。孔颖达解释"贞观"说："谓天覆地载之道，以贞正得一，故其功可为物之所观也。"⑧ 他认为因"贞正"所成之"一"是天地之"功"，因其功而有其用，这也是发挥了韩康伯的思想。

综上所述，我们宜将"元亨利贞"中的"贞"理解为"占卜"之义，而对"贞观"中的"贞"则以"正、固"之义来解释。这里，我们可以将"贞观"中的"贞"释为"守正不二"。其实，《周易》大传中的《系辞》也是以此理解"贞"之义而提出"贞观"、"贞明"之说的。那么"天地

---

① 李镜池：《周易探源》，北京：中华书局，1978年，第30页。
② 高亨：《周易古经今注》，北京：清华大学出版社，2010年，第80页。
③ 同上。
④ 程颢、程颐：《二程集》，王孝鱼点校，第695页。
⑤ 朱熹：《周易本义》，廖名春点校，北京：中华书局，2009年，第30页。
⑥ 王弼著，楼宇烈校释：《王弼集校释》，第557页。
⑦ 同上。
⑧ 《十三经注疏》整理委员会整理，李学勤主编：《十三经注疏·周易正义》，第296页。

者，贞观者也"的意思也就是说：天地因其是正固不二的，所以才可以成为人们观仰的对象。李鼎祚《周易集解》引陆绩言："言天地正，可以观瞻为道也。"① 说的就是这个意思。

同样，在《易传》作者看来，日月作为自然的存在者，它的存在之意义即在于"贞明"。所以，《系辞上》还说："法象莫大乎天地，变通莫大乎四时，县（悬）象著明莫大乎日月，崇高莫大乎富贵。"这同样是说，能成为"象"的最高对象就是天地日月。朱熹注《观》卦《象》辞时说："'四时不忒'，天之所以为观也。'神道设教'，圣人之所以为观也。"② 二程说："天地之道，常垂象以示人，故曰'贞观'；日月常明而不息，故曰'贞明'。"③ 表达的是同样的意思。天地日月乃终极之物，以此为观之对象，决定了中国文化中"观"这种视线所具有的超越意义。成中英说："贞作为了解天地之道的方法论和本体论，是通过观的方式建立起来的。贞观，就是以观为贞，以贞为观的途径和准则。贞在一定意义上可以说是自然立法的方式，它使日月各当其位，从而使存在澄明其自身。从而可以了解，天下之动确有其一定的法则和整体性的道理。"④ 我们倒可以说，"贞"是天地存在的一种品质，而人也应该达到这样的一种生存品质，那么人把握这种存在品质的方式就是"观"。

天地使万物各得其正而为"贞"。《乾》之《象》说："乾道变化，各正性命。"此即言其"贞"也。天地对于人存在的意义即在于它们是人所观仰的对象。如果成为这样的对象，那么天地的存在便是得其正了，也便是其最高价值的实现。所以，从《易传》作者的角度看，天地对于人的生命存在的意义，就是让人去观察和效法，并将其作为最高的准则。同样，作为万物灵长的人类以天地万物为效法的对象，人的生命方可实现正固不二的品质。

在古人看来，天地是直接给予我们的最高的事物。这是具有绝对明晰性的最原初的意义给予。当然，《周易》这里不是追求科学的自明性，而是追求生活世界的自明性。所有的生活秩序都应该来源于这个可作为"贞观者"的天地精神。所以，直观的自然在中国哲学中始终保持着其优先的地位，同时这种天地精神也成为中国哲学的形上追求。所以，"观"的发

---

① 李鼎祚集注：《周易集解》，王鹤鸣、殷子和整理，北京：中央编译出版社，2011年，第262页。
② 朱熹：《周易本义》，廖名春点校，第98—99页。
③ 程颢、程颐：《二程集》，王孝鱼点校，第20页。
④ 成中英：《易学本体论》，北京：北京大学出版社，2006，第233页。

达反映了中国古人对于直接被给予性的信仰。

三、《观》卦中的逻辑

前面我们已经讨论，"观"在先秦周代是教化得以实现的一种主要方式。对此，《周易》的第二十卦《观》卦首先通过卦辞爻辞进行了系统的展现，而其中的《彖》辞与《象》辞又对其进行了比较深入的展开。在《周易》中，《观》之前为《临》。《序卦》说："临者，大也。物大然后可观，故受之以《观》。"显然，此卦主以上示下，故《观》卦之"大"当为天子之"大"。《国语·楚语》中有"临观"之语："先王之为台榭也，榭不过讲军实，台不过望氛祥。故榭度于大卒之居，台度于临观之高。""临观"即"临上观下"，就是说大观在上，君临天下。《周易·观》之卦辞及其《彖》、《象》合为：

观。盥而不荐，有孚颙若。

《彖》曰：大观在上，顺而巽，中正以观天下。观，盥而不荐，有孚颙若，下观而化也。观天之神道而四时不忒，圣人以神道设教而天下服矣！

《象》曰：风行地上，观。先王以省方观民设教。

我们知道，《观》卦的卦象是坤下巽上（☴），此为宫阙之象。坤为地，巽为风。所以，《象》说："风行地上。"此乃取天子巡视天下、万民仰观之象。何谓"省方观民设教"？"省方"是古代天子巡视天下的意思，"省方"的目的是"观民设教"。"观民"是观民之风俗，"设教"以教化四方百姓。所以，这个"观"就是落实教化的重要条件。王弼说："统说观之为道，不以刑制使物，而以观感化物者也。"[①] 由此看来，在"观"中也有"感"的因素。教化是为感化，感化则需要感性的东西加以感染。

由卦辞来看，《观》卦从整体上是指祭祀中的观看，而我们在前文已经讨论到，祭祀是周代文化中的主要教化方式。祭祀就充分体现了"观"这种方式中所具有的感染性。

我们通过《彖》辞还可以看出"观"的结构主要有三个层面的意义：

[①] 王弼著，楼宇烈校释：《王弼集校释》，第315页。

第一个层面是"观天之神道";第二个层面是"大观在上",即"省方观民设教"、"中正以观天下";第三个层面是"下观而化",这是百姓观圣人。圣人观天地是通过观"象"达到对天之神道的领会,而《观》卦所说的主要是圣人与百姓之间的互观,也就是"大观"与"下观"之间的关系。

在《周易》六十四卦中,很多卦中的六爻是具有层次性的,并且这六爻由初到上呈现出层递的逻辑。同样,通过《观》卦的爻辞我们也可以看到在此卦六爻中也有这样一个发展的过程。《观》卦中说:

初六:童观,小人无咎,君子吝。象曰:初六童观,小人道也。
六二:窥观,利女贞。象曰:窥观,女贞,亦可丑也。
六三:观我生,进退。象曰:观我生进退,未失道也。
六四:观国之光,利用宾于王。象曰:观国之光,尚宾也。
九五:观我生,君子无咎。象曰:观我生,观民也。
上九:观其生,君子无咎。象曰:观其生,志未平也。

首先是初六"童观"与六二"窥观"。初六爻辞说:"童观,小人无咎,君子吝。"《象》辞解释说:"初六童观,小人道也。"对于"童观",历来注家大多释为童蒙之观。王弼说:"处于观(盥)时,而最远(德)朝美;体于阴柔,不能自进,无所鉴见,故曰'童观'。(巽)趣顺而已,无所能为,小人之道也,故曰'小人无咎'。"① 究其根源,主要是依郑玄训"童"为"稚"。但是廖明春却对"童"的意义提出了自己的看法。"童"在《周易》中共有七处。他认为除《旅》卦两处"童仆"之"童"为名词而应训为"奴"外,其余皆应训为"去尽"或"脱"、"脱尽"。② 我们暂且不论他对这几处"童"的训解是否合理,主要来看他在分析时所使用的方法。对于《周易》词语的训解,从句式的结构着眼确实是个非常有效的方法。他在解《大畜》中的"童"时,根据六四"童牛之牿"与六五"豮豕之牙"的结构来论证;在解《蒙》卦的六五"童蒙"时,将其与初六"发蒙"、九二"包蒙"、六四"困蒙"、上九"击蒙"对照起来。这还是很有说服力的。但是对于《观》卦中的"童观",他却没有将其与六二"窥观"对照起来。这样的话,将"童观"之"童"释为动词可能并不合适。这里我们依郑玄之训。但因爻辞与《象》辞都有"小人"一语,故

---

① 王弼著,楼宇烈校释:《王弼集校释》,第 316 页。
② 廖明春:《释〈周易〉之"童"》,载《周易研究》2007 年第 1 期。

应引申为浅薄,意思是"小人"不解"观"之大义。六二说:"窥观,利女贞。""窥观"是妇人之道。王弼解释说:"处在于内,寡所鉴见。体于柔弱,从顺而已。犹有应焉,不为全蒙,所见者狭。故曰'窥观'。"① 这两爻说的"观"叫"童观"和"窥观"。小人之童观囿于识而所见肤浅,妇人之窥观短于识而所见片面。"童观"和"窥观"都是君子所应该避免的,这都是对君子的警诫之语。

其次,在"童观"和"窥观"之上则是"观生"。六三说:"观我生,进退。"何为"观我生"?联系初六与六二,显然从六三便进入了君子之道。《大戴礼记·曾子制言》说:"君子进则能达,退则能静。岂贵其能达哉?贵其有功也!岂贵其能静哉?贵其能守也!夫唯进之何功,退之何守,是故君子进退有二观焉。"这里说的进退之二观是与《观》卦中的六三爻有关系的。王聘珍解释说:"进,仕也;达,通也;退,避位;静,安也。国功曰功,持不惑曰守。"② 也就是说,进退是君子实现自己德行的方式。所以,后世解《易》者多以"进退"释"生"。孔颖达正义释"我生"为"我身所动出"。他说:"三居下体之极,是有可进之时;又居上体之下,复是可退之地。远则不为童观,近则未为观国,居在进退之处,可以自观我之动出也。故时可则进,时不可则退,观风相几,未失其道,故曰'观我生进退'也。道得名'生'者,道是开通生利万物。故《系辞》云'生生之谓易',是道为'生'也。"③ 所以可以说,"生"在此为进退之道。这样,"观我生进退"的意思就是以六三之象观我进退之道。所以孔颖达释六三之《象》辞说:"处进退之时,以观进退之几,'未失道'也。"④ 程颐对"观我生"的解释是:"观我生:我之所生,谓动作施为出于己者,观其所生而随宜进退,所以处虽非正,而未至失道也。"⑤ 这和孔颖达的解释是一致的。这就是说,"生"的意义是自己所采取的行为。朱熹就六三说:"我生,我之所行也。六三居下之上,可进可退,故不观九五,而独观己所行之通塞以为进退,占者家自审也。"⑥ 对于六三中的"我",李鼎祚《周易集解》引荀爽说"我"为"五"。张载说:"观

---

① 王弼著,楼宇烈校释:《王弼集校释》,北京:中华书局,1980年,第316页。
② 王聘珍:《大戴礼记解诂》,王文锦点校,北京:中华书局,1983年,第92页。引文标点有改动。
③ 《十三经注疏》整理委员会整理,李学勤主编:《十三经注疏·周易正义》,第296页。
④ 同上书,第99页。
⑤ 程颢、程颐:《二程集》,王孝鱼点校,第800页。
⑥ 朱熹:《周易本义》,廖名春点校,第99—100页。

上所施而进退，虽以阴居阳，于道未失，以其在下卦之体而应于上，故曰'进退'。"① 我们估计他也是将"我"视为"五"了。但是，如果将六三中的"我"视为九五，那就应该将所有六爻，起码是上面四爻视为从九五之口所出，但这样上九中的"观其生"中的"其"则难考为何了。所以在我看来，爻辞中的"我"皆为本爻之自指，为"己"之义，况且《周易》中尚无"己"一词。

再次，六四为"观国之光"。《左传》中记有筮得《观》卦之事，其中的解释便涉及这一爻的意思。《左传·庄公二十二年》说："周史有以《周易》见陈侯者，陈侯使筮之，遇观䷓之否䷋。"周史释卦说："坤，土也；巽，风也；乾，天也。风为天于土上，山也。有山之材而照之于天光，于是乎居土上。故曰：观国之光，利用宾于王。"六四已近九五之君，故可观国之光，知王之德。

最后就是九五的"观我生"与上九的"观其生"。九五说："观我生，君子无咎。"上九说："观其生，君子无咎。"可以说，从六三到上九说的都是君子之观，但六三居下卦之上，此君子为有德之人；而九五居上卦之中，为得其正，故为天子人君。朱熹说九五："九五阳刚中正以居尊位，其下四阴，仰而观之，君子之象也。故戒居此位、得此占者，当观己所行，必其阳刚中正，亦如是焉，则得无咎也。"② 他在解释《观》卦《象》辞时还说："此夫子以义言之，明人君观己所行，不但一身之得失，又当观民德之善否，以自省察也。"③ 所以在朱熹看来，"我生"之"生"即是"所行"之意。《象》曰："观我生，观民矣。"这意思不是说既观我又观民，而是说观民就是观我。九五为阳居尊位，乃国之君子。民即是我，观民也就是观我，这就是王弼说的观民察己之道。王弼说："上之化下，犹风之靡草，故观民之俗，以察己（之）道，百姓有罪，在（于）予一人，君子风著，己乃无咎。"④ 王夫之说九五："言行皆身所生起之事，故曰'生'。"⑤ 说九五之《象》辞："'我生'云者，毕其一生所有事之辞。'观民'，言为大观以示民也。欲为大观于上，令瞻仰之者无不奉为仪则而不敢忽，岂一言一行之足称其望哉！……君子之为观于民，自观之尽也。"⑥

---

① 张载：《张载集》，章锡琛点校，第107页。
② 朱熹：《周易本义》，廖名春点校，第100页。
③ 同上。
④ 王弼著，楼宇烈校释：《王弼集校释》，第317页。
⑤ 王夫之：《周易内传》，李一忻点校，北京：九州出版社，2004年，第151页。
⑥ 同上。

这就是说，天子人君应该时时刻刻彰显自己的德行，让万民观瞻以为做事的楷模。

何为"观其生"？上九位居九五之上，当为有德之人，这应该是没有问题的。王弼、程颐、朱熹等皆认为上九以其阳刚之至德为天下所观仰，这也是没有问题的。但是，这却不能用来解释"观其生"的意义。在我看来，应该如张载所说，上九之意是以其至高之德观九五之动出，也即观国家之政，志有所未平也。王夫之说上九："'其'者，在外之辞，谓物情向背之几也。"① 船山所言，也有这样的意思。

由上可见，《观》卦中的"观生"在逐渐上升的过程中也呈现出了丰富的内容。与《观》卦的"观生"相关，《颐》卦还讲到了"观养"。《颐》卦的卦象是震下艮上（☶）。卦辞说："观颐，自求口实。"《彖》从"颐"中引申出"养"的观念。颐者，养也，养正则吉。如何至吉？《彖》说："观颐，观其所养也。自求口实，观其自养也。"由此可知，"观养"又有二义："观其所养"和"观其自养"。首先是"观其所养"。孔颖达正义对此的解释是："言在下观视在上颐养所养何人，故云'观颐，观其所养也'。"② 对于天子来说，就是"养贤及万民"。其次是"自求口实"，也就是"观其自养"。孔颖达正义对此的解释是："谓在下之人，观此在上自求口中之实，是观其自养，则是在下观上，乃有二义：若所养是贤，及自养有节，则是其德盛也；若所养非贤，及自养乖度，则其德恶也。"③ 所以观"颐"之要义，在于观"养"。从终极意义上说，"养"的核心与宗旨在于养社稷。《左传·襄公二十五年》篇前有："君民者，岂以陵民？社稷是主。臣君者，岂为其口实？社稷是养。"圣人养贤及万民，其旨在于养社稷；在上与在下者所求口实，其旨亦需止于养社稷。

四、"观"与"天地万物之情"

我们说，天地因其"贞"，而成为可观者。所以"贞观"实际上已经成为《周易》哲学重"观"的方式的重要哲学根据。天地有正固不二之德，亦是因其有天地万物之情。通过观的方式，这种天地万物之情即可呈

---

① 王夫之：《周易内传》，李一忻点校，第151页。
② 《十三经注疏》整理委员会整理，李学勤主编：《十三经注疏·周易正义》，第122页。
③ 同上。

现出来。这就涉及《咸》、《恒》、《萃》这几个卦。从这几个卦,我们也能分析到"观"的方式所得以建立的哲学基础。

首先是《咸》卦。《咸》卦的卦象是艮下兑上(☱☶)。《彖》说:"咸,感也。柔上而刚下,二气感应以相与。止而说,男下女,是以亨利贞,取女吉。"荀子比较早地阐述了《咸》卦的意义,他说:"《易》之《咸》,见夫妇。夫妇之道,不可不正也,君臣父子之本也。咸,感也,以高下下,以男下女,柔上而刚下。"(《荀子·大略》)对于《周易》来说,这个"感"有很重要的意义。惠远说:"《易》以感为体。"(《世说新语·文学》)《庄子》中说:"《易》以道阴阳。"《咸》卦就是对阴阳之道的简明概括。

后世也基本上都是以"感"释"咸"。程颐说:"咸,感也。不曰感者,咸有皆义,男女交相感也。物之相感,莫如男女,而少复甚焉。凡君臣上下,以至万物,皆有相感之道。物之相感,则有亨通之理。"① "咸"卦之"利贞",就是"相感之道利在于正也"。以"咸"言"感"还有无心之意。王夫之释《临》卦初九爻辞之"咸临"说:"'咸',感也。'咸临'者,以感之道临之也。"② 他又解释《咸》卦之《彖》辞说:"'咸',皆也。物之相与皆者,必其相感者也。咸而有心则为感。咸,无心之感也。动于外而即感,非出于有心熟审而不容已之情,故曰咸。"③ 所以,咸即无心之感。

由此,《咸》卦之"感",有强调相互之意、本然之意。程颐说:"既言男女相感之义,复推极感道,以尽天地之理、圣人之用。天地二气交感而化生万物,圣人至诚以感亿兆之心而天下和平。天下之心所以和平,由圣人感之也。观天地交感化生万物之理,与圣人感人心致和平之道,则天地万物之情可见矣。感通之理,知道者默而观之可也。"④ 这里,程颐讲了"咸"的交感方式所具有的普遍的哲学意义。张载也针对释"咸"为"感"说:"不可止以夫妇之道谓之咸,此一事耳,男女相配,故为咸也。感之道不一:或以同而感,圣人感人心以道,此是以同也;或以异而应,男女是也,二女同居则无感也;或以相悦而感,或以相畏而感,如虎先见犬,犬自不能去,犬若见虎则能避之;又如磁石引针,相应而感也。"⑤ 由此,不难看出《咸》卦所包含的哲学意义的普遍性。

---

① 程颢、程颐:《二程集》,王孝鱼点校,第854页。
② 王夫之:《周易内传》,李一忻点校,北京:九州出版社,2004年,第142页。
③ 同上书,第211页。
④ 程颢、程颐:《二程集》,王孝鱼点校,第855页。
⑤ 张载:《张载集》,章锡琛点校,第125页。

也正由于这样，《彖》说："观其所感，而天地万物之情可见矣。"显然，此卦实乃以夫妇为例示人，以明天地感应之理。故云："天地感。"孔颖达正义说："结叹咸道之广，大则包天地，小则该万物。感物而动，谓之情也。"① 这又涉及"情"的问题。因此，吕绍纲先生说："咸卦所讲的感是存在于天地之间，万物之中的一种普遍的、抽象的现象。"② 自然界的感和人世间的感都是《咸》卦所讲的感。这里说"取女吉"当然是从男女之感说起，这里没有那种自觉的情感。"天地感"也就是天地相感，原因也就是阴阳相推。"观其所感"的深层意义是说，"感"也是以本然的方式直接呈现出来的。感的本然性是从自然那里以直接给予的方式呈现给我们的。

其次是《恒》卦。《恒》卦的卦象是巽下震上（䷟）。《彖》说："观其所恒，而天地万物之情可见矣。"可以这样说，"恒"与"咸"，同为天地万物之情，"所恒"为天地万物所以为恒的缘由。"天地万物之情可见"的表述在六十四卦中是很罕见的，这里连续在《咸》、《恒》卦中出现，可见二卦之地位也是极其重要的。当然男尊女卑的思想在此卦中也有明显体现，当不在此处讨论之中。我们可以将此二卦与《大壮》卦相比，则可见出这并不是无关轻重之语。《大壮》卦的《彖》说："大壮，利也。大者正也，正大而天地之情可见矣。"此处则无"万物"之语。正义说："天地之道，弘正极大，故正大则见天地之情。不言万物者，壮大之名，义归天极，故不与咸、恒同也。"③ 所以，"万物"在《咸》、《恒》二卦中并非无关紧要之语。

我们说，"观其所感"是二气感应，它可以有两重意思：一是感应的双方由于互相感应而达到相互观察，这就由经验之下的"感"上升为经验层面的"观"。二是单方面的圣人对于"象"的观察，所以"感"也可以是天地感应人心而君子观天地之象。程颐说："观其所恒，谓观日月之久照、四时之久成、圣人之道所以能常久之理。观此，则天地万物之情理可见矣。"④ 天地万物之理的永恒性也是以直接给予的方式呈现出来。

再次是《萃》卦。《萃》卦的卦象是坤下兑上（䷬）。《彖》说："萃，聚也。"《序卦》说："姤者，遇也。物相遇而后聚，故受之以萃。"其实，

---

① 《十三经注疏》整理小组整理，李学勤主编：《十三经注疏·周易正义》，第140页。
② 吕绍纲：《周易阐微》，上海：上海古籍出版社，2005年，第258页。
③ 《十三经注疏》整理小组整理，李学勤主编：《十三经注疏·周易正义》，第149页。
④ 程颢、程颐：《二程集》，王孝鱼点校，第862页。

"感"何尝不是聚萃的条件。这里,《象》用了同样的说法:"观其所聚,而天地万物之情可见矣。"同样,此语说明了《萃》在《周易》中的重要性。"萃"与"咸"、"恒"同可见"天地万物之情"。"感"、"恒"、"萃",感而萃、萃而恒,咸而得萃,萃而得恒。如此,则成天地万物之情。阳健阴顺,乾统坤承,天地之情聚也;形交气感,声应气求,万物之情聚也。程颐说:"天地之化育,万物之生成,凡有者皆聚也。有无动静终始之理,聚散而已。"①

我们还可以通过孔疏正义中所说的"叹卦之体"来说明《象》对三卦的这种表达并非随意为之。所谓"叹卦之体",就是孔颖达在《豫》卦《象》辞正义中感叹的十二个卦,《象》辞都是以"大矣哉"来评价这十二个卦。这十二卦共可分成三类:一是《豫》、《遯》、《姤》、《旅》,叹"时义"之大;二是《随》、《颐》、《大过》、《解》、《革》,叹"时"之大;三是《坎》、《睽》、《蹇》,叹"时用"之大。《咸》、《恒》、《萃》三卦中蕴含天地万物之情,定然不是无用之语。由此可见,在《易传》作者看来,"咸"、"恒"、"萃"此三者在呈现天地万物之情的方面是与众不同的。

这三个卦都强调了"天地万物之情"。此"情",实为理也、道也。这种天地万物之情以"感"、"萃""恒"这三种方式呈现出来。我们还可以说,作为"贞观者"的"天地"直接给予观者以三种本质:"感"、"萃"、"恒"。这三者是超乎吉凶悔吝的天地万物之理。

在《观》卦的本经中,"观"还基本上属于经验的认知范畴,而《易传》则对这个"观"进行了阐发,使得它具有了更多的哲学内涵。在政治层面上,"观"主要体现为对"生"与"养"等的观察;而在哲学层面上,它主要体现为对天地万物之情的把握,因为这种天地精神是可以通过"文"、"象"的方式直接呈现出来的。也就是说,这个"观"并不是仅仅停留在"文"与"象"的层次上。

那么,何为天地精神?《系辞上》说:"圣人有以见天下之动,而观其会通,以行其典礼,系辞焉以断其吉凶,是故谓之爻。"朱熹解释说:"会,谓理之所聚而不可遗处;通,谓理之可行而无所碍处。如庖丁解牛,会则其族,而通则其虚也。"②"会"乃实,而"通"则为虚。对于天地而言,"观其会通"即是"仰以观于天文,俯以察于地理",以知天地

---

① 程颢、程颐:《二程集》,王孝鱼点校,第931页。
② 朱熹:《周易本义》,廖名春点校,第231页。

"幽明之故"。"天文"、"地理"乃天地的形式，而并非天地的实体。圣人"象其物宜"的目的就是"立象以尽意"，而观象的目的也就在于"知几"，就是认识到天地的会通之理与幽明之故。《大戴礼记·曾子天圆》："天道曰圆，地道曰方。方曰幽而圆曰明。"所以说，幽明即是天地之道。

这种天地精神还体现在"生"的概念上。我们知道，在《观》卦中的"生"主要还是经验性的道德践履，然而《易传》中的"生"则具有了深刻的形而上的意蕴，这就是"易道生生"。《系辞上》说："生生之谓易，成象之谓乾，效法之谓坤，极数知来之谓占，通变之谓事，阴阳不测之谓神。"《系辞下》说："天地之大德曰生。""易"的核心是"生生"，阴生阳、阳生阴，生生不息，变化无穷，这就是"易"。观象也就是达到观"易"，也就是达到对于天地生生之德的把握。这个"易"也就是"道"，观易也就是观道。这个道并非永恒不变的绝对本体。《系辞上》说："神无方而易无体。"《系辞下》说："易之为书也不可远，为道也屡迁，变动不居，周流六虚。""易"是形而上的原则和规律，但并非自存的实体。这个"道"也就是天地之"会通"。此即为"知几其神"。

五、"观"与"象"、"形"

我们说了，作为"观"的对象，在《观》卦爻辞中的"生"还是经验层面的行为，而在《易传》中则得到了深刻的哲学诠释。由于天地的生生之德是由"象"呈现出来的，所以"象"也就成了"观"的主要对象。勿庸置疑，"象"是《周易》中一个核心概念。《系辞》说："易者，象也。"天地的生生之德，就是通过变化的象体现出来的。

对于"象"这个概念来说，我们这里先对它做些词源学上的梳理。"象"的本义按《说文解字》中所说，当为一种南方大兽。根据"象"的甲骨文字形，这种解释应该是正确的。但是"象"字如何成了"形象、表象"之意？这好像是个无解的问题。不过战国的韩非倒是讲到过这个问题。韩非说："人希见生象也，而得死象之骨，案其图以想其生也，故诸人之所以意想者皆谓之'象'也。"（《韩非子·解老》）后世学者也大多接受了他的这个看法。问题是，难得一见的大兽应该是很多的，但为何单以"象"来代那个"意想者"呢？故而这种理由并没有很强的说服力。江绍原则认为，"象"的本字是"相"，首先是"相"的省视之义引申出省视之对象，然后遂借用同音的"象"。①这种借用的解释倒是符合汉字新义产生的一些规律。

但在我看来，以"象"表"形象"之义，倒应该可能是直接由表兽之词假借而来的。刘又辛对于假借有比较深入的看法，他认为许慎在解释"假借"时所举"令、长"这两个例子跟他的定义是矛盾的，因为这两个字都只是字义的引申，而不是假借。也就是说，刘又辛是主张将引申与假借分开的。他引用了宋代戴侗《六书故》的说法："所谓假借者，义无所因，特借其声，然后谓之假借。"② 戴侗认为引申义则是："皆有本义，而生所谓引而申之，触类而长之，非外假也。"③ 朱骏声则将引申归入转注，彻底地将其与假借分开了。所以，如果说许慎所举的"令、长"二字是引申，可能更有道理。实际上，有些字产生新义，是由于引申还是假借，可能不易判断，或容易出现判断错误，但是我也赞同他们在理论上将引申与假借二者严格地区分开来。所以我认为，说"象"是假借字是容易说通的。如"为（爲）"、"焉"二字，如果从甲骨文字形上看，它们的本义显然都是鸟，但是它们分别被假借为介词和语词，并且失去了原来的意义。"象"也极有可能是由一种动物的名称假借而来。如果是这样的话，与"为"、"焉"不同的只是"象"还保留着原来的意义。

由表兽之词假借而来表"形象"之义的"象"，经由《周易》的阐发，成为中国哲学与美学中一个极其重要的概念。"象"是"观"的对象。观象是"观"这种行为方式的普遍基础。这里我们来看《周易》中"观象"的具体内涵：

> 顺而止之，观象也。(《剥·彖传》)
> 圣人设卦观象，系辞焉而明吉凶，刚柔相推而生变化。(《系辞上》)
> 君子居则观其象，而玩其辞；动则观其变，而玩其占。(《系辞上》)
> 仰则观象于天，俯则观法于地，观鸟兽之文，与地之宜。(《系辞下》)

---

① 江绍原：《中国古代旅行之研究》，上海：上海文艺出版社，1989年，第47页（注18）。
② 刘又辛：《通假概说》，成都：巴蜀书社，1988年，第12页。
③ 同上。

由上所列，我们可以看到，《周易》中所观之象主要有二：一为卦象，二为天象。卦象，如上第一、二、三句；天象，如上第四句。其实，《周易》中除了以上所说卦象与天象之外，还有属于物象的"象"。明言卦与物象有关的有：《鼎》卦，为鼎之象；《小过》，有飞鸟之象。除此之外，《周易》中的"象"为"物象"之义的仅有一处："见乃谓之象，形乃谓之器。"对于所观的天象与卦象，我们还可以发现，观天象多是圣人的行为，而君子则是观卦象，天象与君子是通过卦象来发生关系的。在《周易》的启发下，观天象也逐渐成为中国传统士人的重要活动。北魏张渊曾著《观象赋》(《魏书·列传术艺·张渊》)来说明"观象"对于培养德性的重要意义。

我们知道，《周易》中的卦象首先来源于天象。《系辞》说："天垂象，见吉凶，圣人象之。"天所垂之象乃日月星辰之象，圣人模拟天象以成卦象。如《周易》说：

圣人有以见天下之赜，而拟诸其形容，象其物宜，是故谓之象。(《系辞上》)

天垂象，见吉凶，圣人象之。(《系辞上》)

古者包牺氏之王天下也，仰则观象于天，俯则观法于地。(《系辞下》)

第一句中"象其物宜"与第二句"圣人象之"之"象"，是动词的用法，是"模拟"，是"拟诸其形容"。"象"呈现的是天地隐微之理，也是天地对于吉凶的启示。对于《周易》哲学来说，吉凶并不是在天地万物之间隐而不显的，它在"象"中得到呈现。"圣人象之"，即模拟自然事象而创造卦象。《系辞》说："圣人设卦观象，系辞焉明吉凶，刚柔相推而生变化。"这里的"刚柔相推"也就是"一阴一阳之谓道"，然而由于"百姓日用而不知"，所以就需要圣人设卦系辞以明吉凶。君子观象而玩其辞、观象而玩其占，则是由卦象达到自然之象。这也正如王弼说的那样："象生于意，故可寻象以观意。"(《周易略例·明象》)"象"是达到"意"的特殊方式。周易的"观象"并没有停止在"象"的在场之中，而是达到不在场的"意"。虽说"意"是超越在场的不在场之物，但它又通过"象"呈现出来，从这个方面又是在场的。

君子能够在观象中玩其辞且玩其占，这也就是说卦象有"见"的特点，"见"有"现"与"见"两个意义。所以，有"意"的"现"，才有观者的"见"。《周易》中说:"是故易者,象也;象也者,像也。"《周易》的根本就在于卦象,而卦象的根本在于模拟物象。模拟之象,亦是象征,象征即是以物达理。

这还涉及"见"与"象"的关系。《系辞上》中说:"见乃谓之象,形乃谓之器。"这又涉及"象"与"形"的区别。《系辞上》还说:"在天成象,在地成形,变化见矣。"这是说天地之变化是通过"象"和"形"而得到呈现的。但是如果我们细致分析的话,"象"与"形"这两个概念是有区别的。刘师培说:"盖象与形不同,形属于质体,象属于形容,故成象与成形并言。"①"形"是属于实体的,但是我们却无法直接把握到这个客观的"形",必须通过"象"而在观念中重新构造成新的"形"。也就是说,这里面包涵着一个逻辑的进展。既然外物呈现给我们或者说直接给予我们的只是"象",那么我们是不是可以达到对那个"器"的认识?这是肯定的。前提就是"象"必须构造为"形"。当然这个由"象"构造的"形"不是直接给予的,而是在观念中构造的,它只存在于观念中。

我们可以说,"形"是处于"道"与"器"之间的东西。《系辞上》说:"形而上者谓之道,形而下者谓之器。"孔颖达解释说:"道是无体之名,形是有质之称。凡有从无而生,形由道而立,是先道而后形,是道在形之上,形在道之下。故自形外已上者谓之道也,自形内而下者谓之器也。"②与"象"相比较,"道"、"形"、"器"三者侧重于事物的客观方面;而"象"则是客观事物对于主体的呈现,有了主体参与的建构。"器"是以"形"的方式存在于时空当中,或者也可以说"器"是事物的"形"背后的质料;而"道"则是超越事物的"形"的形上因素,是"器"存在的根据和运动的规则。主体则是通过"象"与事物的"器"和"道"打交道。

进一步讲,我们看到的"象"离不开"形",它其实就是"形"向主体的呈现,而"形"则是"象"的进一步建构。如一个正方体的箱子,它那几何式的"正方"是它的"形",但是我们的直观无论如何也不能直接把握到这个"正方"的"形",或者说这个"正方"的"形"无法以完整的形式呈现给观者。我们只能在观念中构造成为一个"正方"的"形"。但事实上,我们在观念中由"象"构造的"形"与事物本身那个客观的"形"又是不能等同的。我们观念中构造的那个"正方"的"形"与箱子

---

① 刘师培:《经学教科书》,上海:上海古籍出版社,2006年,第180页。
② 《十三经注疏》整理委员会整理,李学勤主编:《十三经注疏·周易正义》,第292页。

本身的所谓"正方"的"形"总是有差别的。另一方面，如果这个箱子始终是以某种特定的"象"给予我们的话，我们便始终构造不成它的这种"形"。日月星辰对于我们来说正是处于这样的位置。反之，如果对象以不同的"象"展示给直观，直观便将这些"象"构造成"形"。那么这时物就成为"物"了，也就是"器"了。

我们说"天象"，但不说"天形"；我们说"地形"，但不说"地象"。这是由于"形"与"象"确实存在着区别。就日常的观察而言，日月星辰，我们只能看到单维的"象"，它们只是单维的可给予性；而山川动植，我们就能看到多维的"象"，这些多维的可给予性便可以构成物的"形"。所以朱熹说："'象'者，日月星辰之属；'形'者，山川动植之属。"① 由"象"到"形"是可给予性的丰富与构造。张载说："象成而未形。""象"是半实半虚的，实是说样态有了，虚是说还没有成器。这是"象"与"形"的区别。

在《周易》中，与人直接产生关系的是"象"。《系辞上》说："崇效天，卑法地。"天地是效法的对象，但是天地所直接给予效法者的是"象"。"圣人象之"，也就是圣人"观象"而"立象"。所观为天象，所立为卦象。《系辞上》说："成象之谓乾，效法之谓坤。"天地被人效法的方式在《周易》这里首先要转化为乾坤之象。这种转化当然是由圣人来完成的。《系辞上》说："仰以观于天文，俯以察于地理，是故知幽明之故。"圣人观察天地，是观察天地的文理，"文"与"理"是天地所呈现的形象，在这些"文"、"理"之中隐藏着天地的"幽明之故"。这是圣人设卦的前提，也是一种观象（文、理）。圣人立象的方法是"象"（模拟）。《系辞上》中反复说："是故圣人有以见天下之赜，而拟诸其形容，象其物宜，是故谓之象。"《系辞下》中则说："古者包牺氏之王天下也，仰则观象于天，俯则观法于地，观鸟兽之文与地之宜，近取诸身，远取诸物，于是始作八卦，以通神明之德，以类万物之情。"其最终目的是"通神明之德、类万物之情"。卦象与实体是相联系的，它们联系的中介是物象。天地精神是由人的"观"以"象"的方式而直接地呈现出来，这也就保证了人对其效法的可靠性。所以，我们也可以说，"象"是一种近似于海德格尔所说的"形式的显示"的存在方式。

这里，"圣人则之"、"圣人象之"的目的是通过效法天地达到人与天合的境界。孰为尺度？非天莫属。古希腊智者派的普罗泰戈拉说："人是

---

① 朱熹：《周易本义》，廖名春点校，第221—222页。

万物的尺度，是是其所是的事物的尺度，也是不是其所不是的事物的尺度。"① 这句话通常被视为西方人类中心主义的最初萌芽。相较而言，《周易》哲学却显出了不同的特色。尽管《周易》中的"观"也是一种具有主客二分模式的对象性行为，但是这种"观"却并没有使它的主体成为一个绝对的主体，原因是那个所"观"的对象"天地"是人所效法的。天行健，地势坤；乾道自强不息，坤道厚德载物。所以，尽管"观"是一种对象性的接受方式，但那个"观"的主体"我"却并没有得到扩张。我们说，倒是由于效法天地的目的，"观"则成了天人相合的重要前提条件。

在《周易》哲学中，人们之所以坚信天地的给予性是可信仰的，就在于这种给予性中包涵着天地秩序的确定。《周易》说："天尊地卑，乾坤定矣。"我们可以把胡塞尔的"原初给予性"（original givenness）这一概念从认知的逻辑中解脱出来而赋予其存在的逻辑，那么天地的呈现则可以说是唯一的原初给予性，而对天地的直观则是最为原本的被给予的直观。胡塞尔说："每一种原初给予的直观都是认识的合法源泉，在直观中原初地（可说是在其机体的现实中）给予我们的东西，只应按如其被给予的那样，而且也只在它在此被给予的限度之内被理解。"② 但《周易》的"观"不是建立在胡塞尔式主体性的基础上，所以它达到的不是知识的可靠性。由于这种直观是建立在生命存在维度上的，所以它达到的是一种生存的可靠性。我们不仅可以在伦理意义上观"生"与"养"，而且还可以在哲学的意义上直接把握作为天地万物之情的"感"、"萃"、"恒"。这样，人的"观"不仅是以人的理性之光照亮天地，更是人自然地处于天地澄明之中。

六、"观"在后世的审美建构

我们知道，在《周易》这里，"象"即是事物的"形"对于人的显现，是人对于外界事物客观形式的重构。其实，现代哲学与美学中常说的"形式"倒更接近这个"象"，并且这样的"形"、"象"本身就是具有审美素质的结构。也正是这个原因，康德在他的《纯粹理性批判》中用鲍姆嘉通

---

① 第欧根尼·拉尔修：《名哲言行录》，马永翔译，长春：吉林人民出版社，2003年，第588页。
② 胡塞尔：《纯粹现象学通论：纯粹现象学和现象哲学的观念（Ⅰ）》，李幼蒸译，北京：中国人民大学出版社，2004年，第32页。

创造的"Aesthetica"这个词来表示先验的"感性",这就暗含着人的先验感性本身就有审美的成分。如果我们从这个方面考虑,《周易》对于"象"、"文"的观看在其基本层面就是审美的。也正是因为这样,中国古典审美方式从《周易》中"观"的哲学得到了丰厚的营养。这里我们主要从三个方面考察《周易》对于后世审美的影响,或说是后世对于《周易》的"观"进行的审美的、诗性的建构。

(一) 仰观俯察的审美视线

就《易传》作者来说,卦象的形成源于伏羲观象于天、观法于地,但从历史考古的角度来说,这种创制的真实性当然是值得怀疑的。① 但是这种解释的真实性问题实际上已经无关紧要了,因为后世基本上都接受了文献上的这种阐释,并且使得这种阐释在文化发展中形成了一种"效果历史"(effective history)。伏羲画八卦已经不是一件能否经得住历史考证的事情,而是一件大家都愿意认可其为真实的事情。这样,伏羲画八卦就具有了一种特殊的神话学意义。

由于仰观俯察在《周易》文本中呈现为伏羲画卦取资的方式,所以这就成为中国古代文人所崇尚的经典观看方式。我们可以这样说,如果没有《周易》中的仰观俯察,中国古典式的审美恐怕会是另外的样子。我们试看这种仰观俯察的方式是怎样进入关于审美与艺术的讨论当中的。

在这个过程中,我想首先需要关注的就应该是许慎的《说文解字》。《说文解字·叙》在开头讨论文字的产生时便上溯于此:"古者庖牺氏之王天下也,仰则观象于天,俯则观法于地,视鸟兽之文与地之宜,近取诸身,远取诸物,于是始作《易》八卦,以垂宪象。"我们知道,文字对于一种文化是具有重要意义的,而这里如果将文字的产生与伏羲仰观俯察联系起来,那它对于华夏文化当然就会产生极大的影响。不仅如此,在华夏文化中,文字本来就是比较特殊的,因为它不仅是一种记录的工具和符号,而且在很早就成为一种文人进行审美欣赏的对象。

中国古代专门的艺术理论中,书论的出现是比较早的。较为著名的,在秦代就有李斯的《用笔法》。其后,汉代崔瑗在《草书势》中说:"书契

---

① 1985 年在凌家滩遗址墓葬 M4 发掘出来的玉版上刻画有圆圈和向四周放射的线条。这些符号被学界认为是凌家滩人画的原始八卦。当然,这种看法是否确凿,它与文献中的八卦是否有关联,尚需探究。

之兴，始自颉皇。写彼鸟迹，以定文章。……观其法象，俯仰有仪。"①蔡邕《篆势》中说："鸟遗迹，皇颉循。圣作则，制斯文。"② 书论中这样的追溯不胜枚举。尽管其中多言仓颉，但也无关大碍，毕竟仓颉也是黄帝的史官。刘勰在《文心雕龙》中也讲了文章之本。他说："仰观吐曜，俯察含章。"（《文心雕龙·原道》）这是获得天地之美的根本途径，由此方有文章之美。张彦远在《历代名画记》中也将绘画之产生追溯至庖牺轩辕，并提出书画的作用同是传达天地圣人之意。他也说："颉有四目，仰观垂象。"由此可见，古人喜欢将艺术产生的根源上溯到这种仰观俯察的话语之中。

仰观俯察，所观何物？《周易》说："仰则观象于天，俯则观法于地，观鸟兽之文，与地之宜。"所观之象，为鸟兽之文。细究起来，所谓鸟兽，并非真正的飞禽走兽，而是天文所说的星之四象。《周易集解》引陆绩解释："谓朱鸟、白虎、苍龙、玄武四方二十八宿经纬之文。"③《周易》又说："仰以观于天文，俯以察于地理。"王夫之说："'天文'，日月星辰隐见之经纬；'地理'，山泽动植荣落之条绪；雷风，介其间以生变化者也。"④ 所以，在《周易》这里，所谓仰观俯察还是天文地理意义上的，但这并不影响后人从中得到审美上的灵感，况且这种仰观天文、俯察地理本身包含的形式构造就具有审美意义。

最早将"仰观俯察"合而连用的可能是汉代易学家京房。他在《京氏易传》中说："夫易者象也，爻者效也。圣人所以仰观俯察，象天地日月星辰草木万物，顺之则和，逆之则乱。"⑤ 不过这里有个问题，仰观俯察本是圣王之事，尤其先秦文献，凡说仰观、俯察，所涉定为伏羲，抑或天子君王。如果它能够进入审美，就需要有个在主体上得到扩展的过程。所以，仰观俯察的主体也需要有一个从圣人到士人的转化。在这方面，可能首先是嵇康开拓了"仰观俯察"的使用对象。他在《养生论》中说："害成于微，而救之于著，故有无功之治。驰骋常人之域，故有一切之寿。仰观俯察，莫不皆然。以多自证，以同自慰，谓天地之理，尽此而已矣。"⑥他的意思是仰观俯察天地万物，莫能例外。

---

① 房玄龄等：《晋书》，北京：中华书局，2000 年，第 698 页。
② 同上书，第 697 页。
③ 李鼎祚集注：《周易集解》，王鹤鸣、殷子和整理，第 264 页。
④ 王夫之：《周易内传》，李一忻点校，第 422 页。
⑤ 郭彧：《〈京氏易传〉导读》，济南：齐鲁书社，2002 年，第 132 页。
⑥ 嵇康著，戴明扬校注：《嵇康集校注》，北京：人民文学出版社，1962 年，第 153 页。

如果不太严格地说,其实孔子那里已经有了这种拓展的味道了。《大戴礼记·少闲》中记孔子语说:"庶人仰视天文,俯视地理,力时使以听乎父母。"尽管也是天文、地理,但是一视一观,在先秦时期差别就大了。不过这种仰观俯察的话语进入艺术创作,也并没有完全拘泥于这样的表述。只要能够体现这种审美视线的丰富,用什么样的措辞并不那么重要。当然,这时观察的对象已经不再是天象地形了,而是鸢飞鱼跃的自然大化。《诗经·大雅·旱麓》中有:"鸢飞戾天,鱼跃于渊。"《中庸》解其说:"言其上下察也。"这种审美视线尤其在汉魏六朝得到了极大地丰富。一俯一仰,一观一视,皆为富有生机之自然。如:

  俯观江汉流,仰视浮云翔。(苏武《诗四首》)

  俯临清泉涌,仰观嘉木敷。(何劭《赠张华诗》)

  俯仰乎乾坤,参象乎圣躬。(班固《东都赋》)

  俯视清水波,仰看明月光。(曹丕《杂诗》)

  俯察渊鱼游,仰观双鸟飞。(郭遐周《赠嵇康诗三首》)

  仰望碧天际,俯磐绿水滨。(王羲之《兰亭诗》)

这种仰观俯察的审美视线也深刻地影响了中国古典美学中的亭台楼阁观赏体系。亭台楼阁体系中,出现最早的当为台。前文对台已有阐述。在战国时,台就具有了观赏的功能,但那时还主要是君王为炫耀自己的权力,所以这种赏玩并不被士人所赞赏。亭台楼阁审美体系中,最重要的环节就是台了。张法先生说:"站在台上,仰可观天,俯可观地。既可触发一种深邃的宇宙人生意识,也可产生一种人在天地中的亲和感受。"① 这也是中国古代登高诗文中的核心情怀。

对于"亭",应劭《风俗通义》说:"谨按:《春秋》、《国语》:'疆有寓望。'谓今之亭也,民所安定也。"② 按照应劭这种说法,亭这种建筑大约出现于春秋时期。刘熙《释名》说:"亭,停也,亦人所停集也。"亭之为行旅停留之所。对于"楼",《史记》中说:"方士有言'黄帝时为五城十二楼,以候神人于执期,命曰迎年'。"③ 这样的话,楼又出现于亭之前。

---

① 张法:《中国美学史》,第 38 页。
② 应劭著,王利器校注:《风俗通义校注》,北京:中华书局,1981 年,第 493 页。
③ 司马迁:《史记》,第 408 页。

这个亭台楼阁审美体系的形成也可能受到了孔子的推动。《韩诗外传》中说:"孔子游于景山之上,子路子贡颜渊从。孔子曰:'君子登高必赋,小子愿者何?言其愿,丘将启汝。'"① 这可能引发了士人们在登高时的赋诗之兴。如曹植《铜雀台赋》说:"从明后而嬉游兮,登层台以娱情。"② 这足以说明台的娱乐功能了,而这种娱乐自然也就包含着一种审美情怀。再如王粲的《登楼赋》、王羲之的《兰亭诗序》、陈子昂的《登幽州台歌》、王勃的《滕王阁序》已经成为这种审美体系中所形成的艺术作品的典范。

在绘画上,这种审美视线也有更为明显的体现。沈括所说的"以大观小"就是这种仰观俯察的产物。"以大观小"是一种"远望"。就此,徐复观说:"由远望以取势,这是由人物画进到山水画,在观照上的大演变。"③ 中国山水画实际就是对于山水的观赏,观赏山水的远望,不是通常水平视线的远望,而是登山临水的远望。这样,就可以望见在平地上所不能望见的山水的深度与曲折。"大"是观者的心胸,"小"是山水的景象。这样,画者就可以将辽阔的天地纳入笔端。

(二) 观物取象的审美内涵

在仰观俯察的视线中,还蕴含着华夏民族独特的审美创造精神。我们再一次回到《周易》中的那段经典阐述:"古者包牺氏之王天下也,仰则观象于天,俯则观法于地,观鸟兽之文与地之宜,近取诸身,远取诸物,于是始作八卦,以通神明之德,以类万物之情。"这种上观下察,也是一个形象创造的过程。在这种"观"中,还有一种"取"。进而言之,"观"本身就是"取"的过程。后人从中提炼出"观物取象"。这成为中国古典审美创造话语的重要资源。

所谓"观物取象",就是说,我们所观的是"物",但实际上得到的是"象"。其实我们也可以说,观物就是观象,而观象的过程实际上也是一个取象的过程。虽然《周易》中没有直言"取象",但与《易传》作者不远,已有如此表达。荀子说:"上取象于天,下取象于地,中取则于人,人所以群居和一之理尽矣。"(《荀子·礼论》)《礼记》中也有相似表述。荀子所言,显然就是由《周易》而出。事实上,主要也是由于《周易》的影响,"象"成为中华文化中重要的表征方式。

---

① 赖炎元注译:《韩诗外传今注今译》,台北:商务印书馆,1979年,第311页。
② 严可均辑:《全三国文》,马志伟审订,北京:商务印书馆,1999年,第134页。
③ 徐复观:《中国艺术精神》,北京:商务印书馆,2010年,第316页。

盖由此因，王树人先生在《回归原创思维》一书中用"象思维"来概括华夏文化的这个特点。"象"的确在华夏民族思维中占有重要位置。但严格说来，"象"本身并不是思维，就像西方哲学中的概念本身不是思维一样。同样，就像概念的获取要通过抽象一样，中国哲学中"象"的获取要通过"观"的方式。概念构成思维主要通过命题和推理；而"象"构成思维依靠的则是"象"之间的相类，并且这种相类也是通过"观"的方式来实现的。《周易》中说"以类万物之情"，这个"类"才是"象"与"物"之间关系的思维表现。

在此基础上，我们从两个方面分析"观物取象"所蕴含的审美因素，以及其对于中国古代艺术观念所产生的影响。并且我们将会看到，在这些艺术观念中，塑造诗性人生的诉求也是非常明显的。

首先，《周易》中所说的观天察地，也就是一个"近取诸身，远取诸物"的过程。这个"取"，就是"构象"，其实也是一个格式塔的过程。所以，"取"的行为，也是一个新的构造。胡雪冈说："'取'就是在'观'的认识基础上，对'象'的一种提炼和创造，并使用了形象摹拟的方法。"① 这样，"取象"本身就有了审美的色彩。

这种"取象"的方式，首先在画学中有重要的体现。郭熙在《林泉高致》中提出"身即山川而取之"的观照方式。这其实就是《周易》的"观物取象"在绘画中的具体落实。郭熙之子郭思为《林泉高致》作序，就是把绘画之源推到先秦礼乐文明，其中尤其重视《周易》中观象画卦的影响。其实，绘画中的图像与卦象是完全不同的两种"象"，但是对于古代画家来说，这种不同并不重要。他们普遍将绘画溯源于《周易》，主要目的还是要以此确立绘画在文化中的不凡地位。

在《林泉高致》中，郭熙提出了所谓看山水之"体"。这就是林泉之心。如何看山水呢？郭熙说："山水，大物也。人之看者，须远而观之，方见得一障山川之形势气象。"② 远观山水，方可把握山水的整体气象。郭熙讲"身即山川而取之"的方法，是以举画花画竹为例来说明的。

他说："学画花者，以一株花置深坑中，临其上而瞰之，则花之四面得矣。学画竹者，取一枝竹，因月夜照其影于素壁之上，则竹之真形出矣。学画山水者何以异此？盖身即山川而取之，则山水之意度见矣。真山

---

① 胡雪冈：《意象范畴的流变》，南昌：百花洲文艺出版社，2002年，第31页。
② 《中国书画全书》编纂委员会编，卢辅圣主编：《中国书画全书（一）》，上海：上海书画出版社，1993年，第497页。

水之川谷，远望之以取其势，近看之以取其质。"① 学习画花，要将花置于深坑中，然后在坑的上方俯瞰，这样就可以看到花的四面。这与他前面所说要远看山水是一致的。这样便于画出对象的整体气象。这种观看的方法，正好与后来沈括所说的"以大观小"是一致的。把花放置在深坑之中，就有了以大观小的效果，同样，远望山水，也就有了以大观小的效果。学习画竹，在月夜将竹枝映于墙上，这样就得到了竹的"真形"。显然，郭熙说的这个"真形"，其实就是竹子的"象"，而并不是我们直接观看竹子而获得的形象。郭熙的这个办法，正是《周易》中"取象"之法的艺术运用。

对于画山水，郭熙又将"取象"分成两个方面：远观是取势，近观是取质。郭熙的这个看法应该是受到了五代画家荆浩的影响。荆浩在《笔法记》中说："画者，画也。度物象而取其真。"② 绘画中的"象"，要表现出山水的"真"。什么是"真"呢？他说："真者，气质俱盛。"③ 在郭熙这里，"势"是山水整体的气象和姿态，"质"则是山水细部的不同特征。总的来说，郭熙重远望，所以他提出高远、深远和平远这"三远"之说。郭熙的"三远"与沈括的"以大观小"具有同样的理论渊源。

此外，这种"取象"的观念在中国古典诗学理论中也有体现。王夫之说："天地之际，新故之迹，荣落之观，流止之几，欣厌之色，形于吾身以外者化也，生于吾身以内者心也；相值而相取，一俯一仰之际，几与为通，而浡然兴矣。"④ 王夫之的阐发显然与《周易》有着紧密的关联。由于王夫之是在阐发诗歌创作时诗人与自然的关系，所以他的阐述与《周易》也就有了一些区别。《周易》只是讲圣人对于物象的单向取法，而王夫之则是说诗人与自然的相互感应。

如果说古代画学理论中的"取象"主要还是一种创作方式，那么我们可以说，在王夫之的诗学理论中，"取象"已经突破了单纯的创作方式，更是实现了人与自然相统一的诗性生存境界。并且，诗也是要表现这样一种境界。

其次，与"观物取象"相联系，《周易》中还有一个"立象尽意"的命题。这个命题影响中国古典美学产生了"意象"这一传统。

---

① 《中国书画全书》编纂委员会编，卢辅圣主编：《中国书画全书（一）》，第498页。
② 同上书，第6页。
③ 同上。
④ 王夫之：《诗广传》，王孝鱼点校，北京：中华书局，2009年，第68页。

在《周易》中，尽管还没有形成"意象"一词，但"意"与"象"已经具有了一种内在的、本质的关联。《周易·系辞上》中说："子曰：'书不尽言，言不尽意。'然则圣人之意，其不可见乎？子曰：'圣人立象以尽意，设卦以尽情伪，系辞焉以尽其言，变而通之以尽利，鼓之舞之以尽神。'"显然，圣人观象，其目的即在尽意。

但我们要知道，在观象与尽意之间，还有一个中间环节，就是"立象"。圣人开始观的是天象、物象，然后以此为据所立的是卦象。所以，从把握圣人之意方面说，与"意"直接相关的"象"是卦象，这个"意"是与圣人设卦立象相关的。那么，这个"意"是指什么呢？《周易·系辞上》中说："圣人有以见天下之赜，而拟诸其形容，象其物宜，是故谓之象。……天垂象，见吉凶，圣人象之。"在《周易》中，卦象是模拟天象，"意"首先是圣人通过观天象而发现的。所以，天象所呈现出来的是天地之赜、幽明之故、吉凶之动、生生之德。这就是圣人之所见并欲在卦中所欲尽之"意"了。

所以，圣人立卦象的主要目的并不是要人停留于所画之卦上。观卦象，首先要看到圣人所摹拟的自然之象或人事之象。《周易》中讲得比较明确的，如鼎卦和小过卦。鼎卦《彖》说："鼎，象也。以木巽火，亨饪也。"显然，鼎卦中有鼎之象。小过卦《彖》说："有飞鸟之象焉，飞鸟遗之音，不宜上，宜下，大吉，上逆而下顺也。"所以，小过卦中蕴含的是飞鸟之象。但是，这些象在卦的六爻中并不是直接呈现的，而是需要观卦者通过想象构造出来。同样，那些没有明确讲出来的卦其实也是要观卦者构造一种"象"。如乾卦中真正的卦象是"龙"。乾卦《彖》说："大明始终，六位时成，时乘六龙以御天。"《系辞下》说："八卦成列，象在其中矣。"卦直接呈现给我们的是卦爻组成的符号，而真正的卦象需要观卦者根据卦爻进行一种想象的构造。

然后，观卦者在构象过程中就要明白"象"中所蕴含的圣人所欲尽之"意"。这其实也就有了"意象"。但是，天的"象"本身其实是无所谓吉凶的，吉凶是人的一种意向性的构造。并且，这种意向性是一种纯粹的意向性（pure intentionality）。也就是说，这种吉凶之"意"不会体现在具有客观性的"象"中，而只是蕴含在纯粹意向性构造的"象"中。这才有了"意象"。

但是，"意象"一词形成之后，其意义与《周易》却有了很大差别。"意象"一语最早盖见于王充《论衡》。他在《乱龙》篇中说："夫画布为熊麋之象，名布为侯，礼贵意象，示义取名也。"① 在射箭的靶子上画上熊、麋、虎、豹等物，这是"象"；画上这些物类的布名为"侯"，用来表示无道诸侯，这是"意"。所以，王充"意象"是对礼乐文化的一个解释。

从刘勰《文心雕龙》开始，"意象"一语便进入了中国古代文论，他在《神思》篇中说："独照之匠，窥意象而运斤。"② 这个"意象"在存在方式上，其实与《周易》中的"意—象"与《论衡》中的"意象"并没有什么本质性的区别。刘勰说，文思之运，"视通万里"。这里的"视"当然不是真实的视觉，而是一种想象性的视觉。"窥"，也就是这样一种想象性的视觉。"窥意象"则是这种想象性的视觉在纯粹意向性中的构造。在刘勰这里，"意"还不是指"情"。他说："意翻空而易奇，言征实而难巧也。是以意授于思，言授于意；密则无际，疏则千里。"③ 思落实于意，意落实于言。这"意"主要还是语言的意义。

到了后世诗学，"意象"便被规定为情景交融。刘勰认为，文章的写作要避免"言征实"。与他这种观点相呼应，明代王廷相从这个立场出发规定了诗的本体。他在《与郭价夫学士论诗书》中说："言征实则寡余味也，情直致则难动物也，故示以意象，使人思而咀之，感而契之，邈哉深矣，此诗之大致也。"④ 在他看来，诗就是诗人将情感蕴含在生动的形象当中，这就是诗的"意象"。

恽寿平（号南田）在《祝漱庵先生诗》小序中说："一草一树，一丘一壑，皆漱庵灵想之所独辟，总非人间所有。其意象在六合之表，荣落在四时之外。"⑤ 意象不存在于具体的时空当中，或者说它超越了具体的时空存在。意象世界是在物理世界之外的。所以，他也有这样一个意思，意象是一种纯粹意向性的构造。但是恽南田的这段话其实还没有涉及"意"的内涵。方士庶在《天慵庵随笔》中说："山苍树秀，水活石润，于天地之外，别构一种灵奇。"⑥ 水的"活"，石的"润"，在物理世界是不存在的，这样的特征也是一种纯粹意向性的构造。这个"活"与"润"，就是水与石这些"象"在经过纯粹意向性的构造而具有的"意"。这也就形成了"意象"。这种"意"，是一种"生意"。诗人在创造"意象"的同时，

---

① 黄晖校释：《论衡校释》，北京：中华书局，1990 年，第 705 页。
② 刘勰：《文心雕龙》，戚良德注说，开封：河南大学出版社，2008 年，第 224 页。
③ 同上书，第 225 页。
④ 王廷相：《王廷相集》，王孝鱼点校，北京：中华书局，1989 年，第 503 页。
⑤ 恽寿平：《瓯香馆集》，吕凤棠点校，杭州：西泠印社出版社，2012 年，第 101 页。
⑥ 方士庶：《天慵庵笔记》，北京：中华书局，1985 年，第 2 页。

也建构了一种诗意的生存方式。

（三）从观其生到观其生意

对于《周易》来说，《传》对于《经》进行了深刻的哲学开掘，这体现在诸多方面，其中在"生"这个概念上就得到了充分的体现。按照历代注家，《观》卦中的"生"只是一个体现君子道德修养的概念，但是在《系辞》中却成了一个体现《周易》之根本的概念。《系辞上》说："生生之谓易。"《系辞下》说："天地之大德曰生。"而以此为中介，观卦中的"观生"在后代哲学中被发展出"观生意"这个极具生存境界的命题。

其实，"生生"之语并非起于《易传》，《尚书·盘庚》中便有多处使用。《盘庚》中篇说："汝万民乃不生生。""往哉，生生！"下篇说："朕不肩好货，敢恭生生。""无总于货宝，生生自庸。"这些"生生"，意思皆为"营其生、谋其生"。然而，"生生"在《周易》中却有了全新的哲学意蕴，这就是《传》对于《经》中"生"的概念的哲学开拓。

我们知道，《周易》中的"观生"在《观》卦中有"观我生"与"观其生"。这个"生"是身之所动出与进退。当"生"有了"易"的意义，也即是"生生"，"观生"也就有了新的意义。其实，孔颖达已经将这两种意义的"生"联系起来了。他在《观》卦六三爻辞正义中就说："道得名'生'者，道是开通生利万物，故《系辞》云'生生之谓易'，是道为'生'也。"① 北齐的颜之推曾写有《观我生赋》，这就是《周易》之"观生"思想产生变化的一个体现。② 在他这里，"生"是"生之浮沉"，这无疑已经大大拓展了"观生"的意蕴，并且这也算是一种美学上的开拓。

当然，对于《周易》"观生"的发挥，最为出色的应该算是宋代理学了。他们的发挥不仅是哲学的，同时也是美学的。在这种诗性建构中，起了主要推动作用的当首推二程。二程在吸收《大学》、《中庸》思想的基础上重新回归《易传》的义理之学，并且提出"天理"作为他们哲学的核心概念。他们认为"天理"是天地万物的最终根源和最高准则。二程说："万物皆只是一个天理，己何与焉？"③ 所以，"观"的行为到了他们这里就是观天理了。他们说："观天理，亦须放开意思，开阔得心胸，便可见，

---

① 《十三经注疏》整理委员会整理，李学勤主编：《十三经注疏·周易正义》，第99页。
② 参见《北齐书》第四十五卷《文苑传》。
③ 程颢、程颐：《二程集》，王孝鱼点校，第30页。

打揲了习心两漏三漏子。"① "放开意思"就是开阔自己的胸襟，这意思相当于张载的"大其心"。只有开阔自己的胸怀，才可以见到天理。

二程的观天理中还包涵着一层意思是"观生意"，而这种"观生意"思想的最早源头当然就是《周易》了。在我看来，二程之所以能够发展出这样的理论，是由于《周易》本身所包含的这样三层意思：一是《观》卦中有"观我生"与"观其生"的说法。二是《系辞》又说"生生之谓易"、"天地之大德曰生"。由此可见，"生"在《周易》哲学中的地位，它不仅是"易"的基本内涵，也是天地的基本精神。三是《周易》哲学主张通过观象达到天地精神。这样，《周易》本身实际就已经包含了"观生意"的思想，只是没有明确地表述出来。到了宋代理学这里，"观生意"便成为理学家们重要的理论追求和生活践履。

不过，二程观生意的思想也有其直接的渊源，这就是周敦颐和邵雍。程颢就说过："周茂叔窗前草不除去。问之，云：'与自家意思一般。'"② 朱熹反对对周子这种境界进行理论解释，他认为到了这步田地自然可以理会。但是我们非要做些解释的话，这意思主要是说，天地之间都有着相通的一种"生意"。邵雍《击壤集·首尾吟》中有诗云："大凡观物须生意，既若成章必见辞。"③ 这样，二程非常重视观生意则是自然而然的了。程颢说："万物之生意最可观，此元者善之长也，斯所谓仁也。人与天地一物也，而人特自小之，何耶？"④ 生意外现于天地万象，所以观天地万物也即是观天地之生意。这也是二程格物的核心，而二程的格物穷理亦在于达到人生的超越。

二程还提出"气象"这个概念。这样，"气象"也成为了观物观人的重要内涵。程颐说："今观儒臣自有一般气象，武臣自有一般气象，贵戚自有一般气象。不成生来便如此？只是习也。"⑤ 这是观人，如此还有"圣贤气象"的追求。程颢则说："观天地生物气象。"⑥ 这就是观物了，程颢这里将气象与生意联系起来，显然丰富了理学观物思想的内涵。

此外，他们还强调观物之前胸次的陶养，这就是"静"。这不仅远承了先秦儒道的虚静理论，而且近承了周敦颐的"主静"观点。程颐说：

---

① 程颢、程颐：《二程集》，王孝鱼点校，第33页。
② 同上书，第60页。
③ 邵雍：《邵雍集》，郭彧整理，第520页。
④ 程颢、程颐：《二程集》，王孝鱼点校，第120页。
⑤ 同上书，第190页。
⑥ 同上书，第83页。

"静后，见万物自然皆有春意。"① "春意"也就是"生意"。要想观得生意，需有胸次的陶养。程颢《秋日偶成》诗云："闲来无事不从容，睡觉东窗日已红。万物静观皆自得，四时佳兴与人同。道通天地有形外，思入风云变态中。富贵不淫贫贱乐，男儿到此是豪雄。"② "万物静观皆自得"，静观达到的是一种万物自得之趣，万物成其为万物，不再施加人的压力。实际上，这样具有自得之趣的万物仍然是人的意识世界中的万物。也就是说，意境永远是一种心造之物。只不过这时人与物的关系成了张载说的"物吾与也"的状况，没有了人的文化施加的压力的痕迹，但这仍然隐蔽地包裹在人的世界之中。

朱熹也是将"理"作为天地的最高本体，并且对于"理"的掌握则是人生修养的重要环节。他也主张"观理"，他提出观理的前提必须要"持敬""虚心"，并且，他还主张要切实地"看"，方能掌握这个"理"。他说："理会道理，到众说纷然处，却好定着精神看一看。"③ 还说："看理到快活田地，则前头自磊落地去。"④ 也就是说，必须保持了那颗持敬而虚静的心，方能定着精神、快活磊落地去看。在朱熹看来，直接地去看理是第一义的事情，而读书则是第二义的事情。这读书最终也是为了达到那个理。所以，他说："读书以观圣贤之意；因圣贤之意，以观自然之理。"⑤ 观圣贤之书只是达到理的桥梁，且不可为读书而读书。

朱熹又将"心"提高到"理"的高度。在朱熹看来，理是天地的主宰，是最高的实体，而心则是这个主宰的"意"，也就是理的精神所在。所以，他强调说："心固是主宰底意，然所谓主宰者，即是理也，不是心外别有个理，理外别有个心。"⑥ 心与理不是两个外在实体之间的关系，而是说理的精神即是心。同时，朱熹也规定了这个"心"的内容，他认为这个"心"的内容则是"生物"。他说："天地以生物为心。"⑦ "生物"即为天地之心，这个心生化万物、滋养万物。朱熹说："天地以此心普及万物，人得之遂为人之心，物得之遂为物之心，草木禽兽接着遂为草木禽兽

---

① 程颢、程颐：《二程集》，王孝鱼点校，第 84 页。
② 同上书，第 482 页。
③ 黎靖德编：《朱子语类（第一册）》，王星贤点校，北京：中华书局，1986 年，第 158 页。
④ 同上。
⑤ 同上书，第 162 页。
⑥ 同上书，第 4 页。
⑦ 同上。

之心，只是一个天地之心尔。"① 还说："亘古亘今，生生不穷。人物则得此生物之心以为心，所以个个肖他，本不须说以生物为心。"② 人与草木禽兽同得天地之心，这个天地之心即是生物之心。如此，人心与草木禽兽之心同具生理。他说："到冬时，疑若树无生意矣，不知却自收敛在下，每实各具生理，更见生生不穷之意。"③ 观天理也就是要观到这个生物之心，也就是要观到天地无穷之生意。

在朱熹这里，天地的心又有"有心"和"无心"两个方面，天地在于"有心"与"无心"之间。"有心"说天地有一种生意，有一种活意；"无心"是说这种生意、这种活意是自然而然的，不是有意为之的。他说："今须要知得他有心处，又要见得他无心处，只恁定说不得。"④ 从其纯然自在，是为无心；而天地之草木禽兽各有生意，此乃天地之有心。他说："万物生长，是天地无心时；枯槁欲生，是天地有心时。"⑤ 又说："盖万物生时，此心非不见也。但天地之心悉以布散丛杂，无非此理呈露，倒多了难见。若会看者，能于此观之，则所见无非天地之心矣。惟是复时万物皆未生，只有一个天地之心昭然著见在这里，所以易看也。"⑥ 所以，欲见天地之心，也就要看到它的有心与无心。

朱熹又将周易的"生"与孔孟的"仁"联结起来。他说："发明'心'字，曰：'一言以蔽之，曰"生"而已。"天地之大德曰生"，人受天地之气而生，故此心必仁，仁则生矣。'"⑦ 仁，就是天地的生意、天地的生气。"仁"，就是"生"，就是"生物"，就是"生物之心"。可见，这里朱熹赋予了儒家"仁"的概念以"生"的内涵。在观天地的方式上，朱熹也吸收了张载"大心"的思想。他说："天只是一个大底物，须是大著心肠看他，始得。"⑧ 当然这也是与二程的"放开意思"的思路是一脉相承的。

对于《周易》的"观生"思想，王明居先生说："这种'生'，不仅是自然的、生物的，而且是社会的、人文的。它是一个含义深广、富于哲学意味的概念。生命之美就是浮沉在'生'的海洋之中。生命从必然王国到自由王国的不断升华、不断超越，就可达到美妙的境界。九五爻辞所说的

---

① 黎靖德编：《朱子语类（第一册）》，王星贤点校，第5页。
② 黎靖德编：《朱子语类（第四册）》，王星贤点校，第1280页。
③ 黎靖德编：《朱子语类（第五册）》，王星贤点校，第1729页。
④ 黎靖德编：《朱子语类（第一册）》，王星贤点校，第5页。
⑤ 同上。
⑥ 黎靖德编：《朱子语类（第五册）》，王星贤点校，第1790页。
⑦ 黎靖德编：《朱子语类（第一册）》，王星贤点校，第85页。
⑧ 同上书，第6页。

'观我生',上九爻辞所说的'观其生',都唱出了生命哲学的赞歌。它赞美的已远远超越了个体肉体的具体生命的存在,而是升华到生命的精神领域,特别是人的灵魂世界。肉体的超越、灵魂的升华,这就是生命之美的真谛。"①《周易》"生"的哲学中的这种生命精神在宋代理学那里得到了凸显,也正是宋代理学使得这种生命精神具有了丰富的美学意蕴,也就是成为一种生命美学精神。

---

① 王明居:《叩寂寞而求音——〈周易〉符号美学》,合肥:安徽大学出版社,1999年,第163页。

第五章 儒家：观与德性

在儒家这里，"观"主要是一个与道德修养有关的概念，其形上层面的意蕴并不突出。我们知道，西周时代的礼乐文化突出了仪式的功能，其目的是通过仪式呈现出天子王公的文明之德。但事实上，仪式与道德这二者之间并无内在的必然联系，这就有可能使得仪式成为一种道德假象而失去其真正的意义。以儒、道为代表的先秦诸子大多看到了这种危机，所以他们面对这种礼仪的形式主义所导致的道德失落，各自提出了不同的解决方案。既然礼乐文化本身是以仪式为其特点的，那么"观"当然也就是诸子思考的一个重点问题。其中尤其是儒家与道家，对于"观"以及与之相关的"视"进行了大量的哲学思考。在这种视域下，"视"被限定在一种纯然身体的、生理的感性层面，同时他们也赋予了"观"以不同的超越功能。如果说"观"是一种"谛视"，那么它就是一种特殊的"视"。这样，"视"也就是"观"的当然前提，对于"观"的讨论也便离不开对于"视"的考察。

一、孔子：观以知仁

孔子提出"仁"的范畴，试图以此来拯救春秋以来礼乐仪式中德性内涵的失落。孔子的目的是使人成为文质彬彬的仁人君子，通过赋予礼乐以"仁"的内涵来重新使之恢复往日的繁盛。在这种仁的规范中，孔子非常重视对观看行为的限制。在《论语》中，"观"字凡见 11 次，这些使用都是与对人的品行判断有关的。

（一）观以察隐

孔子生活的时代面临着一种"礼坏乐崩"的局面。这种局面主要体现在两个方面：首先是礼乐仪式的僭越。这在《论语》当中即有直接的描述。如：季氏舞八佾于庭，鲁大夫孟孙、叔孙、季孙三家以《雍》彻。其次是仪式内涵的失落。这主要就是当时的礼乐重文而轻质，抛弃礼之根本，有一种成为舍本逐末的形式主义的倾向。对此，孔子发出浩叹："礼云礼云，玉帛云乎哉？乐云乐云，钟鼓云乎哉？"（《论语·阳货》）在当时更为普遍的应该是第二种情况，这种礼乐内涵的失落可能是对周代礼乐制度更为严重的冲击。所以，孔子在他的道德实践中以及在对他人的道德判断中其实主要是针对于此。

对于这种礼坏乐崩的状况，我们可以借用罗兰·巴特的神话学理论来进行分析。我们可以将礼乐文化视为一种神话学体系，仪式的每一个环节都有其自身的仪式意义，这就构成了仪式本身的能指与所指。此外，仪式本身也是作为一个礼乐文化之内的能指而存在的，它的所指就是仪式施行者的内在德性。

按照索绪尔的符号学理论，能指与所指的关系是任意的、自由的。这样，我们面临的问题就是，事物始终是变化的，符号却可以固定不变，能指也就很容易成为列维-斯特劳斯所说的"漂浮的能指"（floating signifier）或说"空洞的能指"（empty signifier）。这同样也可以运用于对礼仪文化的分析当中。当礼乐文化仅仅蜕化成玉帛钟鼓之时，它们也便成了这种漂浮的、空洞的能指。这个问题也就是说，符号与事物以前的关系可能在经过时间的嬗变后已经荡然无存了。有时仪式是必要的，但是如果仪式成为一种最终的追求，那么所有仪式需要代表的东西可能就会被抛弃。然而如果我们还坚持说二者之间有那样的关系，这就是一种欺骗了。孔子强调要全面地观察一个人，而这深层就是对这种情况的强烈质疑："人焉廋哉？人焉廋哉？"（《论语·为政》）这种"廋"其实并不单是一种隐匿，更可能会成为一种失落与抛弃之后的虚假呈现。

面对礼乐文化解体的这种危机，孔子为自己确定的任务就是拯救"周礼"。朱熹在《四书集注》中引范氏说："孔子为政，先正礼乐。"① 而孔子试图正礼乐的方法就是提出"仁"这种内在的德性。孔子说："人而不仁，如礼何？人而不仁，如乐何？"（《论语·八佾》）在孔子看来，没有仁的礼乐其实也就脱离了礼的根本，因为它失去了自己的所指体系。所以孔子主张要通过各种方式的考察来判断"仁"是否具有真实的存在。也就是说，我们可以进行综合的观察以达到对于真实状况的洞察。我们看《论语》中是怎样说的：

---

① 朱熹注：《四书集注》，王浩整理，第58页。

子曰:"视其所以,观其所由,察其所安。人焉廋哉?人焉廋哉?"(《为政》)

在这里,"视"、"观"、"察"共同成为孔子建构起来的由表象到本质的观察认知体系。以,用也;由,经也;安,处也。孔子的意思是说,从视其所行用,到观其所经由,再到察其所安处。综合起来,对一个人从其行事之始到其行事之终,都要认真观察,以达到对人的所隐之情的洞察。如果在孔子这里,对于对象的观察,主要是判断对象是否具有"仁"的德性,那么这里的"观"也就首先是一个知识论的概念。如果按照符号学的理论,我们之所以能够通过各种考察来进行这种判断,是由于虚假的所指也可以通过飘浮的能指显示出来。也就是说,在这种认识中,"观"在它要实现为一种有本质性洞见的过程中就会遇到阻碍。这样,"观"之所以可以达到对事物本质的认识,也是由于有"察"对它进行补充。在《论语》中,"察"共出现3次,这些用法表示出它是一个认识论的概念。孔子的这种观人之法,要求的是一种全面性,否则,表象可能掩盖本质。这是由于人会将自己的某些方面隐藏起来。

对于"观"与"察"的区别,我们不妨看《礼记·礼器》中的一句话:"无节于内者,观物弗之察矣。欲察物而不由礼,弗之得矣。"在认识事物的本质中,在"观"之中还要有必要的"察"。由此可以看出,"观"与"察"有相通的地方,它们都是指认识事物内在的本质,具有认识论上的意义。但是,"观"与"察"不同的方面是:"观"是侧重关注事物形式方面的东西,尽管认识事物都是从现象的层面而深入;但是"察"似乎对于这种现象、形式层面的东西并不关心,而只是关心事物内在的本质是什么。由于"观"经常会突出从事物的形式而进入本质,所以,它更加重视视觉的层面。当然,在使用中它也经常成为单纯认识论意义上的概念,而忽略了对象的视觉层面的东西。在这种情况下,它与"察"也就没有什么大的差别了。

孔子对于对象的观察,是以"礼"为原则和标准的。正是因为这样,赫伯特·芬格莱特(Herbert Fingarette)认为,"礼"在孔子的阐发中呈现为一系列具有启示性的神圣意象,这是一些不可化约的重要事件。他说:"对孔子来说,正是神圣礼仪的意象统一了或融合了人的存在的所有这些维度。"① 在孔子这里，人是一种礼仪性的存在（a ceremonial being），人在礼仪中塑造着自我。

郝大维（David L. Hall）与安乐哲（Roger T. Ames）认为，孔子的哲学不是实体本体论，而是事件（event）本体论。与这两种本体论相联系的是两种秩序的建构：一种是理性的、逻辑的秩序，一种是美学的秩序。他们说："孔子的社会、政治哲学给予美学秩序以优于理性秩序的地位。"② 孔子使用的多是事件的语言，而不是实体的语言。孔子对"礼"的阐发，总是一种具体情境和行为的阐发，这与苏格拉底是有很大差别的。

（二）非礼勿视

孔子在回答弟子仲弓问仁时，说："己所不欲，勿施于人。"（《论语·卫灵公》）所以，如果我们对于他人有"仁"的要求，那么自己当然必须要努力达到"仁"的规定或者正在践行着"仁"的要求。至于如何达到"仁"，孔子对于人的基本行为提出了要求。他说："非礼勿视，非礼勿听，非礼勿言，非礼勿动。"（《论语·颜渊》）这样，孔子要求行为主体要通过视、听、言、动这四个方面对自身进行约束。但是，同"言"与"动"相比较而言，"视"与"听"二者却有着更强的双重性。也就是说，它们不仅要求主体的视听行为本身合乎礼的规范，而且要求主体拒绝将那些不合乎礼的规范的行为作为视听对象。所以，这两种行为是对于走向"仁"的双重约束。

我们知道，"视"通常是一种单纯的视觉行为，而"观"则是一种包含理性知识的观看行为。所以，"观"是建立在"视"的基础之上的。但是，如果道德规范要求我们的单纯"看"的行为都不能违背礼的规范，那么，作为具有认知深度的"观"则更加需要道德修养了。由于"视"是"观"的行为基础，所以对于"视"的约束也就是在底层上约束了"观"的行为。

这种对"观"进行约束的观点，在孔子之前已经有所阐发了。我们可以通过《左传》和《国语》都记载到的"观社"之事来说明这个问题。我

---

① 芬格莱特：《孔子：即凡而圣》，彭国翔、张华译，南京：江苏人民出版社，2002年，第12页。
② 郝大维、安乐哲：《孔子哲学思微》，蒋弋为、李志林译，南京：江苏人民出版社，2012年，第116页。

第五章　儒家：观与德性 | 141

们以《左传》为例。尽管《左传》的作者我们仍然没有定论，但是如果说《左传》的立场是与儒家基本一致的，这应该是没有什么问题的。《论语》与《左传》中对于礼的立场都是沿着周礼而来的。《春秋》说庄公二十三年："夏，公如齐观社。"《左传》说："非礼也。"杜预注说："齐因祭社蒐军实，故公往观之。"① "蒐"，按《尔雅·释诂》的解释比较符合这里的语境，应是"聚"的意思，这里是指齐国借祭社神之时阅兵，即"观兵"，这在当时是一种不合礼的行为，而庄公去观看阅兵本身也是一种不合礼的行为。《左传》引曹刿的话说："夫礼，所以整民也。故会以训上下之则，制财用之节；朝以正班爵之义，帅长幼之序；征伐以讨其不然。诸侯有王，王有巡守，以大习之。非是，君不举矣。君举必书，书而不法，后嗣何观？"（《左传·庄公二十三年》）对于天子诸侯来说，会朝征伐，必须有利于整理天下之民，而这种观看阅兵则是一种有失天子诸侯之礼的事情。所以，这里的"观"，不仅是说对于不合乎礼的事情不能去看，如果看的本身就不合乎礼当然也是不行的。这既是从对象的角度说的，也是从主体的角度说的。在孔子所说的视、听、言、动四者中，视、听二者就体现在这两个方面。

其实，在《论语》中记载的孔子对祭祀的观看就体现了主体对于不合乎礼的行为的自觉抵制。《论语》中说：

子曰："禘自既灌而往者，吾不欲观之矣。"（《论语·八佾》）

周代礼制，重在五礼。五礼之中，吉礼为首。吉礼之中，主为祭祀。祭祀有大祀、中祀、小祀三种。大祀主祭天地、五帝等大神，中祀主祭日、月、星辰、社稷、五岳，小祀主祭风师、雨师、山川之类。禘即为宗庙之祭，是为大祀。虞夏商周四代之禘、郊、祖、宗多有舛互。按照《礼记》和《国语》，我们可以认为，有虞氏与夏后氏禘黄帝，商与周禘帝喾。虞与夏都以颛顼为始祖，故而禘黄帝于颛顼之庙；殷以契为始祖，故而禘帝喾于契庙；周以稷为始祖，故而禘帝喾于稷庙。所以，禘即为祀五帝之祭，与祀天地同为天子亲行的最盛之祭。禘祀之中，最盛者即为"灌"或说"裸"。《礼记·祭统》说："夫祭有三重焉：献之属莫重于裸，声莫重于升歌，舞莫重于《武宿夜》，此周道也。"裸（灌）是在禘祭开始以鬱鬯

---

① 《十三经注疏》整理委员会整理，李学勤主编：《十三经注疏·春秋左传正义》，第275页。

之酒灌地降神。对于《论语·八佾》中所说的孔子之不欲观的对象，前代注家大多认为鲁有僭礼之嫌，孔子自灌即本不欲观。如果根据"不王不禘"这种说法，的确是鲁国僭越了周礼。但是，成王以周公有勋劳于天下，封周公于曲阜并赐鲁公以重祭，世代祀周公以天子之礼乐。所以，鲁公可行天子之礼，以此鲁行禘祭当不为僭礼。抛开这个问题，单说《论语》中的"既灌而往"，也并没有说孔子对于灌礼本不愿看。所以可以确切地作出结论的是，孔子不愿看灌礼之后的各种仪式。

对于祼礼之后孔子不欲观的原因，可以列出三种主要的解释：一是何晏引孔安国的说法："既灌之后，列尊卑，序昭穆。而鲁逆祀，跻僖公，乱昭穆，故不欲观之矣。"① 二是王弼的解释："至荐，简略不足复观，故观盥而不观荐也。"② 三是朱熹的解释："鲁之君臣，当此之时，诚意未散，犹有可观，自此以后，则浸以懈怠而无足观矣。"③ 根据周礼，祼礼之后则有九献之礼，九献之后又有加爵，所以祼礼之后并非简略。刘宝楠说得有道理："案：灌后礼文甚繁，不知何故以为简略，且圣人致敬尽礼，亦断不因简略而遂云不欲观也。"④ 所以王弼说的就显得没有说服力了。不管怎样，可以肯定的是孔子之时鲁行灌礼之后已失礼之大义，故孔子不欲观也。

其实，"视"的这种观看本身包含着一定的审美因素。根据孔子这种非礼勿视的态度，我们还可以在美学上思考这样的问题：审美在人的生活中是否具有价值的优先性？在这方面，孔子确实是可以给我们以启示的。这就是：审美并非是不需要理由的。也就是说，有时所要进行的审美观看中，我们还要考虑道德的要求。《国语》就给我们提供了这样一个例子，这就是伍举论美的事情。楚灵王造了章华台，同伍举上台，灵王对伍举夸耀台的壮观，却遭到了伍举的一番委婉的奚落。在伍举看来，对于国君来说，具有感性享乐性质的审美并不是一件值得称道的事，国君首先需要做的是服宠、安民、听德、致远。对于审美的要求是达到"无害"，而不能追求单纯的"目观"。所以，对于人的生存整体来说，单纯感性层面的所谓审美确实需要某些方面的约束。

---

① 《十三经注疏》整理委员会整理，李学勤主编：《十三经注疏·论语注疏》，北京：北京大学出版社，1999年，第34页。
② 王弼著，楼宇烈校释：《王弼集校释》，第315页。
③ 朱熹注：《四书集注》，王浩整理，第61页。
④ 刘宝楠：《论语正义》，高流水点校，北京：中华书局，1990年，第96页。

（三）观以知仁

我们提到，"观"在孔子那里是要实现一种对"仁"之品性的判断。上文提到孔子说："视其所以，观其所由，察其所安。"我们知道，其中的"以、由、安"说明了"视、观、察"体现为一种行为发展的逻辑，从人的这种行为逻辑上来判断他是否有"仁"的品性。同时，就"观"这个概念的含义来说，它的自身还包含着一个由外而内的逻辑进路。我们知道，"视"这种视觉行为必然是"观"的逻辑前提，但是"观"内在所包含的观看的层面又不是一般的"视"，而是一种"谛视"。它首先涉及的就是事物"文"的方面，它由"文"而进入到"质"的层面。这还体现为由一个人的"色"、"行"、"情"等组成的"仁"的呈现系列。

对于文与质的态度，我们首先会想到孔子说的"文质彬彬"。他反对"文胜质"或"质胜文"，但是文质彬彬也并不是生来就能够达到的，这就牵涉到孔子对于如何达到文质彬彬的途径。《论语·先进》有孔子之说："先进于礼乐，野人也；后进于礼乐，君子也。如用之，则吾从先进。"刘宝楠不同意孔安国将"先进"、"后进"解释为"仕先后辈"。刘宝楠说："愚谓此篇皆说弟子言行，先进后进，即指弟子。"① 其实在他的讨论中，我们可以看出他说的"弟子"并非专指孔门弟子，而泛指进学之子弟。进，仕也。那么孔子的意思就是没有爵禄的子弟首先要习礼乐，然后方可进仕；而已有爵禄的子弟由于世袭爵禄之故，学习礼乐定然是在爵禄之后。对于这两种情况，孔子更为倾向的则是先习礼乐，后有爵禄。与这种解释相比，邢昺与朱熹的注解则很难圆通。

孔子这种倾向于"野人"的立场，其实也是他的"质"先于（不是胜于）"文"的立场。这样我们就容易理解孔子对三代文质所作的评价了。孔子说："周监于二代，郁郁乎文哉！吾从周。"（《论语·八佾》）周代对于夏商二代之礼有所损益，其结果就是周代之礼更加接近于孔子所追求的理想境界——"文质彬彬"。从夏商二代到周代，其实也是一个从"质"到"文"的发展。《礼记·表记》中记载孔子说："虞夏之质，殷周之文，至矣！虞夏之文不胜其质，殷周之质不胜其文。"在我看来，这里的两个"不胜"是不同的：虞夏之礼质达其至，而文有不足，此为虞夏之文不胜其质；殷周之礼文达其至，而质亦近于极，此为殷周之质不胜其文。也就是说，由虞夏到商周是一个由质胜于文到近于文质彬彬的过程。

---

① 刘宝楠：《论语正义》，高流水点校，第437页。

既然孔子将文质彬彬作为一种人格修养的理想境界，那么对人的表情态度提出要求则是自然而然的了。孔子关于人的表情态度的看法，首先是体现在对"色"的讨论上。许慎《说文》释"色"说："颜气也。"段玉裁注说："颜者，两眉之间也。心达于气，气达于眉间，是之谓色。颜气与心，若合符卩，故其字从人卩。"也就是说，色是与人的心相联系的，这也是孔子把"色"与"仁"联系起来的原因。《论语》中"色"字凡 27 次，意思大多为"颜色"，即人的脸色或面部表情。孔子明确将"色"与"仁"联系起来的是《学而》中的那句话。他说："巧言令色，鲜矣仁！"（《论语·学而》）这里的"令色"并非通常的美辞，而是专指刻意地作伪，善其颜色而欲人悦之。所以，他说："巧言、令色、足恭，左丘明耻之，丘亦耻之。"（《论语·公冶长》）在孔子这里，"色"对于观人之仁是非常重要的。如《颜渊》篇第二十章：

子张问："士何如斯可谓之达矣？"子曰："何哉，尔所谓达者？"子张对曰："在邦必闻，在家必闻。"子曰："是闻也，非达也。夫达也者，质直而好义，察言而观色，虑以下人。在邦必达，在家必达。夫闻也者，色取仁而行违，居之不疑。在邦必闻，在家必闻。"（《论语·颜渊》）

这里孔子区分了子张所混淆的"达"与"闻"。孔子看来，二者的主要区别就是诚与伪之分，务实与求名之别。前者近于仁，后者违于仁。对于达者来说，除了自己具有质直而好义的品性之外，在与人交往的过程中还要察言观色。但是达者的这种察言观色不是为了迎合他人，也不是为了有加于人，而是欲以下人，以显其谦退之志。闻者多是伪作仁者之色，不顾其行违仁，而只图求其声闻。这种"色取"之仁是孔子极为反对的。

所以，"色"在达到"仁"的修养中就是极为重要的。也正是在这个意义上，子夏说："贤贤易色，事父母，能竭其力；事君，能致其身；与朋友交，言而有信。虽曰未学，吾必谓之学矣。"（《论语·学而》）对于"易色"之说，历来解释不一。邢昺的解释是："改易好色之心以好贤。"[1] 朱熹的解释为："贤人之贤，而易其好色之心，好善有诚也。"[2] 二人的解

---

[1] 《十三经注疏》整理委员会整理，李学勤主编：《十三经注疏·论语注疏》，北京：北京大学出版社，1999年，第8页。
[2] 朱熹注：《四书集注》，王浩整理，第47页。

释都类似何晏所引的孔安国之说:"言以好色之心好贤则善。"① 刘宝楠则引宋翔凤《朴学斋札记》中的话说:"三代之学,皆明人伦。贤贤易色,明夫妇之伦也。"② 但宋氏以《关雎》之义为证是缺乏说服力的。夫妇为人伦之始,但却不能为修身之始。在我看来,"易色"这两个词不能解释为"改变好(女)色之心","易"应与"易直子谅"中的"易"同义。孔颖达在《礼记正义》中说:"易,谓和易。"③ "易"即是和悦、平易之意,"易色"即和易之颜色。《八佾》中有林放问孔子礼之根本,孔子说:"大哉问!礼,与其奢也,宁俭;丧,与其易也,宁戚。"这里的"易"与"戚"同是两种"色"。

毋庸置疑,"色"在人格修养的过程中是极为重要的。《为政》篇中有子夏问孝之事。孔子说:"色难。有事弟子服其劳,有酒食先生馔,曾是以为孝乎?"朱熹对此的解释最为精妙:"盖孝子之有深爱者,必有和气;有和气者,必有愉色;有愉色者,必有婉容。故事亲之际,惟色为难耳,服劳奉养未足为孝也。"④ 虽然朱子也认可旧说,但我却认为旧说不合语境,不若朱子此解为佳。这便是后人所说的"色养之孝"。《世说新语·德行》中说:"王长豫为人谨顺,事亲尽色养之孝。丞相见长豫辄喜,见敬豫辄嗔。长豫与丞相语,恒以慎密为端。"我们再看《论语》中以下两例:

> 子曰:"居上不宽,为礼不敬,临丧不哀,吾何以观之哉?"(《八佾》)
>
> 子曰:"如有周公之才之美,使骄且吝,其余不足观也已。"(《泰伯》)

这里的"宽、敬、哀、骄、吝",不能不说也是属于"色"的范畴的。尽管它们并不完全属于面部表情的东西,但也不能不说面部表情是其中最重要的成分和体现。或者更准确地说,这是由"色"发展而来的一种态度。如果我们说这些态度就是判断一个人是否为"仁"的标准也并不为过,因为这也是孔子的意思。比如第一则中的"宽、敬、哀"这几种态度,作为仁者的可观之处也就是这些东西。如果一个人表现出了"骄、

---

① 《十三经注疏》整理委员会整理,李学勤主编:《十三经注疏·论语注疏》,第8页。
② 刘宝楠:《论语正义》,高流水点校,第20页。
③ 《十三经注疏》整理委员会整理,李学勤主编:《十三经注疏·礼记正义》,第1139页。
④ 朱熹注:《四书集注》,王浩整理,第53页。

吝",即使有周公之才之美,也是没有可观的价值的。所以,既然一个人是否可观取决于他们的表情态度,那么这些方面也定然是一个人修养的重要内容。如果没有由内心体现于外的这种态度,礼就可能面临着仅仅作为一种视觉景观的危险。所以,孔子更加注重那种德性的东西在仪式中的呈现。

如《述而》篇中说孔子:"子之燕居,申申如也,夭夭如也。"朱熹在注解时引程子之语,说此为圣人"中和之气"。《述而》篇还说:"子温而厉,威而不猛,恭而安。"这就是典型的"中和之气见于容貌"。这种中和之气其实也是孔子的中庸之德的体现,中庸这种德性也是一种方法,即叩其两端而竭。《乡党》篇中在前五章中描述了孔子的动容周旋:

1. 孔子于乡党,恂恂如也,似不能言者。其在宗庙朝廷,便便言,唯谨尔。

2. 朝,与下大夫言,侃侃如也;与上大夫言,訚訚如也。君在,踧踖如也,与与如也。

3. 君召使摈,色勃如也,足躩如也。揖所与立,左右手。衣前后,襜如也。趋进,翼如也。宾退,必复命曰:"宾不顾矣。"

4. 入公门,鞠躬如也,如不容。立不中门,行不履阈。过位,色勃如也,足躩如也,其言似不足者。摄齐升堂,鞠躬如也,屏气似不息者。出,降一等,逞颜色,怡怡如也。没阶,趋,翼如也。复其位,踧踖如也。

5. 执圭,鞠躬如也,如不胜。上如揖,下如授。勃如战色,足缩缩,如有循。享礼,有容色。私觌,愉愉如也。

既然"色"对于人的道德修养是极其重要的,所以孔子也在其生活的各种场合表现出仁者之"色",当然这应该是自己内心德性的一种自然表现。其实,人的颜色与他的态度、举止经常是分不开的。也就是说,"色"经常是通过各种"行"来得到具体体现的。在这种意义上,观色也就是观行,这就拓展到通过观行来判断一个人是否具有仁之德性。

子曰:"人之过也,各于其党。观过,斯知仁矣。"(《里仁》)

子曰:"始吾于人也,听其言而信其行;今吾于人也,听其言而观其行。于予与改是。"(《公冶长》)

在孔子这里，仁不仅是一种言谈态度，而且更是一种行为践履。所以，言与行这二者对于君子的修养的重要程度是不同的，但是这句话并没有明显地将察言观行的次第表现出来。《为政》篇记述孔子说："先行其言，而后从之。"对于孔子这样的立场，孔安国的理解无疑是正确的，他认为这是由于孔子厌恶小人多言而行之不周。《大戴礼记·曾子立言》说："君子博学而孱守之，微言而笃行之，行必先人，言必后人。"所以，先行后言而或者不言，这是君子修养为仁的次第。这样，就对于人的品行判断来说，观行当然也就重于听言了。

对于《里仁》篇中所说的"观过知仁"，孔安国说："观过，使贤愚各当其所，则为仁矣。"① 他是把这种观过知仁看作观看主体达到仁的修养的方法。《礼记·表记》中记孔子语："仁有三，与仁同功而异情。与仁同功，其仁未可知也。与仁同过，然后其仁可知也。仁者安仁，知者利仁，畏罪者强仁。"应该说，这段话是《论语》中所说的观过知仁的最好注脚。同时由此可知，观过与知仁有着一种必然的联系。所谓的仁道有三，也就是：安仁、利仁、强仁。然而三者对于仁的意义是不同的。严格来讲，只有安仁能体现仁的主体自觉性。孔颖达正义说："一则无所求为而安静行仁，一则规求其利而行仁，一则畏惧于罪而行仁。"② 只有安仁者，无所欲求，无所畏惧，自安于仁道。也只有这种仁者实现了仁的真正本性。仁道之三，其情虽异，但三者之功同归于仁。所以，从"功"的这方面是无法将三者区别开的，也就很难知道谁是真正的仁者。

贪功的人因有这样的欲求便会伪饰为仁者，他们也就会努力避免出现错误。所以，他们一旦有过失，那过失通常就是出于他们的无意而造成的，这就没有了作伪的成分。所以，根据他们的过失，就可以判断他们是否真正具有仁心，是否为真正的仁者。孙希旦引吕大临语："观人者，不于其所勉，而于其所忽也。"③ 孔子这里所说的观过知仁，也就是这样的意思。

在《论语》中，另有一种所谓的"观行"，其实并不是我们通常所理解的对于仁的判断，而是一种通过观察对方的言行，以达到对对方的宽宥。这种观行是孔子在论孝时对于孝道的阐述。《论语》中说：

---

① 《十三经注疏》整理委员会整理，李学勤主编：《十三经注疏·论语注疏》，第49页。
② 《十三经注疏》整理委员会整理，李学勤主编：《十三经注疏·礼记正义》，第1473页。
③ 孙希旦：《礼记集解》，沈啸寰、王星贤点校，北京：中华书局，1989年，第1301页。

子曰："父在，观其志；父没，观其行；三年无改于父之道，可谓孝矣。"（《论语·学而》）

上录《学而》一章中，孔子在讲观行的时候还讲到了观志。这里的观志当然不同于《左传》中所记载的赋诗言志中的观志。这里的"志"不是怀抱之义，而是心志、心意。对于这里的"观"，还涉及观的对象的问题。孔安国认为所观的对象是子之志、子之行，而后何晏、邢昺、朱熹也都沿用了这种解释；但是众多儒者认为是子观父之志、观父之行。程树德在《论语集释》中引用杨循吉的话反驳了朱熹的观点。钱大昕认为，孔子之言为论孝而不论观人。他说："即曰论孝，则以为观父之志行是也；不论观人，则以为观人子之志行非也。"① 刘宝楠同意钱大昕的观点，认为所观为父之志行，但他也认为论孝即是观人。既然是观父之志行，这当然也是观人了，只是这已不同于我们在上文所说的以观他人是否有仁之德性了。

刘宝楠引曾子语说："君子之所谓孝者，先意承志，谕父母于道。"② 曾子此语可见于《礼记·祭义》与《大戴礼记·曾子大孝》。王聘珍在《大戴礼记解诂》中引卢辩注："凡言于事亲，未意，则先善举之；亲若有志，则承而奉之。"③《孟子·离娄上》中曾讲到事亲守身之事，说曾子之事亲是谓"养志"。朱熹对此的解释是："曾子则能承顺父母之志，而不忍伤之也。"④ 这种解释是极其恰切的，故此"志"即为父母之"志"。《礼记·曲礼》说："听于无声，视于无形。"这就是观亲之志的本质所在。那么，父没而如何观父之行呢？钱大昕以《礼记·中庸》中孔子所说之句解之，即："善继人之志，善述人之事。"在钱氏看来，这就是观其行。孔子认为这就是孝。以孔子之言解释，这是有说服力的。孔安国说："孝子在丧，哀慕犹若父存，无所改于父之道。"⑤ 以此来解释子观其父倒是很恰当的。程树德述范祖禹《论语说》之意说："为人子者，父在则能观其父之志而承顺之，父没则能观其父之行而继述之。"⑥《礼记·坊记》引孔子之语："君子驰其亲之过，而敬其美。"在子为父守丧三年之中尤其如此，

---

① 刘宝楠：《论语正义》，高流水点校，第28页。
② 同上书，第27页。
③ 王聘珍：《大戴礼记解诂》，王文锦点校，第82页。
④ 朱熹：《四书集注》，王浩整理，第272页。
⑤ 《十三经注疏》整理委员会整理，李学勤主编：《十三经注疏·论语注疏》，第10页。
⑥ 程树德：《论语集释》，程俊英、蒋见元点校，北京：中华书局，1990年，第44页。

所以就有了三年不改父道之说，而父死能观父之行则是这种驰亲之过敬亲之美的体现。

总之，观人即对人是否具有"仁"的品质而进行的观察，这无疑是孔子礼学的重要内容。"仁"作为一种品性，它的本身当然是一种不可见的东西，但是人的内心会在表情、态度、行为等各方面外显出来。当然，有时候这些表现会有伪饰的成分，所以孔子极其重视对于"过"的观察。

（四）观以达道

在孔子看来，夏商周三代在礼制上都是有很大成就的，所以他多是以景仰之心来谈三代之礼的。根据文献，孔子对三代之礼曾经进行了考察。《礼记·礼运》说孔子曾适杞、宋二国考察夏殷之礼，是之谓"观夏道"、"观殷道"。他在杞国得《夏时》，在宋国得《坤乾》。① 《礼记》与《家语》中都说到"杞不足征""宋不足征"之语。对于其中"征"字，包咸与郑玄皆释为"成"，而朱熹与陈澔皆释为"证"。包郑二人认为杞国之君与宋国之君皆暗弱而不足以"成礼"，朱陈二人则认为《夏时》《坤乾》二书不足以"证礼"。但孔子有云："文献不足故也，足则吾能征之矣。"（《论语·八佾》）郑玄为解"征"字，将"文献"解为"文贤"则有些不通了。所以"征"字之义当取朱陈二人之说。《夏时》《坤乾》二书虽不能证礼，但孔子却于此见"礼之运转"，这就是三代之礼的相因与损益。

对于三代之礼的相因与损益，何晏与朱熹皆沿用马融之说。马融说："所因，谓三纲五常。所损益，谓文质三统。"② 这当然带有强烈的儒家想象的色彩，但文质方面的损益应该是可信的。《礼记·表记》有孔子之语，说："虞夏之质，殷周之文，至矣！虞夏之文不胜其质，殷周之质不胜其文。"从这里看来，孔子应该认为三代之礼各有所长。所以，颜渊在问治国之道时，孔子说："行夏之时，乘殷之辂，服周之冕，乐则《韶》、《舞》。"（《论语·卫灵公》）孔子的"道"，就是这样从三代之礼而来的。所以，孔子的"道"不是一个抽象的概念，而是一种行为的体现。它要能够表现出德性的秩序。

对于孔子的观礼观道之事，更为重要的是观周之礼。《孔子家语》中的《观周》篇记载了孔子适周"观先王之遗制，考礼乐之所极"。篇中说："至周，问礼于老聃，访乐于苌弘，历郊社之所，考明堂之则，察庙朝之

---

① 另见：《孔子家语·问礼》。
② 《十三经注疏》整理委员会整理，李学勤主编：《十三经注疏·论语注疏》，第23页。

度。"《观周》篇主要说了二件事：一是观明堂之图，即四壁所绘尧舜桀纣之容，以及周公辅成王朝诸侯之象；二是观宗庙所立之金人，读金人之铭文。明堂之图，宗庙之像，皆示人以诫也。

以上所说孔子观三代之道，这种"观"当然有对某些事物的观看，以见三代礼制的状况，尤其是在周庙。但除了视觉上的观看，还有问、读等行为。也就是说，这种所谓"观"不单单是一种视觉上的观看行为。当然，它在大多情况下需要借助于视觉，但视觉已经并不重要了，而是最终要达到一种认识的目的。如《尚书大传·略说》篇中载孔子对于《尚书》的评价即体现了这种"观"的含义。孔子说："《尧典》可以观美，《禹贡》可以观事，《咎繇》可以观治，《鸿范》可以观度，《六誓》可以观义，《五诰》可以观仁，《甫刑》可以观诫，通斯七观，《书》之大义举矣。"① 这种"观"还有这样的意思：即是通过对文本的阅读，对文字阐述对象进行一种视觉化的想象，以达到对这种对象的掌握与认识。

在孔子的仁学思想中，物也经常会成为"道"的一种隐喻。如有多种文献载有孔子观"欹器"之事。《荀子》、《淮南子》说是观于鲁庙，《说苑》《韩诗外传》说是观于周庙。如果孔子对这种欹器闻而未见的话，那么应该是观于周庙的可能性更大些。通过文献，我们知道这种欹器乃是一种宥坐之器。其特点是："满则覆，虚则欹，中则正。"（《说苑·敬慎》）在这里，欹器是一种喻象。孔子说："恶有满而不覆者哉？"孔子以这种欹器表达了自己的人格修养观点：人不可自满，而应该不断地对自己的德性进行切磋琢磨。

在孔子那里，水也经常成为"道"的一种隐喻。《论语·子罕》篇有："子在川上曰：'逝者如斯夫！不舍昼夜。'"程朱对此章进行了出色的发挥。他们认为水的这种流逝是"道体"的一种体现。他们认为，天地之大化流行，往者过，来者续，片刻不息，这即是道体之本然，而孔子感叹之意在君子应效法此道体，自强不息。朱熹还引用程颐的话批评前儒："自汉以来，儒者皆不识此义。"② 他们对前人的批评还是有道理的。

除此之外，其他儒家文献还专门写到孔子观水之事。《荀子·宥坐》《说苑·杂言》、《大戴礼记·劝学》与《孔子家语·三恕》都有这个内容。如果按照成书先后，可能最为原始的本子应该是《荀子》了。《荀子》中

---

① 孟庆祥等译注《孔子集语译注》，哈尔滨：黑龙江人民出版社，2002年，第119页。另见《孔丛子·论书》。
② 朱熹注：《四书集注》，王浩整理，第109页。

这样说：

> 孔子观于东流之水，子贡问于孔子曰："君子之所以见大水必观焉者是何？"孔子曰："夫水，大遍与诸生而无为也，似德；其流也埤下，裾拘必循其理，似义；其洸洸乎不淈尽，似道；若有决行之，其应佚若声响，其赴百仞之谷不惧，似勇；主量必平，似法；盈不求概，似正；淖约微达，似察；以出以入，以就鲜絜，似善化；其万折也必东，似志。是故君子见大水必观焉。"（《荀子·宥坐》）

对于这个记载，《说苑》与《大戴礼记》都有这样的话："夫水者，君子比德焉。"我们或可认为，"比德"的观念是孔子提出来的，尽管《论语》中没有这样的概念。《礼记·玉藻》说："君子无故，玉不去身。君子于玉比德焉。"《礼记·聘义》《荀子·法行》《孔子家语·问玉》中都有子贡问君子何以贵玉，孔子答以君子比德于玉的对话。

以此看来，程朱认为孔子将水视为一种道体之体现，并非夸张之语。我们说，只是孔子并没有提出他们那样的概念。如果孔子有这样的观念，他也主要还是在人的修养视域中进行阐发的，所以这里水的德性还主要是人的德性，是人将德性中概念化的东西移入水中成为感性的形态。这样就将抽象的概念呈现在目前而成为观看的对象。《论语·公冶长》中，子贡说："夫子之言性与天道，不可得而闻也。"对于这里的"不可得而闻"，何晏说的是天道深微，而邢昺说的却成了"夫子之道深微难知"。朱子之解近于何晏，他认为性与天道，夫子罕言，故学者有不得闻者。朱熹发挥程颐之解说："盖圣门教不躐等，子贡至是始得闻之，而叹其美也。"① 这意思应该是指夫子罕言天道，并非不言，而孔门弟子唯有登堂入室者方可闻夫子之言天道也。我们可以接受这样的观点，《礼记》有孔子言天道。他说："贵其不已，如日月东西相从而不已也，是天道也。不闭其久，是天道也。无为而物成，是天道也。已成而明，是天道也。"（《礼记·哀公问》）由此看来，程朱所言道体与孔子这里所说天道具有异曲同工之妙。所以，程朱对于孔子观水之意阐发的是非常深刻的。

（五）《诗》可以观

以上所说的观人、观器、观水，都是主体对于对象所进行的直接的观

---

① 朱熹注：《四书集注》，王浩整理，第75页。

看、观察，并且，这与孔子的德性思考直接相关。除此之外，孔子非常重视的还有就是通过诗来观人。这就是孔子说的"诗可以观"。当然这主要就不是观人的品行了，而是观国之政、观人之志。这在孔子的诗学体系中是非常重要的内容。所以，这就需要我们从整体上来分析他的兴、观、群、怨的理论。《论语》中说：

> 子曰："小子何莫学夫《诗》？《诗》，可以兴，可以观，可以群，可以怨。迩之事父，远之事君。多识于鸟兽草木之名。"（《论语·阳货》）

在孔子这里，《诗》有兴、观、群、怨四种功能，这四者共同构成了一个自足的功能体系，并使得《诗》在孔子的仁学或说礼学体系中具有非常重要的作用。对于这四者的解释，历代注家大多从孔（安国）郑（玄）之说。"兴"，孔释为"引譬连类"；"观"，郑释为"观风俗之盛衰"；"群"，孔释为"群居相切磋"；"怨"，孔释为"怨刺上政"。我们可以依此为据，同时也可以将朱子在《集注》中的解释作为补充。他的解释是："兴"为"感发志意"，"观"为"考见得失"，"群"为"和而不流"，"怨"为"怨而不怒"。在我看来，他们并没有指明"观"的全部意蕴。

我们先说"兴"。"兴"，首先是作为"六诗"之一而进入礼乐文化的。《周礼·大师》说："教六诗：曰风，曰赋，曰比，曰兴，曰雅，曰颂。"对于比兴二者，郑玄的解释是："比，见今之失，不敢斥言，取比类以言之。兴，见今之美，嫌于媚谀，取善事以喻劝之。"[1] 在郑玄之前郑众的解释认为："比"是"比方于物"，"兴"是"托事于物"。可见二人实际上是将比兴明确分开来的。刘宝楠在《论语正义》中引用二人的观点并进行了比较，他认为郑众是就人而言，郑玄是就事而言，二人的解释可以相互补充。他以此有结论说："'赋'、'比'之义皆包于'兴'，故夫子止言'兴'。"[2] 他们的解释都是沿着孔安国的路子来的。其实朱子对于"兴"的解释也可以包含于孔氏的框架。刘宝楠引焦循《毛诗补疏·序》中的话说："夫诗温柔敦厚者也。不质直言之，而比兴言之，不言理而言情，不务胜人而务感人。"[3] 所以，我们可以说，比兴是一种言说方式，而这种

---

[1] 《十三经注疏》整理委员会整理，李学勤主编：《十三经注疏·周礼注疏》，第610页。
[2] 刘宝楠：《论语正义》，高流水点校，第690页。
[3] 同上书，第689页。

言说方式是具有很强的情感作用的。孔子重"兴",其实也是重视用《诗》取类中的情感作用。

由于"兴"有这样的功能,所以孔子说:"兴于《诗》,立于礼,成于乐。"(《论语·泰伯》)后世多沿用包咸之说:"兴,起也。"但他并没有说明《诗》之"起"为何。倒是朱熹在《四书集注》中说:"《诗》本性情,有邪有正,其为言既易知,而吟咏之间,抑扬反复,其感人又易入。故学者之初,所以兴起其好善恶恶之心而不能自已者,必于此而得之。"① 这个"感人又易入"正是《诗》所具有的"兴"的功能,朱子的这种解释在逻辑上应该是可以接受的,但是程树德在《论语集释》中又对其提出质疑与修正。程树德认为,朱子所说的"兴起其好善恶恶之心"是由于《诗》"有邪有正"。程树德也认为在《风》中确实有淫诗,但是古人列于学宫的本无此类淫诗,而这些所谓淫诗只是用来美恶得失的,所以孔子所说的"兴于《诗》"与"不学《诗》,无以言"中的"《诗》",均不应有淫诗在内。《礼记·内则》说:"十有三年,学乐诵诗。"可见,学《诗》是很早的。所以,程树德说:"初学,知识初开,血气未定,教以淫诗,直如教猱升木,劝之云耳,何惩之有?"② 如果他没有误解朱子意思的话,这种批评应该是有道理的。

就《风》来说,程树德在说《诗》中有淫诗时,已经涉及孔子所说"《诗》可以观"了。他在《集释》中说:"三百篇中明明有淫诗何也?曰淫诗唯《风》有之。《风》者,天子命輶轩之所采,欲以知其国政俗之善恶而加奖惩者,故善恶并陈,而备存于册府。"③ 他的这个理由是我们可以接受的。我们知道,《诗》所具有的"观"的功能首先是天子通过采诗以知各国的风俗盛衰与施政的善恶得失。

按照历代注家所说,这个功能其实就扩展到学《诗》观《诗》了。如果我们把观风俗盛衰与施政得失都归为"观政",那么他们忽略了另一项重要内容,即"观志"。孔子说了《诗》的兴、观、群、怨之后说"迩之事父,远之事君"。事父、事君当然需要明己之志,这又需要用《诗》来完成。但要以《诗》明志,先要明《诗》之志,这就是观诗中之志。如《孔丛子·记义》中记载了孔子从《诗》中所看到的丰富内容:

---

① 朱熹注:《四书集注》,王浩整理,第101页。
② 程树德:《论语集释》,程俊英、蒋见元点校,第529页。
③ 同上。

孔子读《诗》及《小雅》,喟然而叹曰:"吾于《周南》、《召南》,见周道之所以盛也;于《柏舟》,见匹妇执志之不可易也;于《淇澳》,见学之可以为君子也;于《考槃》,见遁世之士而不闷也;于《木瓜》,见苞苴之礼行也;于《缁衣》,见好贤之心至也;于《鸡鸣》,见古之君子不忘其敬也;于《伐檀》,见贤者之先事后食也;于《蟋蟀》,见陶唐俭德之大也;于《下泉》,见乱世之思明君也;于《七月》,见豳公之所造周也;于《东山》,见周公之先公而后私也;于《狼跋》,见周公之远志所以为圣也;于《鹿鸣》,见君臣之有礼也;于《彤弓》,见有功之必报也;于《羔羊》,见善政之有应也;于《节南山》,见忠臣之忧世也;于《蓼莪》,见孝子之思养也;于《楚茨》,见孝子之思祭也;于《裳裳者华》,见古之贤者世保其禄也;于《采菽》,见古之明王所以敬诸侯也。

此为"《诗》可以观"的一个重要体现。显然,这里不仅有观政,而且有观志,以及其他诸多君子之行。"《诗》可以观"即通过《诗》而观,也即观《诗》。《孟子》中也有关于"《诗》可以观"之证。孟子引用了《诗经·小雅·大田》中的"雨我公田,遂及我私"一句。他说:"惟助为有公田。由此观之,虽周亦助也。"(《滕文公上》)也就是从《诗》中的内容知道前代的社会状况。

孔子的"《诗》可以观"的诗学思想与他的礼学无疑有着深刻的联系,这还可以通过他对"言诗"的观点可以看出。孔子主要是思考我们如何能够成为具有仁的品性的人,而《诗》在这样的思考中具有独特的作用。这体现在孔子对《诗》的诠释体系中。对《诗》的礼学诠释并非始于汉代毛氏,在孔子这里就已经开始成为一种自觉的理路。在《论语》中有两处关于"可与言《诗》"的对话:一是《学而》篇中子贡与孔子的对话,二是《八佾》篇中子夏与孔子的对话。对于《诗》的礼学阐释,其实也是一种如何观《诗》的问题。

其一,《学而》篇中记子贡问孔子贫富之德。子贡问:"贫而无谄,富而无骄,何如?"在子贡看来,无谄与无骄分别是贫者与富者修养的境界,但孔子认为这还不够。孔子说:"未若贫而乐,富而好礼者也。""乐"即乐道。在孔子这里,贫而乐道、富而好礼还是更高的修养境界。孔子回答了子贡的问题之后,子贡就以《诗经》中的《卫风·淇澳》之篇中"如切如磋,如琢如磨"作为证语,以彰明夫子之意。这里有两个问题仿佛与我们的观点相悖:一、这是子贡解《诗》,不是夫子解《诗》;二、这是以

《诗》解礼,不是以礼解《诗》。其实这也并不是问题。因为如果我们说这里子贡的引《诗》取类是受夫子熏染并不为过。明显的证明就是后面孔子所说:"赐也,始可与言《诗》已矣!告诸往而知来者。"同时这也说明子贡表面上的以《诗》解礼正是孔子主张以礼解《诗》的实现。以《诗》说礼本身就是以礼说《诗》。因为很明显,夫子赞同子贡是由于他能闻往而知来。当然,这个"往"与"来"不是时间上的过去与将来,而是义理上的已言与未言。这里的"往"是贫而乐道、富而好礼,"来"就是切磋琢磨。在孔子看来,这种对《诗》的取类成义是"言《诗》"的前提。《诗》为类,礼为义,这当然是以礼解《诗》。

其二,《八佾》篇中记子夏问《诗》而知礼。《卫风·硕人》篇有句曰:"巧笑倩兮,美目盼兮,素以为绚兮。"子夏问此句何意。夫子答以:"绘事后素。"这是以绘事回答子夏之问。但是这应该并不是孔子回答的本意,因为子夏在以"礼后"之语证夫子回答之后,孔子说"起予者商也"。"起予",即是"发明我意"。也就是说,孔子是有这样的意思的,只是他没有明言,而子夏却把他的意思阐述出来了。孔子的以绘事说《诗》,实际上也就是以礼解《诗》。也正因为子夏明白了这个道理,孔子才说:"始可与言《诗》已矣。"这个对话同样也说明了,在孔子这里,以礼解《诗》是言《诗》者所需要具备的一项才能。

二、孟子:因续与突破

孟子生活的时代与孔子生活的时代已经有了很大的差别。文武周公在西周早期所建立的礼乐制度在孔子时代体现为"礼坏乐崩",到了孟子的时代更是几近于彻底被瓦解。在礼乐文化的背景中,以"乐"为代表的各种我们现称之为艺术的文化形态是在"礼"的秩序下运行的。在周代前期,保持这种运行的当然是西周王朝的权力与威严。但是,周代的封建政治结构,也为其它属国的自主埋下了根子。随着周室王朝的实际权力的丧失,那种礼的规范也逐渐地解体了。"乐"也呈现出从"礼"中独立的倾向。艺术从礼乐制度中脱离与独立的倾向,也是由于人的感性享受需求的推动。在传统儒家看来,这种需求是一种恶的表现。但事实上,也正是这种需求推动了历史文化的发展。

黑格尔较早发现了"恶"对于历史发展的推动作用。恩格斯也在《路德维希·费尔巴哈与德国古典哲学的终结》中发挥这个理论说:"正是人的恶劣的情欲——贪欲和权势欲成了历史发展的杠杆。"① 如果说"恶"在人的本性中有其根源的话,那么恩格斯将这种情欲局限于所谓阶级社会的观点,与其说是一种洞见,不如说是一种偏见。因为不管一个社会是不是阶级社会,这种"恶劣的情欲"却总是难以避免的。这应该是一个不争的事实。恩格斯还说:"每一种新的进步都必然表现为对某一神圣事物的亵渎,表现为对陈旧的、日渐衰亡的、但为习惯所崇奉的秩序的叛逆。"② 也许正是这种亵渎神圣事物的情欲,最终导致了周代礼乐文化的彻底崩溃。如何对待这种日益膨胀的感性欲望,《孟子》便是这样一个提供给世人解决方案的文本。

(一) 孔子观看方式的因续

在孟子的时代,"观"作为一种仪式性的行为已经逐渐解体。并且在他这里,对于"观"的使用也没有进入哲学层面,所以也是不成体系的。但是我们也仍然能够通过他对"观"的使用,考察儒家的这种观看方式,以及从孔子到他这里的延续与变更。统观《孟子》一书,"观"字凡见17次,而有四次不出于孟子之口,乃孟子引述他人之说,当不在考察之列。从这些使用中可以看出,孟子同样非常重视对人的外在方面的观察。如果单从"观"这个概念上分析,我们会看出在孟子这里更加突出了从外在向内在的一个深入的过程。在孟子这里,"观"也主要体现为观人。这种观人,同样也是通过对人的表情态度的观察达到对人的内在品性的认识与把握。

我们看孟子如何表述对表情态度的观看。《滕文公》一篇中有滕文公行丧礼之事。滕文公为世子之时,滕定公薨,文公使然友问孟子如何行丧礼。文中写到滕定公被葬时,四方吊会的诸侯对文公的观看:

  及至葬,四方来观之,颜色之戚,哭泣之哀,吊者大悦。(《孟子·滕文公上》)

很明显,这里体现了孟子对于孔子思想的继承。孔子说:"居上不宽,为礼不敬,临丧不哀,吾何以观之哉?"(《论语·八佾》)孔子非常重视人

---

① 中共中央马克思恩格斯列宁斯大林著作编译局编:《马克思恩格斯文集(第四卷)》,第291页。
② 同上。

的外在情态，因为人的内心情感通常要在表情态度上显示出来。这样，我们就可以从一个人的外在表现观察到他的内心品质。朱熹引林氏语说："孟子之时，丧礼既坏，然三年之丧，恻隐之心，痛疾之意，出于人心之所固有者，初未尝亡也。"① 滕文公依孟子之意，欲行三年之丧。如果林氏所言不虚，那么我们可以相信文公之孝为内心之所表。但是当时不行三年之丧已经是普遍的事实，那么此时行三年之孝是否故作姿态就成问题了。不过，文公葬定公时的戚哀之情使得四方诸侯确实看到了礼与孝的一致。那么，如何避免这种表情有可能成为一种欺骗世人的假象？孟子提出了"观其眸子"这个方法。他说：

  存乎人者，莫良于眸子。眸子不能掩其恶。胸中正，则眸子瞭焉；胸中不正，则眸子眊焉。听其言也，观其眸子，人焉廋哉！（《孟子·离娄上》）

  儒家的这种观人，就是说如何通过表情态度判断一个人的品性。用孟子的话就是判断其内心的正与不正。《大戴礼记·曾子立事》中说："目者，心之浮也；言者，行之指也。作于中，则播于外也。故曰：以其见者占其隐者。"但是正如孔子所担心的那样，"言"有可能成为掩盖"行"的一种假象，"目"也有可能成为掩盖"情"的一种假象。为了避免判断出现错误，孔子对于观行采取的方法是"观过"，而孟子则强调了观眸子。这二者的共同之处是，观察对象是被观察者通常难以觉察到的自己身上那些呈现于外的东西，也只有这样才可以更加客观地从"见者"达到"隐者"。这样，二人所同样试图达到的"人焉廋哉"才能成为一种观察的实现。通常也只有在对象言谈的时候，他的眸子才避免了伪饰。三国时魏人蒋济评价钟会："观其眸子，足以知人。"② 显然这也是孟子观人方法的延续。孟子也讲到了通过人的行为了解一个人的德性。他说：

  吾闻观近臣，以其所为主；观远臣，以其所主。（《孟子·万章上》）

  这里的"观"，其视觉意义实际上已经不大明显，不过当然也离不开

---

① 朱熹注：《四书集注》，王浩整理，第 244 页。
② 陈寿：《三国志》，裴松之注，北京：中华书局，2011 年，第 653 页。

观察主体的亲自见证。"主",意为"以……为主",即"以……为主人",即朱熹所释"舍于其家,以之为主人也"。① 赵岐注曰:"近臣,当为远方来贤者为主。远臣自远而至,当主于在朝之臣贤者。"② 这就是说,对于近臣,就看他所为其主的是不是贤人;对于远臣,则看他所主的是不是贤人。这都是通过观察与之打交道的人的品性来反察其自身。

从孟子对观人的这些讨论,我们可以看出他基本上延续了孔子的路径,通过观察人的外在表现达到对于其内心正或不正的认识。就观物而言,孟子也是在礼的视域中进行的。我们看孟子在谈到古代丧葬制度时涉及的观看方式:

> 古者棺椁无度,中古棺七寸,椁称之。自天子达于庶人,非直为观美也,然后尽于人心。(《孟子·公孙丑下》)

这里说的"观美",在对于丧葬之物的观看中,并不占据重要位置。不过,他并没有完全否定这种审美性质的观看。"非直为观美",说明他也肯定有观美的成分在其中。充虞对于棺木的考虑是"若以美然",这里的"美"如果联系下文的话也许主要不是在视觉效果上,可能更多地是说过于贵重了。但是如果我们超出棺木的问题,联系到整个棺椁配置,可能关于视觉的东西就明显了,并且这也并不会改变孟子的那种观看逻辑。其实古代注家也大多突破了单纯贵重与否的解释。赵岐指出中古始于周公制礼之时,因为殷虽有棺椁,但尚无尺寸之度。至于周公制礼,棺厚七寸,椁薄于棺,二者厚薄,相称相得。赵岐说:"从天子至于庶人,厚薄皆然,但重垒之数,墙翣之饰有异,非直为人观视之美好也。"③ 如果就棺椁之厚,当如朱熹所说,是"欲其坚厚久远";如赵岐所说,是"厚者难腐朽,然后尽于人心所不忍也"。但是,如果就"重垒之数"与"墙翣之饰"来说,显然就不能单单这样说了。尤其是棺墙翣饰对于棺椁保存的时间并没有什么意义。翣,为棺墙饰品。这种饰品当然有其审美的意义。但是在此之上,更重要的是显出等级的差别。按《礼记·礼器》之说:天子八翣,诸侯六翣,大夫四翣,士人二翣。从先秦开始的礼制中,丧葬用翣的数量

---

① 朱熹注:《四书集注》,王浩整理,第 296 页。
② 《十三经注疏》整理委员会整理,李学勤主编:《十三经注疏·孟子注疏》,北京:北京大学出版社,1999 年,第 264 页。
③ 同上书,第 114 页。

有着严格的规定。

与孔子一样，孟子观人也重视"德"的因素。在《孟子》一书中，我们很少看到他谈论对于自然事物的观看。但他也提到了观水，这明显是受到了孔子的影响。孟子说：

> 孔子登东山而小鲁，登太山而小天下。故观于海者难为水，游于圣人之门者难为言。观水有术，必观其澜。日月有明，容光必照焉。流水之为物也，不盈科不行。君子之志于道也，不成章不达。（《孟子·尽心上》）

朱熹注曰："此言道之有本也。"① 观水有术，即观水之澜；观水之澜，即观水之道。水之道，即盈科而进。对于朱子说的"道之有本"，我们还要结合《孟子》中的另一章。《离娄下》中有徐子曾问孟子："仲尼亟称于水，曰'水哉水哉！'何取于水也？"孟子回答说："原泉混混，不舍昼夜，盈科而后进，放乎四海。有本者如是，是之取尔。"孟子在这里说的"本"就是指"原泉混混"。只有这样，水才能不舍昼夜，盈科而进。"本"是儒家修身的基础，孔子就提出"务本"的概念。道从本起。朱子说："观水之澜，则知其源之有本矣。"② 但愿他不是把"澜"视为水之"本"了。"澜"是"道"，"源"是"本"。"道"与"本"是不同的，正如孔子之"仁"为"道"，而"孝悌"为"本"。行仁道，需从务本做起。观水之澜，即志于道。

单从"观"的使用上，在《孟子》中，我们还会发现他多处使用了"由是（此）观之"这样的用法。这样的用法共有四处，分别在《公孙丑上》、《滕文公上》、《滕文公下》和《离娄上》四篇当中。从现有的文献来看，先秦时期首先使用"由是（此）观之"这种表达的应该就是孟子了，然后就是荀子。荀子大量使用的是"用此观之"这种表达，到了汉代这种用法开始普遍使用。这种用法也说明了"观"通常是指一种从现象到本质的思考。除了《孟子》与《荀子》的这种使用，先秦文献中即使使用"观之"这种表达的也是很少的。所以我们可以列举如下：

> 禘自既灌而往者，吾不欲观之矣。（《论语·八佾》）

---

① 朱熹注：《四书集注》，王浩整理，第338页。
② 同上。

> 居上不宽，为礼不敬，临丧不哀，吾何以观之哉？（《论语·八佾》）
>
> 孔子在卫，有送葬者，而夫子观之曰：……。（《礼记·檀弓》）
>
> 主人深衣练冠，待于庙，垂涕洟，子游观之曰：……。（《礼记·檀弓》）
>
> 故世子齿于学，国人观之曰：……。（《礼记·文王世子》）
>
> 坤乾之义，夏时之等，吾以是观之。（《礼记·礼运》）

在这些例子中，我们不难看出"之"字明显还是"观"的宾词，它是代替在前面出现的人或物的，并且这个"观"通常还是一种视觉意义上的观看。但是到了"由此观之"这种用法当中，"之"字就已经虚词化了，并且也不再是"观"的宾词了。这样的"观"是表示一个过程，一个由所说现象到达本质的过程，但由于"观"本来的视觉意义，这个过程通常就省略了逻辑上的推理，以表明这就是一种明见。另外在《离娄下》中还有一处"由君子观之"的表达，这可能是由"观之"到"由此观之"的过渡。由于这时的"观"前面"君子"是观的主体，所以"之"就可以是"观"的宾语，但它也可以不具有实际意义。不难看出，这种用法实际上已经体现出了"观"在认识论方面的特点，由所见的现象达到事物的本质。由本义的"观"到具有思维性引申义的"观"的使用，这里还隐藏着一个重要的信息，就是"观"产生了视角、立场。这种"由是观之"的表述说明了这种立场的自觉。这也可以说是一种解释的视野。

（二）对感性欲望的肯定

在孔子那里，视觉对象的外观表现为"文"。在这个意义上，外在的形式必须要能够通向内在的"质"。纯粹的表象性视觉是被抵制的，文胜质则史。此时不管是视觉对象，还是视觉主体，都必须符合"礼"的要求。非礼勿视，这种对主体的要求，不仅限制了主体的不合礼行为，同时也要排斥对象的不合礼行为。

单就"观"这个概念而言，它所反映的观看方式是由"见者"到"隐者"的一种机制，但是并不是所有的观看都能够或应该达到这样的深度。在孟子这里，"目"与"耳"，作为两种主要的感官，得到了更多的讨论，这是在《论语》中所没有的。并且，《孟子》中的"目"与"耳"，作为感性欲望的主体得到了某种程度的肯定。同样，在《论语》中，这样的感官主体也是没有出现的。在《孟子》中,"目"作为"观"的工具,它是一种视觉的主体能力,它能够达到事物的本质,但是它同时也是一种感性的欲望。在《孟子》中,"目"字凡见13次,而作为一种欲望感官而存在的"目"为7次。与这紧相联系的"耳"凡见26次,抛开作为语辞之外,作为感官的有11处之多。在"耳"的这种用法中,它也有两种含义:一是作为听觉的主体能力,二是作为感性的欲望。在《孟子》中,作为感性欲望的"目"基本上都是与"耳"一起使用的。在孟子这里,以此二者为主体共同构成了人的感性欲望结构。

孟子肯定了感性欲望对于人的重要性,他用"性"这个概念来界定色、声、味、嗅这些感性需求。我们知道,孔子罕言"性"。在《论语》中只见他说过:"性相近也,习相远也。"(《论语·阳货》)并且这个"性"在他那里到底指什么当然是不得而知的。然而,孟子却说:

> 口之于味也,目之于色也,耳之于声也,鼻之于臭也,四肢之于安佚也,性也。有命焉,君子不谓性也。仁之于父子也,义之于君臣也,礼之于宾主也,智之于贤者也,圣人之于天道也,命也。有性焉,君子不谓命也。(《尽心下》)

告子说:"食、色,性也。"(《孟子·告子上》)如果孟子单纯地把味、色、声、臭、安佚这些内容看作是人的"性",那么他就应该同意告子的这种观点。但是孟子接着又讲到"命"这个概念。何谓"命"?孟子说:"莫之为而为者,天也;莫之致而至者,命也。"(《孟子·万章上》)也就是说,命是不求其至而至之意。有不求而至者,亦有求而不至者,此为命也。如朱熹所引程颐言:"然有分,不能皆如其愿,则是命也。"① 这样,有了"命"这个概念之后,孟子为了让人不去过度地追求耳目之欲,主张君子不以性为性,而以命为性。同时,仁、义、礼、智以及天道,是之谓"命",但是孟子为了不让人感到这些所谓的"命"在实践君子人格中感到压力,则又不称之为命,而称之为"性"。《大戴礼记·千乘》中说:"以为无命。"也就是说,在人格修养的过程中,人不应该有由"命"的观念而带来的压抑。《中庸》说:"天命之谓性。"这就是思孟学派采取的策略。显然,孟子在这里其实提出了两种意义上的"性":一种是味色声嗅以及安佚之"性",这些欲求本为"性",但孟子却主张不以之为"性";一种

---

① 朱熹注:《四书集注》,王浩整理,第352页。

是仁义礼智以及天道之"命",孟子却主张以之为"性"。但不管怎样,耳目之于声色的欲求,在孟子这里得到了某种程度的肯定,这是无庸置疑的。

由此,孟子也承认单纯的感性欲求是有其合理性的。譬如他在询问梁惠王之所欲时说:"为肥甘不足于口与?轻暖不足于体与?抑为采色不足视于目与?声音不足听于耳与?便嬖不足使令于前与?"(《孟子·梁惠王上》)这个提问的本身就说明了孟子在某种程度上是认可梁惠王的感官享乐的。但是就君子修身来说,这种享乐必然是要有限度的。对于君子来说,需要做的就是"目不视恶色,耳不听恶声"。同时,孟子还从修身方面对耳目之欲设定了底线。他说:"从耳目之欲,以为父母戮,四不孝也。"(《孟子·离娄下》)孟子指出了不孝有五种,而这纵耳目之欲就是其中的一个方面。

作为一种视觉欲望的对象,我们可以发现"色"在《孟子》一书中得到了更多的讨论。"色"这个概念在《孟子》中凡见 29 次,大致有四种意义:脸色之义为 14 次,女色之义为 10 次,色彩之义为 4 次,容貌之义为 1 次。其中第二、三种意义的使用都是与作为欲望主体的"目"相联系的。也就是说,"色"作为一种欲望的对象,占全书使用中的半数(容貌之义可算可不算)。在《论语》中,"色"通常是作为判断一个人是否具有"仁"的道德品性的对象。到了《孟子》这里,虽然"色"还有很多用法是表脸色之义,但作为一种内心品质的体现已经不是那么重要了。

在《梁惠王下》中,齐宣王问孟子行王政之道。他对孟子坦诚地说:"寡人有疾,寡人好色。"孟子并没有对这种所谓的"好色之疾"进行直接的批评与否定,却是以古公亶父为例试图扩其善心而格其非心。孟子说:"王如好色,与百姓同之,于王何有?"如果将自己的好色之心循理而公于天下,以己好色之心,成天下人好色之心,如此可谓尽其性也。孟子采取了将好色之心疏导至向善之心的方法。孟子这种方法也体现在他对审美的态度上。《梁惠王上》中说:

> 孟子见梁惠王,王立于沼上,顾鸿雁麋鹿,曰:"贤者亦乐此乎?"孟子对曰:"贤者而后乐此,不贤者虽有此,不乐也。《诗》云:'经始灵台,经之营之,庶民攻之,不日成之。经始勿亟,庶民子来。王在灵囿,麀鹿攸伏,麀鹿濯濯,白鸟鹤鹤。王在灵沼,于牣鱼跃。'文王以民力为台为沼。而民欢乐之,谓其台曰灵台,谓其沼曰灵沼,乐其有麋鹿鱼鳖。古之人与民偕乐,故能乐也。《汤誓》曰:'时日害

丧？予及女偕亡。'民欲与之偕亡，虽有台池鸟兽，岂能独乐哉？"

这里的"顾"当然是一种类乎审美的观看。这种停留在耳目感官意义上的享受或者说审美，在先秦诸子那里基本上都是被反对的。梁惠王在沼上顾视鸿雁麋鹿，这不能不说是一种审美。孟子并没有完全反对这种审美，但他认为君王首先要做的不是审美，而是施仁政、行王道，这样才可以与民同乐。所以孟子不是说完全反对享乐，而是强调享乐的方式与目的。对于君主来说，这就是与民同乐。齐宣王还对孟子说："寡人非能好先王之乐也，直好世俗之乐也。"（《孟子·梁惠王下》）孟子也并没有否定这种喜好世俗之乐的享乐方式。他说："今之乐犹古之乐也。"（《孟子·梁惠王下》）在孟子看来，齐宣王的问题不在于好什么乐，而在于是不是与民同乐。朱熹引范氏说："其实今乐、古乐何可同也？但与民同乐之意，则无古今之异耳。"① 如果孟子的确这样认为的话，问题主要不在于什么样的音乐，而在于主体以什么样的态度对待"乐"。孟子对待先王之乐与世俗之乐的态度与孔子已经有所不同，这种不同来源于孟子接受了当时乐的功能的普遍改变。

（三）主体的修养

孟子并不绝然反对人对味、声、色这些感性的追求，但他要求君子应该于修养之中将自己这种喜好推己及人。同时，由于他肯定了口之于味有同嗜，耳之于声有同听，目之于色有同色，所以由此心亦有所同然。心之所同然者，就是理、义。他说："理、义之悦我心，犹刍豢之悦我口。"（《告子上》）但如果人要是能够从悦好味、悦好声、悦好色到悦正义，那么他就要进行内心的自我修养。这就是在其人性论基础上的修养学说。

孟子提出了"不动心"的修养层次。"动心"即妄动而心有所畏，所以，"不动心"也是一种"养勇"。在《公孙丑上》中，孟子首先提到一种如北宫黝、孟施舍之类的所谓"养勇"。告子之不动心，与此二人相类。告子的不动心是："不得于言，勿求于心；不得于心，勿求于气。"（《孟子·公孙丑上》）得、求，与"取"同义。"不得于言，勿求于心"，这意思是说如果人以恶言加己，己亦不求其心。孟子认为这是错误的。按照焦循的理解，人以恶言加己，可能亦有善心。告子为达不动心，亦不求其心，这并非不动心之正道。"不得于心，勿求于气"，这意思是说人以恶心

---

① 朱熹注：《四书集注》，王浩整理，第208页。

待己,辞气之善必有其诈,不为此欺则达不动心。这是孟子所赞同的。

告子为达不动心,主张既不求气,亦不求心。孟子认为告子的不求气尚可,而不求心是不行的。这种见解根于孟子对心与气的关系的看法。孟子说:"夫志,气之帅也;气,体之充也。夫志,至焉;气,次焉。"(《孟子·公孙丑上》)这就构成了志、气、体由上至下的三层结构,而达到不动心则主要是志与气的问题。志者,心也,心之所之谓之志。尽管"志"与"气"有主次之分,但在达到不动心的过程中,二者是须臾不可分离的。所以孟子要持志而无暴其气,这就是他的"养气"。孟子说:"我善养吾浩然之气。"所谓"浩然之气",由其论志与气之关系可知,即志一之气。孟子之养气,是谓一种"直养"。焦循引毛奇龄《逸讲笺》说:"有直养一道,则专以直道养其心,使心得慊然而气不馁,此即孟子所云'持志',告子所云'求心'也。是不动心之道,有直从心上求者,自反是也;有转从心之所制上求者,养勇是也。"①北宫黝、孟施舍二人只是求气,而告子为达不动心则不求心、不求气,孟子养气而不求气。这也就是孟子的"存心"。"自反"则是保证"存心"的方法。

孟子强调"反求诸己"。他说:"仁者如射,射者正己而后发。发而不中,不怨胜己者,反求诸己而已矣。"(《孟子·公孙丑上》)还说:"爱人不亲反其仁,治人不治反其智,礼人不答反其敬。行有不得者,皆反求诸己,其身正而天下归之。"(《孟子·离娄上》)求心求气是对于他人,存心养气是对于自己。在这两个方面,对于自己的存心养气是更为根本的。存心养气也就是存心养性,这是孟子所强调的。当然这里的"性"已经不是耳目之欲之性了,而是仁义礼智之性。孟子曰:"尽其心者,知其性也。知其性,则知天矣。存其心,养其性,所以事天也。"(《孟子·尽心上》)存心养性,就是要不失其善心,这是君子修养的根本所在。

三、荀子:观物与养目

荀子生活的时代是战国晚期。《荀子》中描述了当时的状况:"诸侯异政,百家异说。"在荀子看来,这种状况则必然导致"或是或非,或治或乱"。在这种背景之下,荀子所做的当然就是要明辨是非与阐发治国之道,而我们所要考察的"观"这个概念在荀子那里就与这个目的有着很大的关

---

① 焦循:《孟子正义》,沈文倬点校,北京:中华书局,1987年,第195页。

系。荀子的基本思想是隆礼重法，尤其是他重视礼在君子修身治国中的作用。他说："人之命在天，国之命在礼。"（《强国篇》、《天论篇》）所以，他对于是非治乱的判断是与礼的状况绝然不可分开的。

在荀子这里，"观"更突出了认知的意义。《荀子》中作动词的"观"（除去用典与引征中的与"用此观之"这种表达中的）共 40 次，其中 1 次为展示之"观"（去声），其它的 39 次都是通常的动词之"观"。这种"观"的方式已经淡化了在孔子那里的审美意义，而对于色彩的视觉接受倒多用"目"与"色"这两个词语。在《荀子》中，"目"字凡 49 处，而"色"字凡 46 处，其中有 10 处左右是色、目并举。而在这种情况下，这种视觉就是一种表层的接受，或者说是纯粹感官意义上的观看行为。当然，这种对于单纯色彩形式的视觉接受也是受到荀子反对的。

（一）疏观万物

由于当时诸侯异政、百家异说的背景，荀子的任务是要提出判断是非治乱的标准与方法。这样，对于外部世界的观察就是非常重要的了。对于如何观察外部世界，荀子提出了"观物"的观念。他说：

> 凡观物有疑，中心不定，则万物不清；吾虑不清，未可定然否也。"（《荀子·解蔽》）

先秦文献中明言"观物"之语的有《管子》、《荀子》与《礼记》，《管子·白心》中说："审量出入，而观物所载。"《礼记·礼器》中说："无节于内者，观物弗之察矣。"但是如果按照《礼记》成书于汉代的话，最早使用"观物"之语的就当属《管子》与《荀子》了。首先，《管子》对此观物之语并无详论。其次，《荀子》与《礼记》都是讲观物的条件。当然，二者所讲观物的条件是不同的：《荀子》这里观物的首要条件是心定虑清，而《礼记》则认为观物的首要条件是内心的礼节。荀子不仅重视观物，而且还非常强调观物的方法，这就是他提出的"以道观尽"的思想。他说：

> 圣人何以不可欺？曰：圣人者，以己度者也。故以人度人，以情度情，以类度类，以说度功，以道观尽，古今一也。类不悖，虽久同理，故乡乎邪曲而不迷，观乎杂物而不惑，以此度之。（《荀子·非相》）

荀子在这里说到了"以道观尽"。这个"道"当然是儒家之道，也是圣人之道，但是同时这个"道"又是观看所应具备的一个条件，也就是所应具备的一种视角、一种视域、一种标准。荀子这里说的虽是圣人之道，但这无疑也是他所主张的君子修身的方向。"以己度者"显然也就是孔子忠恕之道的延续。荀子是从"类"的角度来论证这个观点的。以道观尽，即是以道观尽万物之理。这里既然说的是圣人之度、圣人之观，这个"道"自然也就是圣人之道。

圣人之道为何？荀子说："先王之道，仁之隆也，比中而行之。曷为中？曰：礼义是也。道者，非天之道，非地之道，人之所以道也，君子之所道也。"（《荀子·儒效》）荀子说："道有一隆。"（《荀子·儒效》）圣人君子仅重一道，厚于一而有所专。荀子这里所主张的道，不是自然之道，而是人所行之道，即依礼义行事之中道。荀子还说："此其道出乎一。曷谓一？曰：执神而固。曷谓固？曰：尽善挟治之谓神，万物莫足以倾之之谓固，神固之谓圣人。"（《荀子·儒效》）依王先谦集解，"执神而固"，指执持精神并且坚固；"尽善挟治"，指全体皆善、全体皆治。此之谓圣人。既然道出乎一，执神而固则为一、为圣人，也就是说道出乎圣人。"以道观尽"，也就是以圣人礼义之道，观尽万物。他说："一与一，是为人者，谓之圣。"（《荀子·王制》）王先谦释曰："一与一，动皆一也。"① 他认为"与"（與）应为"举"（舉）。"一与一"即"一举一"。以一行万，是上之一；行以一民，是下之一。以上之一举下之一，此谓"一举一"。"一"为圣人之道。在荀子看来，以此之理，观乎万物，自然不惑。这样，我们再看他提出的另一个命题："疏观万物"。荀子说：

> 疏观万物而知其情，参稽治乱而通其度，经纬天地而材官万物，制割大理而宇宙里矣。（《荀子·解蔽》）

这里的"疏观万物"当然与他的"以道观尽"的说法是相关的。许慎《说文解字》释"疏"为"通也"。疏观万物，就是说，这个道是观察万物的唯一标准。如果荀子认为"以道观尽，古今一也"，"道出乎一"，那么我们说他这个"道"是一个不变的"道"并不为过。因为也只有这样，这个"道"才能成为一个观察万物、衡量万物的标准，所以他也才认为圣王之迹粲然于后王。他说："欲观千岁，则数今日；欲知亿万，则审一二；

---

① 王先谦：《荀子集解》，沈啸寰、王星贤点校，第 166 页。

欲知上世，则审周道。"（《荀子·非相》）还说："以类行杂，以一行万。"（《荀子·王制》）这也就是以道观尽的逻辑体现。"疏观"也就是为了避免"曲知"。曲知，按王先谦先生说，就是不通于大道。荀子说："曲知之人，观于道之一隅，而未之能识也。"（《荀子·解蔽》）疏观万物，方能得到道之大全。

荀子的"观"也体现为从见者到隐者的逻辑进路。荀子尤其强调对于国与君的观察，是之谓"观国"。他说："观国之治乱臧否，至于疆易而端已见矣。"（《荀子·富国》）一个国家的治乱臧否，即使在其边境，也有端倪呈现出来。"观"，就是通过对这些呈现出来的现象来判断国家的治乱臧否。欲知国主之明暗，可以通过"观其朝廷"、"观其官职"、"观其便嬖"等其它相关的方面来达到。一个国家的强弱贫富也是有外在征验的。他说："观国之强弱贫富有征。"（《荀子·富国》）荀子对这些作为征验的各种现象的判断当然也是以他的隆礼爱民为标准来衡量的。他说："吾观于乡，而知王道之易易也。"（《荀子·乐论》）《礼记·乡饮酒礼》中也有此语，却记为孔子之言。不管是孔子说的，还是荀子说的，在这方面他们的观看逻辑是一致的。通过观看乡饮酒礼的礼仪，可以知道王道之行，易而又易。

（二）礼以养欲

在战国后期，人的世俗追求已经得到滋长，这种自然人欲的滋长是有其必然性的。荀子承认了这种必然性，但他又看到了这种自然欲望本身具有一种无限发展的趋势，并且这种趋势还可能导致出现无穷的社会恶果。所以在荀子这里，"观"在《周易》中所具有的那种示范意义已经被淡化了。礼仪文章已不再是一种展示德性的东西，而仅是一种等级区分的标志。荀子说：

> 故为之雕琢、刻镂、黼黻文章，使足以辨贵贱而已，不求其观；为之钟鼓、管磬、琴瑟、竽笙，使足以辨吉凶、合欢、定和而已，不求其余；为之宫室、台榭，使足以避燥湿、养德、辨轻重而已，不求其外。（《荀子·富国》）

这里，荀子事实上已经逐渐剥离了他的前代赋予礼乐形式的德性因素。"观"，王先谦释为"不求使人观望"，卢文弨释为"不求其观，言非以此为观美也"。① 在周代礼乐文化中，礼乐文章被视为天子与士人内在德性的外在体现，这种联系在荀子这里已经基本看不到了。所以，荀子对于礼学的阐释较孔子这个前辈更为务实。他说："赠人以言，重于金石珠玉；观人以言，美于黼黻文章；听人以言，乐于钟鼓琴瑟。"（《荀子·非相》）此处的"观"（去声），谓使人观其言。王念孙谓"观"本为"劝"。所以，"黼黻文章"这些东西是否具有礼仪的教化功能已经不重要了，即"不治观者之耳目"（《荀子·正名》）。这样，周礼以来的礼乐文章就成为单纯衡量等级贵贱的尺度。荀子说："古者先王分割而等异之也，故使或美或恶，或厚或薄，或佚或乐，或劬或劳，非特以为淫泰夸丽之声，将以明仁之文，通仁之顺也。"（《荀子·富国》）在对于礼乐文饰的功能上，他的观点仍然是先王的雅声旧文。他说："声则非雅声者举废，色则凡非旧文者举息。"（《荀子·王制》）这又体现了他对于先王之制的推崇。当然，这是与其法后王的思路有着冲突的。

此外，荀子还祛除了"文"与"象"所被赋予的神性色彩。一个重要的体现就是，他将巫术仪式仅仅作为仪式来看待。他说："日月食而救之，天旱而雩，卜筮然后决大事，非以为得求也，以文之也。故君子以为文，而百姓以为神。以为文则吉，以为神则凶也。"（《荀子·天论》）显然，荀子已经将西周那种具有神话学意义的仪式视为单纯的政治形式。

但是，在荀子这里，这种礼乐文饰仍然具有存在的必要性，这就涉及他说的"养欲"。对"欲"的正视对于荀子来说是相当重要的理论基点。首先，"礼"的产生源于人的"欲"。他肯定了人们欲求存在的合理性，但同时他又认为必须对其进行限制，而这种限制就使得礼得以形成。也就是说，礼起于"养欲"。荀子说："礼者，养也。"（《荀子·礼论》）养欲包括：养口、养鼻、养目、养耳、养体。养，不仅是一种满足，而且是一种限制。礼既然有养的功能，也就是说礼的本身就是要满足人的感性欲求。但是，礼在满足这些欲求的同时，还要有"别"的功能，即对这些欲求进行规范性的限制。荀子对于"别"的解释是："贵贱有等，长幼有差，贫富轻重皆有称者也。"（《荀子·礼论》）"养"与"别"就是礼的功能的两个主要方面，而君子的修养也就是在这两个功能之间得到平衡与协调。他说："君子既得其养，又好其别。"（《荀子·礼论》）感性的东西是表层的"养"，礼义则是深层的"养"。或者也可以说，"别"即是一种"养"。"养目"的"文"是有礼义之分的，儒家不主张纯粹的视觉刺激带来的快乐。

---

① 王先谦：《荀子集解》，沈啸寰、王星贤点校，第180页。

"养"的目的就是使这些自然欲望不越过礼的限度。礼的限度也就是"中"。

其次,也是由于对"欲"的重视,荀子提出了性恶的理论。所以,养欲之说也是基于荀子性恶理论基础上的。养欲,也就是为了针对性恶。荀子首先肯定了人的基本感性的共通之处。他说:"凡人有所一同:……目辨白黑美恶,耳辨声音清浊,口辨酸咸甘苦,鼻辨芬芳腥臊,骨体肤理辨寒暑疾养,是又人之所常生而有也,是无待而然者也,是禹桀之所同也。"(《荀子·荣辱》)这是就耳目口鼻的感性能力而言的。这些感性能力的实现就是对于特殊对象而形成的各种感性欲望,并且荀子肯定了感性欲望的必然性。他说:"夫人之情,目欲綦色,耳欲綦声,口欲綦味,鼻欲綦臭,心欲綦佚。此五綦者,人情之所必不免也。"(《荀子·王霸》)目耳口鼻心所具有的感性欲望在他这里被称为"五綦"。綦,极也。这五种欲望有不断膨胀的倾向,这点是他反复强调的。这是人的"不可学、不可事"的东西,所以也就是人的"性"。但是这些性的自然膨胀就会导致社会秩序的破坏。荀子这样说:"生而有耳目之欲,有好声色焉,顺是,故淫乱生而礼义文理亡焉。"(《荀子·性恶》)这就是说,人性有一种趋向恶的自然倾向,并且这是具有必然性的。

既然这种人性的倾向是不能消除的,所以避免它们对社会产生破坏作用而变恶的方法就是对其进行限制和引导。这就是荀子所强调的"养欲"。所谓养欲,主要也就是养此"五綦"。荀子的"养欲"既不同于老子的"去欲",也不同于孟子的"寡欲"。这就是由于荀子承认了人的感性欲望的合理性。他说:"养五綦者有具,无其具,则五綦者不可得而致也。"(《荀子·王霸》)何为养綦之具呢?这就是治国。

荀子看来,在养欲的过程中,心的作用是很重要的。荀子讲了两种对立的心的状态:一种是心忧恐,一种是心平愉。如果人心忧恐,结果就是对感性欲望的无尽追逐。荀子说:"欲养其欲而纵其情,欲养其性而危其形,欲养其乐而攻其心,欲养其名而乱其行。"(《荀子·正名》)这样一种体现就是"己为物役",这种状态是不得其"养"的。如果心平愉,则不会有这样的追逐。荀子说:"心平愉,则色不及佣而可以养目,声不及佣而可以养耳,蔬食菜羹而可以养口,粗布之衣、粗紃之履而可以养体。"(《荀子·正名》)这种态度就是"重己役物"。如此,人则可得其"养"。

由于这种欲是人的自然本性,所以养民之欲,是君主治国的必要条件。荀子说:"为人主上者,不美不饰之不足以一民也。"(《荀子·富国》)所以说,"美饰"是"一民"的重要条件。荀子说:"故必将撞大钟,击鸣鼓，吹笙竽，弹琴瑟，以塞其耳；必将锄琢刻镂，黼黻文章，以塞其目；必将刍豢稻粱，五味芬芳，以塞其口。"（《荀子·富国》）这个"塞"，其实也就是"养"的体现，只有在养民之欲的基础上，然后才能加以庆赏刑罚。

荀子肯定了人的情感与感性。他说："天职既立，天功既成，形具而神生，好恶喜怒哀乐臧焉，夫是之谓天情。耳目鼻口形能各有接而不相能也，夫是之谓天官。心居中虚，以治五官，夫是之谓天君。"（《荀子·天论》）这是从其自然观的基础上论证了耳目口鼻之欲的存在合理性，同时也说明了这些欲望的存在要受到"心"的制约。他说："圣人清其天君，正其天官，备其天养，顺其天政，养其天情，以全其天功。"（《荀子·天论》）这种修养逻辑当然是君子需要学习的，清天君、正天官、养天情，这样就达到了"天功"。从"天情"、"天官"的角度肯定了人的感性需求，然而需有"天君"的统辖。荀子从自然论的视角奠定了他的哲学基础。

在"养欲"说的基础上，荀子对视觉提出了合于礼法的规定。他说："君子耳不听淫声，目不视邪色，口不出恶言，此三者，君子慎之。"（《荀子·乐论》）显然，这也是孔子非礼勿视的继承。另外，他还说："坐，视膝；立，视足；应对言语，视面。"（《荀子·大略》）这就是在具体的社会交往中对人的视线提出了非常具体的规定。

在荀子这里，"礼"有三个层次。他说："凡礼，始乎棁，成乎文，终乎悦校。故至备，情文俱尽；其次，情文代胜；其下，复情以归大一也。"（《荀子·礼论》）在讨论礼的时候，他都将其与"情"联系起来。他还说："文理繁，情用省，是礼之隆也。文理省，情用繁，是礼之杀也。文理情用相为内外表里，并行而杂，是礼之中流也。"（《荀子·礼论》）显然，荀子在论礼时是用"文情"论代替了孔子的"文质"论。这体现了他的尊礼义而制情性的思想。

（三）积善成德

我们知道，"道"在荀子这里是一个观察万物的条件与标准，那么对于道的掌握则必然是极其重要的。对此，荀子提出的方法即是"学"或说"积"。学，也是一个"积"的过程。积善成德，积礼义为君子，积善而全尽谓之圣人。所以，他说："圣人也者，人之所积也。"（《荀子·儒效》）荀子认为，学有始终。他说："其数则始于诵经，终乎读《礼》；其义则始乎为士，终乎为圣人。"（《荀子·劝学》）也就是说，圣人是君子之修养的终极目标。所以，从终乎圣人上说，是有所止的。圣人之道，是之为一。

荀子说："学也者，固学一之也。"(《荀子·劝学》)荀子强调学的"止"，此即止于圣人之行。他说："学至于行之而止矣。"(《荀子·儒效》)这个行就是圣人之行。他说："故学也者，固学止之也。恶乎止之？曰：止诸至足。曷谓至足？曰：圣也。"(《荀子·解蔽》)荀子强调了"止"的重要性。儒家非常重视修养的"止"。《大学》中说："大学之道，在明明德，在亲民，在止于至善。"这个"止"就是朱熹所说的"必至于是而不迁"。

荀子认为学以修身，而这种修身主要是德性的培养，当然也包含了审美的培育。他说："君子之学也，以美其身。"(《荀子·劝学》)这个"美其身"，从外在上是"美七尺之躯"。这当然是一种审美层面的东西，因为这种修养是体现在外在形态上的。但是对于荀子来说，这种修养要靠一种由内而外的培育。他说："君子之学也，入乎耳，箸乎心，布乎四体，形乎动静，端而言，蝡而动，一可以为法则。"(《荀子·劝学》)君子的修养，要有一种美的仪态，而这种美的仪态是要从内心而来的。所以，荀子说的君子修身有其美学层面的意义。但是对于儒家传统来说，当然内心的培育是更为重要的。不过，这就是伦理学上的东西了。

我们通常所说的"全粹之美"即是这样一种伦理学意义上的德性修养。荀子说："君子知夫不全不粹之不足以为美也。"(《荀子·劝学》)荀子还提出了这种修养的要求和目的。他说："使目非是无欲见也，使耳非是无欲闻也，使口非是无欲言也，使心非是无欲虑也。及至其致好之也，目好之五色，耳好之五声，口好之五味，心利之有天下。"(《荀子·劝学》)这是其"全"。德操、成人，是之谓"粹"。在我看来，审美是思考美学主要问题的内在起点，而审美的基础是作为人的基本感性的看与听，但这种全、粹显然不是这样的对象。所以，至少在这个层次上，它们不是美学的。只是在审美的进一步建构中，这种全、粹可以成为感性获得内在意蕴的一种支撑。只有当它外显于人的形体动静，才可以进入美学的视域。所以这种"美"，不是那种布乎四体、形乎动静的仪态之美，而是一种天见其明、地见其光的德操之善。

在荀子这里，学有二途：礼与师。他说："礼者，所以正身也；师者，所以正礼也。"(《荀子·修身》)学的本身与养也是有着紧密联系的。学也就是为了养。他说："凡治气养心之术，莫径由礼，莫要得师，莫神一好。夫是之谓治气养心之术也。"(《荀子·修身》)治气养心，方法来于礼与师，但其根本在于"一"，即"壹于道"，而这也是达到能够疏观万物的途径。荀子所说的"疏观万物"，是要达到一种认识的清晰，而其条件则是"知道"，即对于"道"的掌握。他说："人何以知道？曰：心。心何以知？

曰：虚一而静。"（《荀子·解蔽》）"虚一而静"又是"知道"的前提条件。养心之道，在于达到礼义之中，这样也就能够"大心"。

荀子还提出"性非异"的观点。他说："人之生，固小人。"（《荀子·荣辱》）圣人与凡人的"性一"。他说："凡人之性者，尧舜之与桀跖，其性一也；君子之与小人，其性一也。"（《荀子·性恶》）礼义生于圣人之伪。他说："圣人化性而起伪。"（《荀子·性恶》）这样，荀子还讨论了"性"与"伪"二者之间的关系。他说："性者，本始材朴也；伪者，文理隆盛也。无性，则伪之无所加；无伪，则性不能自美。"（《荀子·礼论》）但是如果我们仔细想来，在荀子这里有几个问题可能在他的理论内部是无法解决的。其一："性"即是"朴"，那么作为一种"朴"的东西如何还是"恶"呢？其二：如果圣人与凡人具有同样的性恶，那么圣人如何起己之伪？其三：他说人因为性恶，所以欲为善，这又是为何？也就是人祛恶向善的根由是什么？

荀子是重视"术"的，这个"术"也就是"学"。荀子还通过比较"相"与"心"、"术"来说明"学"的重要性。他说："相形不如论心，论心不如择术。形不胜心，心不胜术；术正而心顺之，则形相虽恶而心术善，无害为君子也；形相虽善而心术恶，无害为小人也。"（《荀子·非相》）当然，这个"相"并不是指人在行为中体现出来的姿态，而是人所固有的相貌。这些外在的东西与人的修养是没有必然联系的。

但是，荀子在谈到养心时还进到"诚"这个概念。我们知道，思孟学派是非常重视"诚"的，并且他们认为这个"诚"是天的本性，而人的本性是符合这个"诚"的。但是，荀子是反对思孟性善观点的。如果人性的自然倾向本来是恶的话，他的这个"诚"是怎么回事呢，他并没有说明。他只是说："君子养心莫善于诚，致诚则无它事矣。"（《荀子·不苟》）可见，"诚"也是养心的一个条件，那么这个"诚"是如何达到的呢？荀子对此则是语焉不详。但是不管怎样，荀子的性恶比孟子的性善在当时的社会背景下更易为人接受，更易被理解为一种直面现实的态度。思孟的心性之学已经很难应对战国后期的残酷现实。

第六章　老庄：观道与道观

我们知道，《周易》中所说的"神道设教"蕴含了圣人设卦的基本精神，也是周室王朝进行教化的主要方式。然而，时代的变迁使得周礼出现了危机，即"礼坏乐崩"。在诸子百家中，当时作为显学的儒、墨二家，以及后来在文化中取代墨家而与儒家平分秋色的道家，都将对这种现象的批判作为了重点。不过他们是以不同的态度对待这种状况的。儒家看到的是礼乐之中内在的空虚因而去试图拯救礼乐，道家看到的是礼乐本身的虚假从而主张废礼弃乐，墨家则以功利为评判标准从而否定艺术的价值。但是如果从实际情况来说，对于礼乐的拯救或许比抛弃具有更多的现实性与可行性。人需要生活在文化当中，而极难把文化的东西抛弃。在这三家中，儒家拯救礼乐的措施是将外在的规范变为内在的道德追求，在这同时也产生了自己的美学精神。墨家因为主张"非乐"从而走向实用，所以缺乏一种艺术精神。道家否定礼乐形式，主张人们通过体验"道"来达到超越的境界，这却以一种反审美的方式，为实现更高层次的审美奠定了基础，于是就有了颇具美学精神的生命超越理论。

一、老子：观"道"之有无

先秦时代，儒道两家都对那种单纯与感性欲望相联系的视觉抱有一种强烈的戒备。孔子从"礼"的角度对人的视觉提出了限制，即"非礼勿视"；而老庄则从"道"的角度几乎完全抵制身体性的视觉。在老子那里，身体性的"视"作为一种单纯感官层面的视觉行为，是达到"道"的障碍；而"观"则是通向"道"的重要方式。蒙培元说："老子关于'道'的学说，是'观'的哲学，不是'说'与'听'的哲学。"[①] 在老子这里，

---

① 蒙培元：《心灵超越与境界》，北京：人民出版社，1998年，第200页。

"观"成为一个哲学概念,并对中国哲学与艺术产生了深远影响。作为动词的"观",在通行本《老子》中共出现了 8 次。① 虽只有这几个"观"字,其中却有很多诠释难题,所以本章的解读也是一种尝试。这几处用法集中在以下三章:

> 故常无欲以观其妙;常有欲以观其徼。② (第一章)
> 致虚极,守静笃,万物并作,吾以观复。(第十六章)
> 故以身观身,以家观家,以乡观乡,以邦观邦,以天下观天下。(第五十四章)

从这些内容可以看出,老子的"观"主要涉及两个方面的问题:一是观什么的问题,二是如何观的问题。当然后者是以前者为理论前提的,所以我们首先要考察老子所讲观什么的问题。在第一、十六章中,"妙"、"徼"、"复"都是就"道"而言的,所以我们先要考察老子的"观"与"道"之间的关系。但是老子所说的"观"并不是通常的经验直观,而是一种超验的体证方式。伍晓明说:"道不是观的对象。"③ 这话固然有道理,但还需要进一步说明。"观"不是"视"而是"体","观道"就是"体道"。朱良志说:"'观'不是眼'观',而是心'体'。因以心体'观',故所观并非外在感觉之观,而是内心的证验,观就是悟。"④ 这样的"观"尤其在道家以及禅宗思想中最为明显。在老子这里,"观"是以"玄鉴"的方式来与"道"发生关系的。所以,"观"已经不再是一种对象性的观看行为。在老子讨论的观道理论中,有一个非常关键的问题,这就是"有"和"无"的关系。这对于我们理解老子思想是非常重要的。我们这里尝试结合第一章来对这个问题做一些挖掘。

(一)"道"的言说

我们要想讨论老子关于"观"道的理论,首先要由他所说的"道"入

---

① 另有一句:"虽有荣观,燕处超然。"此处的"观"为名词,不在我们讨论之列。
② 因后面要讨论这两句中的句读问题,故这里暂去掉句中标点。本节内容对《老子》的引用,凡只注章目或未提版本的均指王弼本。
③ 伍晓明:《有(与)存在:通过"存在"而重读中国传统之"形而上"者》,北京:北京大学出版社,2005 年,第 184 页。
④ 朱良志:《大音希声——妙悟的审美考察》,南昌:百花洲文艺出版社,2005 年,第 26 页。

手。老子的观道理论首先且主要是在通行本《老子》第一章中得到体现。但是在本章开篇,我们就遇到一个大问题,即:"道可道,非常道;名可名,非常名。"(第一章)我们通常认为,这是关于"道"的言说问题,并且对于"道"的可说与不可说已成聚讼纷纭的公案。不过这里首先有个问题就是:"道可道"中的"可道"之"道"是否可以解释为"言说"。因为先秦时期作为动词的"道"通常是"引导"(通"导")或"取道"之意。所以,我们首先还要提出一个把这个"道"解释为"言说"的合理性问题。

解决这个问题则先要考察"道"在老子那个时代或者在他之前的时代有无可释为"言说"的用法。如果没有的话,"道"解释为"言说"的合理性就会打些折扣,毕竟在《老子》一书中仅有此处"道"有作如此解释的可能性。对于这个问题,幸而我们可以在先秦文献中看到少量"道"可释为"言说"的使用。张祥龙在《海德格尔与中国天道》一书中考察了"道"在早期作为"言说"之义的用法。① 其中值得我们注意的是在《尚书》中的两处。其一,《周书·康诰》中说:"既道极厥辜,时乃不可杀。"其二,《周书·顾命》中说:"皇后凭玉几,道扬末命,命汝嗣训,册命之辞。"我们知道,《尚书》属于较早的文献,这两句话出于后人之手的可能性不是很大。当然,更具参考意义的还是《诗经》中的一处用法。《诗经》中有:"中冓之言,不可道也。所可道也,言之丑也。"(《鄘风·墙有茨》)这里的"道"显然即为"言说"之义。这就给我们将《老子》此处的"道"释为"言说"提供了背景。

这第一章讲"道",主要又是通过讨论"名"的问题而展开的,因为"名"是言说某物的前提条件。完成一种言说,需要两个方面的条件:其一是概念,其二是命题。当然,由于道家在"道"的把握问题上是反对逻辑推理的,所以有了概念和命题,然后就是对它们的超越。尽管道家反对以推理的方式达到"道",但只要讨论它,就必然会使用概念和命题。首先,"名"就是命名,涉及的主要是概念问题;其次,"道"作为言说,涉及的主要是命题问题。命名与命题这二者是不可分的。维特根斯坦在《哲学研究》的开始引用了奥古斯丁(Augustine)《忏悔录》中的一段话来说明人类语言的本质。其中有:"语言中的单个词语都是对事物的命名,而

---

① 张祥龙:《海德格尔思想与中国天道》,北京:中国人民大学出版社,2011年,第325—327页。

句子则是由这样的命名组成的。"① 这说的就是概念和命题两个方面。根据奥古斯丁的观点，言说无法离开命名。从这样的视角看，《老子》第一章所涉及的是哲学中的重要问题，并且显然也是将"名"与对"道"的言说联系起来的。尽管在老子的哲学体系中，"道"的地位是无可替代的，但是开头显然又是将"名"放在与"道"同等重要的位置上来讲的。这样，我们将"道可道"中"可道"之"道"释为"言说"，才能与老子本章讨论的问题更为相契。

这样，我们就可以结合"名"来考察《老子》开头所涉及的"道"之言说问题。对于这个问题，有两种对立的观点：一种观点认为道是不可说的。明确提出道不可说是从王弼开始的。王弼说："可道之道，可名之名，指事造形，非其常也。故不可道，不可名也。"② 至今人们也大多持此观点。另外一种观点认为道是可以说的。比如司马光就认为道是可言的，近人则有朱谦之、詹剑锋等持此观点。那么，老子的"道"到底应该是可说的还是不可说的呢？我们先从通行的王弼本与帛书本的比较进行分析。

王弼本：道可道，非常道；名可名，非常名。
帛甲本：道，可道也，非恒道也；名，可名也，非恒名也。

当然，我们这里的讨论有一个前提，就是认为帛书本比通行的王弼本更为接近《老子》一书的原貌。高明先生曾指出，尽管马王堆汉墓出土的帛书甲乙本《老子》也算不上善本，但应该更多地保持了原貌。他就帛书本说："近古必存真，因而较多地保存《老子》原来的面貌。"③ 尽管这样的观点并不具有必然性，但我们这里也姑且如此看待。

对于王弼本首章开头来说，我们通常是将其理解为两个假设句；但是帛书本由于多了"也"字则明显是判断句，这样，它比王弼本的意思更为明朗。然后，我们来讨论"常道"与"恒道"的问题。④ 司马光认为"常道"为常人之道，这种理解显然不妥，因为"常道"在帛书本中是"恒道"。许慎《说文解字》释"恒"为"常"，《周易·序卦》释"恒"为"久也"。这样我们就可以将"恒"释为"常久"，"恒道"即为常久之道。

---

① Ludwig Wittgenstein, *Philosophical Investigation*, Oxford: Basil Blackwell, 1986, p. 2.
② 楼宇烈校释：《老子道德经校释》，北京：中华书局，2008年，第1页。
③ 高明：《帛书老子校注序》，载《帛书老子校注》，北京：中华书局，1996年，第5页。
④ 王弼本的"常"是因避汉文帝刘恒讳而改，这应该已是学界共识。

所以,"恒道"就是老子所说的"大道"。这样,从帛书本中更容易看出,"道,可道也"中的第一个"道"就是通常的形下之"道"了。河上公称其为"经术政教之道"。这样,我们可以将"道可道,非常道"理解为可以言说的道并不是那种恒久不灭的道。反之,"恒道"就是不可说的了。同样,"名可名,非常名"也是否定了俗常中的"名"。也就是说,可以被人称颂的"名"也不是恒久的名。显然,老子是从反面来阐发"道"与"名"的。这就是因为"道"是不可说的。对于不可说之物,维特根斯坦说:"关于何者我们无法言说,于此我们必须保持沉默。"① 海德格尔则说:"对沉默保持沉默。"② 按照这种哲学逻辑,如果"道"完全不可说的话,那么老子的五千言则完全是多余的。

但问题是,老子的"大道"也是以"道"为名的,而命名在本质上就是一种言说。我们说,尽管"道"是"可名"的,但这并不是说它本身是"可道"的。但是,如果要通达"道",我们仍然需要借助这个"名"。我们的确需要在无法言说之处保持沉默,但是,言说也通常是我们达到这种无法言说之地的必要途径。维特根斯坦也并没有堵死我们达到不可说之物的道路。他说:"哲学通过清晰地显示可说的东西来意味不可说的东西。"③ 老子哲学也并没有违反这种思维与语言的逻辑。维特根斯坦说的"显示"(darstellen/display)在老子这里则体现为"观"。这样的话,关于"道"的言说就包含两层意思:其一是"道"的现象,它是可以言说的;其二是"道"的本身,它是不可言说的。老子总是通过对道的现象的言说来让我们领会"道"的本身。"观"则是老子沟通这二者的核心方式。

(二)"名"的有无

因为命名对于言说是至关重要的,那么"道"的可说与不可说问题就与后面讨论"名"的阐述有了逻辑的承接关系。这样,我们来分析后面论"名"的两句:"无名天地之始,有名万物之母。"这两句的"天地之始"与"万物之母"就是针对"道"而言的,这应该是没有什么问题的。这里历来有两种断句方式,但是如果我们仔细分析的话,不管怎样断句,都不能否定"道"的可命名性。如果"名"与前读,则有"无名"、"有名",

---

① Ludwig Wittgenstein, *Tractatus Logico-Philosophicus*. Barnes & Noble Publishing, Inc., 2003, p.157.
② 海德格尔:《在通向语言的途中(修订译本)》,孙周兴译,第143页。
③ Ludwig Wittgenstein, *Tractatus Logico-Philosophicus*. Barnes & Noble Publishing, Inc., 2003, p.53.

而"有名"当然就是说"道"有其可有名的一面；如果"名"与后读，那么"无"与"有"都是对于道的命名。为了澄清这个关系，我们可以参照《老子》其它章节中那些与"道"直接相关的对"名"的表述。这主要有：

视之不见名曰夷，听之不闻名曰希，搏之不得名曰微。（第十四章）

绳绳不可名，复归于无物。（第十四章）

自今及古，其名不去，以阅众甫。吾何以知众甫之状哉？以此。（第二十一章）

吾不知其名，字之曰道，强为之名曰大。（第二十五章）

道常无名。朴虽小，天下莫能臣也。（第三十二章）

始制有名，名亦既有，夫亦将知止，知止可以不殆。（第三十二章）

衣养万物而不为主，常无欲，可名于小；万物归焉而不为主，可名为大。（第三十四章）

化而欲作，吾将镇之以无名之朴。无名之朴，夫亦将无欲。（第三十七章）

大音希声，大象无形，道隐无名。夫唯道善贷且成。（第四十一章）

在这些章句中，最为明确地表明"道"与"名"之间关系的就是"道常无名"与"道隐无名"这两句。"无名"中的"名"当然是"名称"之意。其中"道常无名"在帛书甲乙本中都是"道恒无名"，所以这两句明确地说明了"道"的本身是没有名称的，而第十四章的"不可名"也就应该在这个意义上来理解。所以老子说："吾不知其名。"

但是上面所列中，又有几句说"可名"、"名曰"、"其名"之语。这是为何？我们需要以第二十五章来解释。二十五章说："吾不知其名，字之曰道，强为之名曰大。"说"道"可名，并因而有名，是因为这个"名"是勉强命名的。显然，老子区分了"名"和"字"，所以我们可以用《仪礼》中的话来解释。《仪礼·士冠礼》说："冠而字之，敬其名也。""名"是人初生时父母起的，"字"是行冠礼时宾客赠的。古代在称呼他人时，多以"字"称，以表示对"名"的尊重。其实，抛开礼仪的问题，"名"与"字"在本质上是没有区别的，它们都是拥有名字的人之外的人赋予他的。同样，"道"本身也并无"名"与"字"，而这个名字也是人赋予它的。不仅"大"是勉强的命名,"夷"、"希"、"微"等也都是这样的"强名"。所以第一章说:"名可名,非常名。"这也就是说可名之"名"是"非常名",这也是由于道"常无名"。

从符号学的观点来看,"道"这个"字"(名)作为能指与其所指的关系是任意的,"道"这个名称并不是它的所指(道的本身)本来就有的,这个名称只是我们施加上去的。尽管这样,有一点我们是可以肯定的:我们必然需要有一个命名,不管它是一个什么名字。所以海德格尔在《关于人道主义的书信》中说:"存在在思想中达乎语言。语言是存在之家。人居住在语言的寓所中。"① 如果没有语言,物将始终无法"是其所是"。海氏在《语言的本质》演讲中引用了诗人斯蒂芬·格奥尔格(Stefan George)《词语》中的诗句:"词语破碎处,无物可存在。"② 这个"存在"即为"是"。无物可"存在(是)",就是说无物能够"是其所是"。没有语言,我们身外的所有都将堕入无其所是的黑暗之中。也正因为这样,他在《形而上学导论》中说:人是一种言说的存在。所以,赋予对象以"名",是我们与事物打交道的基本途径。《老子》二十一章说:"自今及古,其名不去,以阅众甫。"这句话也可以作如是理解:我们是通过我们所赋予"道"的这个"名"来领会它之所以为"众甫"的。这样,在人的言说中,"道"当然也就"有名"了。《老子》第三十二章说:"始制有名,名亦既有,夫亦将知止,知止可以不殆。"命名,使万物得以成为万物。

我们还可以通过佛家的相关讨论更为深入地理解这种"名"的实质。用佛家的话说,我们给事物所命的"名"其实是一种"假名"。青原惟信禅师曾说到关于山水的"三般见解",其实也涉及这样的问题。这三般见解事实上包含了对名的三种态度。他说:

> 老僧三十年前未参禅时,见山是山,见水是水。及至后来,亲见知识,有个入处,见山不是山,见水不是水。而今得个休歇处,依前见山只是山,见水只是水。③

---

① 海德格尔:《路标》,孙周兴译,北京:商务印书馆,2000 年,第 366 页。
② 海德格尔:《在通向语言的途中(修订译本)》,孙周兴译,第 150 页。所引诗句德文原文为"Kein Ding sei wo das Wort gebricht"。这里的"sei",是"Sein"的现在时第一虚拟式形式。赫慈(Peter D. Hertz)对此的英译为"Where word breaks off no thing may be."见:Heidegger, *On the Way to Language*, New York: Harper & Row, 1982, p. 60.
③ 普济:《五灯会元》,苏渊雷点校,北京:中华书局,1984 年,第 1135 页。

他对待山水之名的这三种态度,实质上也是山水对他的三种存在方式。在第一个阶段,山与水呈现出不同的表象,因而它们有了不同的名。也由于这不同的名,山与水在我们的眼中也就有了质的区别,所以山是山,水是水。在第二个阶段,山与水的区别得到了消解,但却也失去了自身的存在,因为它们本身都是佛性的现象。此名当然即是假名。大珠慧海禅师说:"迷人不知,法身无象,应物现形。遂唤青青翠竹,总是法身;郁郁黄华,无非般若。黄华若是般若,般若即同无情;翠竹若是法身,法身即同草木。"① 青原所说的这个阶段就可以理解为大珠的意思。青原禅师在第二阶段虽然消解了山水的区别,但却还有这样一种对法身般若的执著。这就需要进一步的提升。到了第三个阶段,他观到了山水真正的存在,这个"是"已经不是以前的"是"了。这是自在的"是",是本真的"是"。这时,就是再度减去心灵将法身般若加于山水的执著。这时候,"山"、"水"之名当然亦是假名,即"非常名"之"名"。我们将"山"这个名加于我们称之为"山"的这种事物之上,通常也就意味着,我们也给它加上了崇高、坚硬等意义。但从佛家看来,这些都是不真的。在这第三个阶段,山无所谓崇高,也无所谓法身般若,山就是它自己。

事物的存在无法离开命名与语言的言说。所以,在海德格尔看来,命名是一种召唤。② 命名,使万物得以成为万物。在老子这里,命名未尝不是这样的一种召唤。这种召唤将"道"带入我们的境域,使其达到一种不在场的在场。说它不在场,因为道不是一个存在者,它视之不见、听之不闻、搏之不得。但是通过对它的命名,它进入我们的境域当中。如果没有这种命名,道对于我们就永远是一种黑洞般的陌生。当然,命名只是一个条件。除了命名,还需要有其它的通达方式,在老子这里这是"观"。

(三)"欲"的有无

我们在讨论了"无名"与"有名"的问题之后,接着就是关于有无问题的另一个方面。《老子》第一章说:"故常无欲以观其妙,常有欲以观其徼。"这里历来也有两种断句方式:一种是在"欲"前停顿,一种是在"欲"后停顿。如果我们可以参考帛书本的话,显然就要在"欲"后断开:

甲本:〔故〕恒无欲也,以观其眇(妙);恒有欲也,以观其所噭

---

① 普济:《五灯会元》,苏渊雷点校,第157页。
② 海德格尔:《在通向语言的途中(修订译本)》,孙周兴译,第12页。

（徼）。

乙本：故恒无欲也，〔以观其妙〕；恒又（有）欲也，以观其所噭（徼）。

显然，帛书甲乙本都是在"欲"后有一"也"字。按照汉语通常的规范，停顿需在"也"字之后，那么"无欲"之间则当然是没有句读的，况且第三十四章中则明确有"常无欲"。此处文字在帛书本中为："则恒无欲也，可名为小。"所以，"无欲"之说，在《老子》中自然没有问题。这个表述在《老子》中是很多的：

常使民无知无欲。（第三章）
常无欲，可名于小。（第三十四章）
无名之朴，夫亦将无欲。（第三十七章）
我无欲，而民自朴。（第五十七章）

但是"有欲"却令人费解，因为"欲"这个东西在《老子》中基本上是被否定的对象，而这里明显不是对其进行否定。不过问题是，帛书本中第二十二章（王弼本第二十四章）与第三十一章（王弼本第三十一章）都有："物或恶之，故有欲者弗居。"（"有欲者"，王弼本为"有道者"）这里明显也是对"有欲者"的肯定。对于这种矛盾，高明先生断然认为这里的"欲"乃为"裕"字之假借。① 但是如果我们将帛书《老子》甲乙本互相对照的话，"欲"字凡见多达三十处，除此二章外，其余明显均非"裕"之假借。如说此为假借，而为何第一章中的"有欲"之"欲"又不为假借？所以，假借之说缺乏充分理由，尽管他在校注中引经据典而以"道"释"欲"。其实，《老子》中的"有欲"与"无欲"在意义上也并非完全牴牾。帛书本第五十七与六十四章都有"欲不欲"之语。这个表述在王弼本第五十七章中是"无欲"，在第六十四章中则没有变化。所以，如果我们非要说有一种可以肯定的"有欲"的话，这种"欲"就是那种"不欲之欲"。如果我们把《老子》中所肯定的"有欲"理解成这种"不欲之欲"，那么其中的矛盾就在某种程度上得到了化解。

如果我们说帛书《老子》肯定了"有欲"，并将其理解为"不欲之欲"，那么它与"无欲"又有什么区别呢？如果我们把《老子》所通常否

---

① 高明：《帛书老子校注》，北京：中华书局，1996年，第338—389页。

定的"欲"理解为日常生活的各种欲望,那么这种"不欲之欲"则是否定这种欲望的欲望,而"无欲"则不仅是对于日常生活各种欲望的消解,也是对否定这种日常生活之欲望的欲望的消解。也就是说,试图否定某种欲望,这本身也是一种欲望。无欲的极致就是连否定的意图也不在心中出现。也许我们这种诠释染上了浓重的佛学色彩,但是恐怕也只有这样才能在某种程度上避免《老子》某些概念之间的冲突。况且,其实《老子》当中也并非没有某种类似佛学的哲学观念。这些观念是在关于"妙"与"徼"的阐述中得到某种程度体现的。

对于《老子》第一章中所说"两者同出而异名"中的"两者"所指为何,历来也有不同的见解。如果我们将前文解读为"无名"、"有名"与"无欲"、"有欲",那么,这所谓的"两者"就不能单指前两者或者单指后两者。所谓两者,应该指"妙"与"徼"。这样,"妙"与"徼"就是对于"道"的两种命名。这就如同以"夷"、"希"、"微"命名道的几种状态一样,"妙"与"徼"也是道的两种不同的状态。"妙",帛书甲本作"眇",悠远之意。"徼",帛书甲乙本均作"曒",明朗之意。王弼注:"妙者,微之极也。"① 朱谦之说:"'徼'者,光明之谓。"② 那么,观"妙"与观"徼"就是观道的两种状态与体现。作为道的两种状态,"妙"与"徼"又有什么联系呢?如果我们把"两者"确定为"妙"与"徼",那么它们就都是《老子》中所说的"玄"了,即"同谓之玄"。"玄之又玄,众妙之门"则内在地包含了此二者之间的关系。既然说"众妙之门",显然"妙"即是"道"的代名词,"众妙"则是说"道"的诸多特征。所以,达到"道"的境界也就是达到"妙"的境界,而"玄之又玄"则是达到"妙"的途径。何谓"玄之又玄"?我们将此理解为"玄"的层次,即"玄"有两层:一是玄,二是(玄之)又玄。"玄"即是上文所说的"有名"与"有欲",这里的"名"是"假名","欲"是"不欲之欲"。"玄之又玄"则是去假名之"无名",去不欲之欲之"无欲"。这也就是一个从"观其徼"到"观其妙"的过程。

(四)观"有"之"无"

由于《老子》对后世产生影响,主要是通过以王弼本为代表的通行本而不是帛书本,所以我们在结合帛书本考察了文本中的若干问题后就可以

---

① 王弼注,楼宇烈校释:《老子道德经注校释》,北京:中华书局,2008年,第1页。
② 朱谦之:《老子校释》,北京:中华书局,1984年,第7页。

在此基础上继续讨论通行本《老子》中关于观道的思想。我们以上的讨论在有些方面实际上是在有意地化解帛书本《老子》中的某些似有抵牾的地方,而这些问题在王弼本《老子》中就不太明显了,因为在帛书本导致问题的"有欲者"在通行本中却成了"有道者"。这样,第一章中的"有欲"也就可以通过句读分开。尽管王弼长于有无之论,但他还是以"无名"、"有名"与"无欲"、"有欲"来理解《老子》第一章的。如果我们有意地要使本章突出"有"、"无"的问题,就可以这样断句:

> 道可道,非常道;名可名,非常名。无,名万物之始;有,名万物之母。故常无,欲以观其妙;常有,欲以观其徼。此两者同出而异名,同谓之玄,玄之又玄,众妙之门。

我们前面说过,本章的一个重点问题是讲"道"的"名"。在改变句读之后,我们可以很容易如是解读:此时"有"与"无"都成了对于"道"的命名,并且由关于"道"的言说与命名问题就产生了与"道"相关的"有""无"问题。这样,章句中的"两者"也自然而然地倾向于成为"无"与"有"这二者。这二者虽是"道"的"命名",但却都不是它的"常名"。我们对道以"无"命名,是要以此"观其妙";对道以"有"命名,是要以此"观其徼"。所以,"无"与"有"都是同出于我们对道的命名,出于我们要对道的本身的通达。所以,观"道"的"妙"与"徼",其实也就是观"道"的"无"与"有"。

所以,对道的本身的通达,就是一个从"有"到"无"的过程。《老子》中说:"天下万物生于有,有生于无。"(第四十章)因为"万物生于有",所以"道"作为"有"就是"万物之母";因为"有生于无",所以"道"作为"无"就是"天地之始"。老子还说:"道生一,一生二,二生三,三生万物。"(四十二章)我们可以说,"一""二""三"就是生万物的"有","道"本质上就是"无"。根据这个万物生成的逻辑,我们就会知道,"无"是"道"最为根本的方面。这样,对"道"的领悟在根本上就是对"无"的体会,而对"无"的体会就需要以对"有"的把握为前提。所以,观道就是一个从"有"到"无"的过程。

老子方法论的一个重要方面就是"反"。他说:"反者道之动,弱者道之用。"求弱是他对"反"的运用。同样,通达"道"就要实行"反"的方法。所以,老子的"观"实则是一种"反观"。道生万物,是从无生有;观道则是从有到无。这就是一个反观的过程。在老子这里,对"有"的观是一种经验的意识；而对"无"的观则是在观"有"时的一种体验，这样的观就是一种"反观"。《老子》中说："致虚极，守静笃。万物并作，吾以观其复。夫物芸芸，各复归其根。"（第十六章）这个"观其复"，就是"反观"，就是"复命"。万物芸芸而作，这就是"有"；但万物的"作"，最终也归于其"根"。这个"根"就是"无"。所以这个"观其复"，也就是从万物的"有"观到万物的"无"，这样也就达到了对于"道"的观照。"观其复"也就实现了"归其根"。这个"归"不在于时间上的终结，而在于逻辑上的还原。所以这个"观其复"，也就是从万物的"有"观到万物的"无"，这样也就达到了对于"道"的观照。"观物"的目的是要达到"道"，"复"即"复命"，即"归根"，也即达到恒久不灭的道。

老子提出有无双观，是因为道统有无。所以，要想体认大道，必须要从"无"与"有"两个方面来把握。如此，才能认识大道之全。既不是单单观"无"，也不是单单观"有"，统而"观"之，方可得道。这个"观"也就是老子说的"玄览"。那么我们怎样才能达到有无双观，既观"有"又观"无"呢？这应该就是在观有的时候将"有""无化"，也就是消解对于"有"的对象性意识。①

我们通常将"有"视为存在者，但它之所以成为这样的存在者，是由于它处于这样的存在境域中。维特根斯坦曾说："也许，那种无法表达的事物（我感到神秘、又不能表达的事物）提供了一个背景，依据于这个背景，我可能表达的事物才具有它的意义。"② 老子的"道"当然是一个无法表达的事物。从无法表达的意义上，它构成了一个背景的"无"。但有了这个"无"，我们才能理解事物的"有"。有了这样的存在的"无"，"有"才成为这样的存在者，但存在本身却是一种"无"。如果我们"观"到了这种存在境域，这就是"观"到了"无"。其实，"无"也就是一个"无化"的过程，而"无化"的实现与完成也就达到了"道"。彭富春指出，无之无化，就是世界之整体的敞开。③ 道，就是这个敞开的世界之整体。

在老子的"观"中，我们直接与"有"的"无"相遇，因为"无"不是"思"的对象，而"观"也不是一种对象性的行为，它是一种存在境域

---

① 这里所用"无化"这个表达借鉴于彭富春《无之无化：论海德格尔思想道路的核心问题》，上海：三联书店，2000年。笔者认为，这种"无化"可以与老子论有无关系的观点相通。
② 维特根斯坦：《文化与价值》，涂纪亮译，北京：北京大学出版社，2012年，第25页。
③ 彭富春：《无之无化：论海德格尔思想道路的核心问题》，第23页。

的敞开。海德格尔在《形而上学导论》中提出这样一个极为重要的问题："为什么是者是而无却不是？"所以，我们不能对"无"提出"它是什么"的问题。我们可以说，老子的"有"相当于海德格尔的"是者"（"存在者"），所以在老子这里，"无"同样是不能言说的。海德格尔说："谈论无的人不知道他在做什么。说无，就通过这种说的行为将无变为某物。他有所说的说就与他所意指的东西相反，结果自相矛盾。但是自相矛盾的说违反了说的基本规则，违背了逻辑。"① 中国道禅哲学强调，对于不可言说的东西进行言说之后，还必须要有对于言说本身的否定。刘义庆在《世说新语》中记王弼之语，极为精致。王弼说："圣人体无，无又不可以训，故言必及有；老、庄未免于有，恒训其所不足。"② 在王弼看来，老庄都没有在言"有"之后彻底地摆脱"有"而达到"无"。他之所以这样说，不仅是由于他对老庄存在着误解，而且也由于他对有无关系的认识与老庄是有区别的。

老子的有无双观有隐与显两个层面的意思。"无"是隐的，所以，我们无论如何不能直接经验到"无"，而只能借助于观"有"。但如果执著于"有"，则始终不能把握到"无"；必须使这个"有"归于"无"，"有"的"无化"，这就是"观其复"。无与有的关系也是一与多的意思。道是一，万物是多。道为其根，根为一。这样，观多以达一，观一以统多。有无双观当然不是日常生活中的观，它是以无欲之观作为条件的，所以它也不是功利的观，而是以道为旨归的观。

老子观道的前提是心的纯化，这也就是实现观道所具备的条件。这个条件就是"致虚极，守静笃"，即达到"虚静"。如何实现"虚静"？首先，老子否定对于事物的经验认知。他说："塞其兑，闭其门，终身不勤。开其兑，济其事，终身不救。"（第五十二章）高诱说"兑"就是"耳目鼻口"等经验认知的门户。老子对这些经验感官是持否定态度的。他说："五色令人目盲，五音令人耳聋，五味令人口爽。"（第十二章）

其次，我们还要祛除所有的杂念。《老子》说："涤除玄览，能无疵乎？"（第十章）"涤除"是清除之意。高亨说："洗垢之谓涤，去尘之谓除。"③ "玄览"即为"玄鉴"。高亨说："玄者形而上也，鉴者镜也。玄鉴

---

① 海德格尔：《形而上学导论》，熊伟、王庆节译，北京：商务印书馆，1996年，第24页。
② 刘义庆：《世说新语》，刘孝标注，杭州：浙江古籍出版社，2010年，第51页。
③ 高亨：《老子正诂》，北京：清华大学出版社，2011年，第19页。

者，内心之光明，为形而上之镜，能照察事物，故谓之玄鉴。"① 所以"玄览"意为深妙的镜子，也就是"心"。只要将心上其它事物的遮蔽除去，即可观照"道"。《老子》中说："载营魄抱一，能无离乎？"高亨说："一谓身也。抱一，犹云守身也。"② 朱谦之说："魄，形体也，与魂不同。"③ 身心是一个不可分割的整体。《老子》还说："为学日益，为道日损。损之又损，以至于无为。无为而无不为。""为学"是日日增加知识，而"为道"是日日减损自己的各种功利欲望。

老子主张的"闭目塞听"和"涤除玄览"式的"观"就是一种内心的体验。他认为，只有这样才能达到对于"道"的观照，因为"道"的本身是无法直接感知到的。他说："大音希声，大象无形。"（第四十一章）而"为道"所需要的"涤除玄览"和"闭目塞听"式的"虚静"也就是对经验知识的搁置与减损。这种"观"是不带有任何特殊立场的视角，这也就是"道"的视角。这正如成中英先生所说："这样做就是不要采用并非关于道的任何观点，亦即根本不采用任何观点。这就是说，一个人应当使自己摆脱关于事物的所有预想，所有知识以及所有的偏见。这就回归到本源。在那里，事物被按照其自然状况而为人们所看到；并且，人们将通过自发性的看而看到事物。也就是，在那里人们看到道，原因在于，正是在那里，道或者所有事物的真正本质得以呈现。"④ 这种不带有任何观点的"观"就是"道"的"观"。这样，事物就会以它的本身达到我们的心。"道"，就是事物的本来样子。在"观"的方式中，"道"作为世界的整体向我们敞开。

（五）观的视角

在《老子》这里，"观"除了作为对于道的领会方法之外，它还是一种观察的方法。这在《老子》第五十四章中有所讨论："以身观身，以家观家，以乡观乡，以国观国，以天下观天下。"这里的意义其实并不易解。如果要理解老子的意思，首先要结合本章的整体观念，其次还要结合《老子》整个文本中与此有明显相关的文字。我们先看本章内容：

---

① 高亨：《老子正诂》，第18—19页。
② 同上书，第18页。
③ 朱谦之：《老子校释》，第38页。
④ 成中英：《易学本体论》，第111页。

> 善建者不拔，善抱者不脱，子孙以祭祀不辍。修之于身，其德乃真；修之于家，其德乃余；修之于乡，其德乃长；修之于国，其德乃丰；修之于天下，其德乃普。故以身观身，以家观家，以乡观乡，以国观国，以天下观天下。吾何以知天下然哉？以此。（第五十四章）

很明显，本章中重要的内容是要说身、家、乡、国、天下的逻辑，而与此对应的两个关键词是"修"与"观"。那么，这里的"修之"中的"之"指什么？我们先转向开头两句："善建者不拔，善抱者不脱。""之"应该是指这里"建"、"抱"的宾词。首先是"建"，全文中除此外还有"建言"、"建德"之说，但此二词中的"建"均不为动词；其次是"抱"，它作动词的用法有"抱一"、"抱朴"、"抱阳"，而"一"、"朴"、"阳"均是与"道"有关的。由此看来，如果说第五十四章中"建"与"抱"的宾词当为"道"应该是没有问题的，并且将后文理解为"修道"也是顺理成章的。

我们这里说的"修道"，其实也就是老子所说的"为道"。《老子》说："为学日益，为道日损。损之又损，以至于无为。"（第四十八章）同时，第五十四章关于"观"的那句表述之后说："吾何以知天下然哉？以此。"《老子》说："不出户，知天下；不窥牖，见天道。其出弥远，其知弥少。是以圣人不行而知，不见而名，不为而成。"（第四十七章）这里的不行而知、不为而成的方式显然是与老子为道日损的逻辑是一致的。所以我们要理解第五十四章中"观"的逻辑，必然要在这个理论框架当中进行解读。

我们知道，第五十四章所构成的"以……观……"中的"以……"其实是关于某种视角的表述方式。就我们通常来说，要具有一种观察视角，就需要有关于这种视角的概念或观念。但是老子的为道方式是反对我们通常的知识见解的，所以他的这种观察视角定然不是我们通常的方式。在老子这里，被观察的对象倒成了观察的视角，这也就意味着老子实际上是反对观察事物所应具备的某种确定的视角的，或者我们可以说他要求的是没有视角的视角。对于知性的革除实际是要割断事物之间的联系，即身、家、乡、国、天下不能相互成为他者的标准。这就像《管子》说的："以家为乡，乡不可为也；以乡为国，国不可为也；以国为天下，天下不可为也。以家为家，以乡为乡，以国为国，以天下为天下。"（《管子·牧民》）老子反对人们对这些事物之间产生看法的相互影响，所以，他主张革除观看每一种事物之前所有的他者的视角，这样以保证它们各自的自足性与独立的地位。

所以在身、乡、家、国、天下这几种事物之间，《老子》中有些讨论会同时涉及其中二者，这是需要我们注意的，尤其是"身"与"天下"这二者。以此，我们试分析以下两句。其一："奈何万乘之主，而以身轻天下？"（第二十六章）这是由于万乘之主虽然以身为身，但是没有以天下为天下，所以也便以身而轻天下，这显然是不足取的。其二："故贵以身为天下，若可寄天下；爱以身为天下，若可托天下。"（第十三章）这里显然是把"身"与"天下"联系了起来。但是这里实际不同于《管子》中所说的"以家为乡、以乡为国"式的态度，而是说"以身为天下贵、以身为天下爱"，这是可寄托于天下的目的所需要的条件。

老子对"道"的把握，其实也涉及一个视角的问题。"观"通常是一种经验的"看"，但它还可以达到事物存在本然样态的呈现。经验的"看"总是有某种视角的，也就有了不同的"象"的呈现。但是，老子的"观"超越了看待事物的具体视角，成为一种超越的体验方式。这样，也就有了"大象无形"的本然呈现。

二、庄子：观物的转化

爱莲心（Robert E. Allinson）在《向往心灵转化的庄子》一书中提出了这样的一个观点：《庄子》全书关注的一个主要哲学任务是心灵转化。无独有偶，杨义也认为，"化"是庄子道行的基本形态，老子之"反"与庄子之"化"是道家思想精粹之所在的双璧。① 我对他们提出的这种观点是深以为然的，因为如果我们有了这个视角，就能够解决《庄子》文本内部隐藏着的却又似是而非的一个矛盾。这里我们就将借助这个观点阐释这个矛盾的存在与《庄子》文本本身克服它的可能，这个矛盾涉及庄子观物的方式。或者我们也可以这样说：他们所说的"化"或说"心灵转化"在我们这个讨论中体现为观物方式的转化。爱莲心其实也表达了这样的观点。他说："在转化之后，人用不同的方式看世界。"② 在庄子这里，这种看世界的方式的改变就是从"以物观之"到"以道观之"。

不过更重要的是，在这个转化中还必然有一个或长或短，甚或是漫长

---

① 杨义：《庄子还原》，北京：中华书局，2011年，第42页。
② 爱莲心：《向往心灵转化的庄子：内篇分析》，周炽成译，南京：江苏人民出版社，2004年，第3页。

或是瞬间的由此到彼的过程。但是如果我们仔细想来的话，凡是一种自觉的转化都需要有一个前提，这就是在转化之前要对转化之后的状态有一个掌握与领会。如果在转化之前没有对需要转化成的事物或状态有一个较为清晰的认识，那将是一件很荒诞的事情。这就会有"盲人骑瞎马，夜半临深池"的危险了。我们知道，庄子所追求的是一种无待的逍遥境界，那么他首先要对这种境界是什么样子有一个认识。不仅如此，他还要对为何要进行这样一种转化进行论证，以证明这种转化的合理性和必要性。

（一）齐物与逍遥

我们这里重点讨论庄子观物方式的转变，即由"以物观之"到"以道观之"的转化。这两种观物方式出自《秋水》篇：

> 以道观之，物无贵贱；以物观之，自贵而相贱；以俗观之，贵贱不在己。以差观之，因其所大而大之，则万物莫不大；因其所小而小之，则万物莫不小。知天地之为稊米也，知豪末之为丘山也，则差数等矣。以功观之，因其所有而有之，则万物莫不有；因其所无而无之，则万物莫不无。知东西之相反，而不可以相无，则功分定矣。以趣观之，因其所然而然之，则万物莫不然；因其所非而非之，则万物莫不非。知尧、桀之自然而相非，则趣操睹矣。

对于这两种观物的方式，庄子肯定是主张以道观物的。但问题是，庄子有没有从物的角度去观物呢？这是我们不能否认的。因为《庄子》文本中的确呈现出了一种观点，我们很难说是庄子站在道的角度来看的。但如果承认了这一点，就又造成了庄子观物方式的一个矛盾。这里，我们集中通过《逍遥游》与《齐物论》来讨论这个问题。

在《庄子》三十三篇中，内七篇主要出于庄子之手，这已是学界共识。在内七篇中，《逍遥游》和《齐物论》可以说是最重要的两篇。《逍遥游》中所阐发的是他所追求的人生境界，而《齐物论》则主要是为达到这种境界所进行的哲学论证。但是在理论上，庄子在这两篇中所表现出的立场之间却有着矛盾。

我们先从作为他的认识论基础的《齐物论》说起。庄子在《齐物论》中阐述的主要观点是齐同万物，这个观点的主要意思是我们不能在万物之间确立一个可以比较的标准。在此篇中，庄子主要通过齐生死、齐是非、齐美丑这几个方面阐述了他的"齐物"理论。关于生死的问题，他说：

"方生方死，方死方生。方可方不可，方不可方可。"（《齐物论》）他的意思是，正在生长的事物也是正在死亡的事物，正在死亡的事物也是正在生长的事物。这也就是说，"生"和"死"之间没有确定的标准，我们没有必要也无法分清"生"与"死"之间的界限。

如果说他的这个意思还有些辩证意味的话，那么他的是非齐同的观点则足以说明他是反对二者的分野的。他说："是亦彼也，彼亦是也。彼亦一是非，此亦一是非。……是亦一无穷，非亦一无穷。"（《齐物论》）在庄子看来，"此"与"彼"是无法界定的，"是"与"非"是没有定准的。从此处说，此是此，彼是彼；但是从彼处说，这个彼也就成了此，此也就成了彼。"此"所说的"彼"在"彼"那里也就成了"此"。所以，从"此"的角度看，此有此的是非；从"彼"的角度看，彼有彼的是非。这样，一是一非，一非一是，两行而无穷。所以，我们就无法在"此"与"彼"之间找到一个是非标准了。

但是，我们也并不能说庄子这个态度就是相对主义，因为我们还可以从庄子关于齐美丑的论述中看到他之所以齐同万物的最终根据。庄子说："举莛与楹，厉与西施，恢恑憰怪，道通为一。"（《齐物论》）"厉与西施"，言丑与美也。庄子的意思是说，自然而来的美与丑在本质上是没有差别的，因为它们都是源于共同的"道"。在庄子看来，世人从外形上区分西施与厉的美与丑实际上是毫无意义的。他说："毛嫱丽姬，人之所美也；鱼见之深入，鸟见之高飞，麋鹿见之决骤。四者孰知天下之正色哉？"（《齐物论》）也就是说，他否定了一种所谓普遍性的"正色"之存在的可能性。

这就是庄子"齐物"的主要观点。也正是站在这样的立场，庄子批评了儒墨二家各自"以是其所非而非其所是"。这意思也就是成玄英所说的那样："各用己是是彼非，各用己非非彼是。"[①] 所以，庄子反对我们对事物做出是非判断。但也正因这样，他在批评是非的过程中就产生了一个悖论：一方面，他认为没有是非。这是因为没有是非标准，所以也便无法界定是非。但另一方面，他却为了说明自己这种没有是非的主张而必须先树是非。也就是说，庄子"欲明无是无非"，也必先要"是儒墨之所非而非儒墨之所是"，并且这所谓的"明无是无非"之"明"本身就是一种"是"。庄子借王倪之口说："自我观之，仁义之端，是非之途，樊然淆乱，吾恶能知其辩！"（《齐物论》）但是，他在主张取消是非的时候也必然陷入一种己是而他非的悖论之中。

---

① 郭庆藩：《庄子集释》，王孝鱼点校，北京：中华书局，2008年，第65页。

其实，墨家已经看到了类似庄子齐是非这种观点所导致的悖论。《墨子·经下》中说："以言为尽悖，悖，说在其言。"这意思是说，有一种观点认为所有语言都是悖谬的，这种观点自身就陷入了悖谬，这可以从此人的语言本身推论出来。尽管《墨经》中的这种批评并非针对庄子，但是这种批评确实也适用于批评庄子的这种齐是非的逻辑。高亨先生在分析时说的非常明白。他说："此人之言如可，则此人之言不谬也。此人之言不谬，则是天下之言有可也。天下之言有可，则是天下之言有不谬也。天下之言有不谬，则是天下之言非尽谬也。天下之言非尽谬，则是以天下之言为尽谬，乃此人自成其谬也。"① 还说："此人之言如不可，则是此人之言谬也。此人之言谬，则此人以天下之言为尽谬，本非尽谬也。"② 同样的逻辑，庄子的齐是非本身就是否定了世间的是非存在，然而这种否定的本身无疑也就是一种是非的判断。

正是这种悖论导致了庄子在论齐物与明逍遥之间产生了一种矛盾的观点。这里我们再来分析《逍遥游》的文本。庄子为了论述其所主张的"逍遥"，在本章开篇就提到了大鹏。写了大鹏之后，则是蜩与学鸠对它的讥笑。庄子对这两个小东西进行了显然的批评："之二虫又何知！"这无疑是在进行一种比较。然后他又提出："小知不及大知，小年不及大年。"（《逍遥游》）接着，他又举了几个例子来说明这个道理。这都是"小大之辩"。也就是说，"小"和"大"是不同的。然后，庄子又批评了荣子和列子。他们尽管能够"未数数然"，但是在庄子看来却仍然是"犹有未数"、"犹有所待"。这样，他在最后提出，只有那种"乘天地之正"、"御六气之辩而游于无穷"的人才最为接近那种逍遥无待的境界。如此看来，如果像史华兹那样，说《庄子》中不存在任何价值判断，显然是草率的。③ 我们姑且不说那些故事背后隐藏着的价值判断，就是明显的判断也是有的，因为肯定或否定本身就是一种判断。

庄子批评昭文、师旷、惠子三人，认为他们都是因己之所好异于彼而欲明己之所好。那庄子言逍遥、说齐物之论难道不是以己之所好明示于彼？由此看来，庄子为了说明自己提出的"逍遥"境界，批评了许多在人们看来已算超越世俗的生存方式。无疑，这里就存在着庄子的是非判断，这与他在《齐物论》中所阐述的"齐是非"的观点显然产生了矛盾。所

---

① 高亨：《墨经校诠》，北京：清华大学出版社，2011年，第228页。
② 同上。
③ 本杰明·史华兹：《古代中国的思想世界》，程钢译，第228页。

以，正如我们前面所说，庄子一方面说没有是非，另一方面却为了说明自己的主张而大树是非。也就是说，他在试图取消是非的时候无法避免地陷入了己是而他非的悖论之中。

但是，庄子的理论并不像《墨经》所批评的那样简单。我们有理由认为，庄子也发现了以无是非批评有是非必然会带来的悖论，因为这种悖论源于语言对于人的特殊意义。人是语言的存在，语言的言说本身就包含着一种是非判断的态度；而不管我们否定什么样的是非，都需要通过语言的言说。这样，悖论的产生也就具有了必然性。正因如此，庄子的是非观使得他也必然走向对语言本身的否定。这就是他所说的"不言之辨"、"不道之道"。《齐物论》中，长梧子对瞿鹊子说："丘也与女（汝），皆梦也；予谓女（汝）梦，亦梦也。"对这种悖论的克服必然导向对自己言说的否定。

从郭象对《庄子》所作的注中，我们不知道他是否发现了存在于庄子中的这个问题，不过在郭象那里这个矛盾已经基本不存在了。庄子的小大之辩到了郭象那里则是小大不辩了。这是在他的"适性逍遥"中所体现出来的。郭象在《逍遥游》的题注中说："夫小大虽殊，而放于自得之场，则物任其性，事称其能，各当其分，逍遥一也，岂容胜负于其间哉？"① 小大之殊，只是体量上的不同，但是在存在上如果物任其性，事称其能，它们的逍遥是同样的。所以，在小大之辩上，郭象已然达到了齐物。对于蜩与学鸠之笑大鹏，郭象注说："苟足于其性，则虽大鹏无以自贵于小鸟，小鸟无羡于天池，而荣愿有余矣。故小大虽殊，逍遥一也。"② 郭象显然也有自己的逻辑。他在《秋水》篇注中说："小大之辨，各有阶级，不可相跂。"③ 小与大之间是不可企求的，所以小与大也唯有各守自己的殊性，各足其性，也便各至逍遥，在通达逍遥上是没有区别的。

郭象这种直接通过"各足其性"达至"逍遥"的方式，其实也抛开了庄子"有待"、"无待"的问题。但是对于这个问题的抛弃也使得郭象付出了消弭庄子那里所具有的价值意义的代价。在庄子这里，有待与无待的问题显然也就是一种小大之辨的问题。郭象在消解庄子的小大之辨的过程中，其实也将庄子由有待到无待的一个建构过程消解掉了。庄子关于逍遥无待之境界的讨论，无疑与他的关于齐物观点的阐述有着强烈的冲突。但事实上，我们能够在庄子内部找到解决这个矛盾的途径。并且我们还会看

---

① 郭庆藩：《庄子集释》，王孝鱼点校，第1页。
② 同上书，第9页。
③ 同上书，第567页。

到，这条途径保证了庄子逍遥境界所具有的价值取向。然而，这是郭象的自足其性的逍遥所无法保证的。这个价值问题我们将在后面展开讨论。

这里我们先来讨论庄子的矛盾是如何得到克服的。我们知道，在庄子这里有两种观物方式，它们分别体现为"以物观之"和"以道观之"。前者产生小大之辨的观点，而后者则体现为一种齐同万物的态度。庄子的"观"也必须完成一个上升才能将有是非和无是非统一起来，当然这种统一必然是在不同层次上的。在我们后人看来，《庄子》中的庄子可能就是达到逍遥境界的至人，但是庄子也不是天生就能够达到"道"的，他也是在不断地修养自己、提升自己、塑造自己。

其实，庄子也始终走在成为庄子的路上。庄子在他妻子死后由"慨然而哭"到"鼓盆而歌"就说明了他也有一个由物观到道观的过程。这个过程也是一个由"异"和"殊"到"同"的过程。《庄子·德充符》说："自其异者视之，肝胆楚越也；自其同者视之，万物皆一也。""万物皆一"，这当然是齐物。但是达到齐物还必须有一个从异到同的过程，这个齐同是不可能随便就能够达到的。对于这两种观物方式的区分，必然首先要有一个知识论的判别。这种知识论判断只能属于"物观"的立场，而不能属于"道观"的立场。这是因为"道观"的立场不会产生事物高下的分别。

我们还可以从《庄子·秋水》篇中找到同样的逻辑路径。《秋水》中河伯与海若的对话也算是一种小大之辨，但是这种小大之辨却发展出一种小大不定的结论。这种由物观到道观的上升逻辑就是：物因异而殊，因殊而不可比，因不可比而齐同于道。《秋水》中所说的物的"殊器"、"殊技"、"殊性"，都是因异而殊的；同理，"帝王殊禅、三代殊继"，这些也都是不可比的。这就有了所谓的"反衍"。《秋水》中说："以道观之，何贵何贱，是谓反衍；无拘而志，与道大蹇。何少何多，是谓谢施；无一而行，与道参差。"成玄英疏云："反衍，犹反覆也。"[①] 这个"反衍"就可以说明，庄子的"观"中存在着一个由"物观"到"道观"的转化过程。《知北游》中说："故万物一也，是其所美者为神奇，其所恶者为臭腐；臭腐复化为神奇，神奇复化为臭腐。故曰，通天下一气耳。圣人故贵一。"如果能够做到"反衍"，那么我们就可以齐同万物。然而，也只有经过这样一种近于吊诡的推衍，齐物才有了站稳脚跟的可能。所以，这种比较只是一架梯子。其实整部《庄子》也就是一架梯子，并且是一架上去之后就需要拆掉的梯子。

---

① 郭庆藩：《庄子集释》，王孝鱼点校，第 585 页。

不管是"以物观之",还是"以道观之",这个"观"都是一种视角、方式和立场。前者是一种概念化的,而后者则是去概念的,因为道不是概念,而是态度,是一种没有日常态度的态度。站在道的高度,我们就会发现:每一个处于本然状态的事物都是道的体现,所以它们的地位是一样的。《庄子》说:"以道观言而天下之君正,以道观分而君臣之义明,以道观能而天下之官治,以道泛观而万物之应备。"(《天地》)只有达到了道的高度,或说有了对道的领会,对于言、分、能、物的观才能真正成为正、明、治、备。

(二)"化"与"进"、"忘"

海德格尔在《现象学的基本问题》中提出了现象学方法的三个环节:一是现象学还原,二是现象学建构,三是现象学解构。其实,庄子思想中从有待到无待的过程也有与此方法类似的特点。首先,海德格尔所说的现象学还原是:"把现象学的目光从对存在者的把握引回对该存在者之存在的领会。"① 当然,在庄子这里并不存在这样的还原问题,因为中国哲学本就缺乏西方哲学中那种"存在"(Sein/Being)的讨论。但是,庄子那里也有他的还原问题,这就是从知性的掌握返回到生命的体验。其次,我们在庄子这里也可以发现有着建构与解构的双重逻辑。按照海德格尔的观点来说,现象学建构是一种肯定的方式,它的核心在于对存在的自由筹划;反之,现象学解构当然就是一种否定的方式,它的关键在于对被传承下来的概念的批判性拆除。据此,我们可以在庄子那里分别找到相应的逻辑。在庄子那里,逍遥无待的境界显然是作为一种被肯定的生存方式而得到筹划,而通常的知性与功利的生活方式则需要进行彻底的拆除。

具体说来,这个建构与解构的逻辑在庄子这里分别体现为:一方面要"进"于"道",一方面要不断地"忘"与"去"。我们知道,在庄子这里,"化"这个概念是很重要的。并且,这个"化"无疑也是一种过程性的行为。《山木》中说:"与时俱化。"这个转化本身也是一个"进"的过程。在"进"的意义上,我们可以说,"化"就是一个建构的过程。"进"这个概念在《养生主》中得到突出。《养生主》中的庖丁说:"臣之所好者道也,进乎技矣。"代表庄子的庖丁无疑是向"道"作着一种筹划,而道则是技的"进"。当然这个"进"并不是说到了"道"的层次就没有了"技","技"仍然是存在的,但是它已经不是刻意的技术,而是一种自然

---

① 海德格尔:《现象学之基本问题》,上海:上海译文出版社,2008年,第25页。

的技术。庖丁从"所见无非牛"到"未尝见全牛"的三年即是这个"技"的"进"的过程。我们还知道，在这个"进"的建构中，认识的因素是必不可少的。即使到了游刃有余的时候，每至于族，仍然怵然为戒，视为止，行为迟，动刀甚微。这时候也仍然有认识的因素存在。但从总体上来说，庖丁为文惠君解牛时已是一种"艺"而不单是一种"技"了。这也就是完成了一种"技"的"化"。

这种"进"的建构过程在如何以"道"的方式掌握"技"的讨论中得到了充分的体现。《天运》篇中北门成闻黄帝奏咸池之乐而问说："吾始闻之惧，复闻之怠，卒闻之而惑。"这个由"惧"到"怠"再到"惑"的过程，是随着黄帝的三奏而转化的，也是北门成逐渐得至乐之和的过程，而最后达到"道可载而与之俱"这样的境界。《达生》篇中讲述了一个痀偻者承蜩的故事，痀偻者所说的承蜩之道即从累二到累三再到累五，这是一个技术逐渐熟练的过程。《寓言》篇中说颜成子游为道，有这样一个过程："一年而野，二年而从，三年而通，四年而物，五年而来，六年而鬼人，七年而天成，八年而不知死、不知生，九年而大妙。"这无疑是一个逐渐近"道"的过程。所以，从这方面说，这是一种"进"，也就是一种建构。

在这种对"技"之掌握的不断"进"的过程中，同时也需要有一个"忘"的过程。这个"忘"的典型形态就是"坐忘"。《大宗师》中说："堕肢体，黜聪明，离形去知，同于大通，此谓坐忘。"这里的"堕"、"黜"是弃去肢体之用、耳目之功，"离"、"去"是抛开形体之虑、计算之识。还是《天运》篇中北门成闻黄帝奏咸池之乐那个事，文中说他终而"荡荡默默，乃不自得"。郭象注曰："不自得，坐忘之谓也。"① 显然这也是说，"进"的过程本身也是一个"忘"的过程。坐忘，从达到道的角度来说，这是一种建构；但这种得道同时是一个忘的过程，这就是一种解构。即使在技术性的活动中，也需要逐渐解除内心的思量与计算。这样才保证了技进乎道的可能性。

在《庄子》一书中，我们可以看到很多寓言都在表明这样一种逻辑。《达生》篇中有个纪渻子养斗鸡的寓言，这个寓言说的是养斗鸡，其实也是说人自身的"养"。从虚憍恃气，到犹应响影，到疾视盛气，到几似木鸡，这是一个逐渐达到"德全"的过程。《齐物论》中说南郭子綦的形如槁木，心如死灰，就是这样的"养"。完成这种"养"的前提是要"丧我"，这当然也是需要一个将功利的"我"解构的过程。还是《达生》篇

---

① 郭庆藩：《庄子集释》，王孝鱼点校，第 502 页。

说的，梓庆削木为鐻，首先斋以静心：斋三日，而不敢怀庆赏爵禄；斋五日，而不敢怀非誉巧拙；斋七日，辄然忘四肢形体。由此心斋，然后可观木之天性。这里讲的也是"忘"。《大宗师》中说南伯子葵（成疏说应为南郭子綦）问女偊，道是否可学。女偊说不可。其实并不是不可，而是由于南伯子葵非学道之人。女偊教卜梁倚便是可学之证，只不过这种教不是知识的传授，女偊是告之以"守"。从"守"这个层面看，这是一种建构式的"进"，以至于朝彻见独；但从"外"这个层面看，则是一种解构式的"去"，从外天下，到外物外生，一层层地剥落。郭成二人注说，"外"犹"忘"也。所以说，庄子的建构同时也是一种解构。"吾丧我"即是这种解构的简明表述。

现在我们再来讨论郭象在改造庄子后所失去的价值问题。我们知道，在庄子这里，齐物之前必须有一个解构的过程：堕肢体，黜聪明，离形去智。这才能保证齐物的超越性，否则，那只是一种伪超越性。郭象将庄子的"道"改造为"性"，即庄子的"道通为一"在郭象那里成为"各足其性"。郭象的各足其性、各当其分当然可以达到逍遥，甚至是一条比庄子的心斋坐忘工夫更为便捷的途径，但是这条捷径导致的结果很可能是它会流于一种伪齐物、伪逍遥，而由此达到的超越性也就可能会是一种伪超越性。这原因是，庄子认为达到逍遥需要解除的许多东西可能会在郭象这里得到保留。在庄子这里，逍遥与齐物之间的矛盾，是由于"以物观之"与"以道观之"这两种"观"的方式而导致的。然而庄子所要做的正是要在这两种观看方式中架构一座桥梁，二者的矛盾也便在这种架构中得到消解。但是郭象的逍遥观则可以直接达到一种齐同，但这同时却也把庄子这种具有深刻价值意义的构架拆除了。如知效一官、行比一乡、德合一君、能征一国之事，如果按照郭象的逻辑，这几者都可以在各当其分中达到所谓逍遥。但是，这些决非庄子之所与。在庄子的视域中，这几种状况是绝难成为逍遥的。

在《天地》篇中，有一汉阴丈人抱瓮灌畦的事情。对于丈人的批评，子贡自嘲为"风波之民"。在子贡看来，夫子亦不及丈人。但文本中的孔子却批评丈人是"假修浑沌氏之术"，而郭象则就此赞夫子之言为"真浑沌"，是"与世同波而不自失"。我们暂且不论孔子与汉阴丈人二人到底谁代表了庄子的路线。只说如何保证这种"与世同波"而不会自失呢？郭象说的"在彼为彼，在此为此"，这难道就是一种真的玄同吗？那么，庄子为何不去做相呢？显然，道家是有其底线的，修道者必有不易之则。他们需要不断地通过"忘"的过程来提高这个底线才会达到不断的超越，以至达到得道的高度，达到真正的齐物逍遥。也就是说，他们必须在完成一种建构的同时进行着一种对功利机巧的不断消解。只有这种对功利机巧的不断消解，才能逐渐达到没有偏见地看待这个世界。这样，平等的观念也就蕴含在这种齐物的视野中。

所以，我本人很喜欢方东美先生对庄子的发挥。他说："这种齐物的方式，乃使万物在精神提升的不可思议的伟大运动中平等。据我理解，这就是赋予其他所有形式的民主意义的精神民主之形而上学意蕴。"① 齐物是要达到一种平等，但是这种平等要求的是别人在我们眼里的平等，而不单是我们自认为与他人的平等。任何人要想别人在自己这里获得平等都要进行这样的"进"与"去"，由此完成这种观看世界方式的转化，完成这样的一个精神提升的不可思议的伟大运动。然而不幸的是，这个运动在郭象的适性逍遥那里却被悄悄地抛弃了。

在达到道的方式上，庄子更加明确地提出了"体道"。他说"夫体道者，天下之君子所系焉。"（《庄子·知北游》）"体道"应该是从"以物观之"到"以道观之"的逻辑中介。这就是说，首先是站在分别的立场产生"小大之辨"，这样达到对道的认知。其次则是体道的过程，只有首先体道，才能站在道的立场上观察万物。庄子认为，体道的方法主要就是"心斋"和"坐忘"，这样就可以达到"见独"。"心斋"即是"虚"，但这并非内心绝对的空无，而是保持虚静的"一志"。"坐忘"是指："堕肢体，黜聪明，离形去知。"不仅要消解掉外物的存在，而且要消解掉思维的介入，那么这就达到了合道的"观"。这种"观"就可以"同于大通"，就可以"见独"，达到对"道"的悟解。这当然是老子"虚静"说的继承。

庄子对老子的"玄览"也有所发展。老子是以"心"作为玄妙的镜子，以此达到对"道"的观照。庄子则将这个"心"提高到了或说还原到了"气"的层次，他说："无听之以耳而听之以心，无听之以心而听之以气。听止于耳，心止于符。"（《庄子·人间世》）"听"与"看"是同一层次的行为，实际上也就是讲"观"。由此看来，庄子认为"观"的手段是通过"气"，而"气"就是"虚而待物者"，是比虚静的"心"更为根本的东西。"唯道集虚"，是说只有"心"达到了"气"的层次，才能体验到"道"的存在。

简而言之，庄子体道的宗旨是达到"齐物"。"齐物"是一种境界，而

---

① 方东美：《中国哲学之精神及其发展》，匡钊译，郑州：中州古籍出版社，2009年，第111页。

能够达到这种境界就需要以"道"的方式去观物。他说:"以道观之,物无贵贱。"能够作"齐物"之观,自然也就达到了"逍遥",庄子的逍遥自然又是一种自由的"游"。这就成为一种自由的生存方式。他说:"浮游,不知所求;猖狂,不知所往。游者鞅掌,以观无妄。"(《在宥》)由"观"到"游",这就达到了一种生存的自由。正是这种自由,使得庄子的哲学更加具有了美学的精神。

(三) 庄子的观与审美

庄子哲学对于中国美学与艺术的影响是极其巨大的,这源于庄子对世界的观看方式与审美存在着深刻的关联。但是庄子的观看方式在完成转变之后,是不是就成了审美观照了呢?这还需要我们对何为审美或说审美的本质进行一下追问性的思考。不过这里不是全面讨论这个问题的时候,而只能粗线条地勾勒一下我对这个问题的一些思考。审美首先是一种"看"与"听",并进而是一种从对象的形式获得意义的特殊方式。但是,庄子式的观看是要摆脱形式的,如果这种方式真的与审美具有深刻关联的话,我们就需要一种新的美学观,在这种新的美学观中考察庄子这种观看的地位。

徐复观曾对庄子与艺术精神的关系有过精辟的论述。他说:"庄子所追求的道,与一个艺术家所呈现出的最高艺术精神,在本质上是完全相同的。所不同的是:艺术家由此而成就艺术的作品,而庄子则由此而成就艺术的人生。"[①] 但他并没有从美学观的视角对这个问题进行充分的论证。我想这个论证还是通过从"观"这个概念来展开还是比较合适的。既然我们要赋予庄子在美学研究中自足的地位,这就需要我们借助于一种不同的美学观。

徐复观说:"因为庄子所追求的道,实际是最高的艺术精神,所以庄子的观物,自然是美的观照。"[②] 其实,他使用的"美"这个词如同鲍姆嘉通在《美学》中说的"美的思维"那样非常容易引起误解。当然,这两个"美的"在内涵上是有很大差别的。我们不能将徐复观所说的"美的观照"理解为"对于美"的观照,就像不能把鲍姆嘉通的"美的思维"理解为"对于美"的思维那样。这个"美的"就是诗性的。但是即使我们将庄子的思维理解为诗性的,也需要进行一种追问式的思考,以避免这个"诗

[①] 徐复观:《中国艺术精神》,北京:商务印书馆,2010年,第62页。
[②] 同上书,第99页。

性"成为一种类比意义上的使用。徐复观借助于现象学的理论说明了庄子的"心斋、坐忘"所产生的结果是形成了"美的观照"。他说：

> 所谓观照，是对物不作分析的了解，而只出之以直观的活动。此时的态度，与实用的态度及学问的态度分开，而只是凭知觉发生作用。这是看、听的感官活动，是属于感性的。但知觉因其孤立化、集中化，而并非停留在物之表面上，而是洞察到物之内部，直观其本质，以通向自然之心，因而使自己得到扩大，以解放向无限之境。①

徐复观如此解释庄子式的观照虽说道出了它所具有的某些审美特质，但是以"感性"、"直观"等语来界定却也掩蔽了庄子之观的独特之处，所以在庄子式的观照之中还有些独特的地方是需要我们深入探讨的。徐复观是借现象学来说明庄子的心斋所形成的"美的直观"。胡塞尔所说的意识具有构造的功能，尽管他反对纯粹意识的格式塔功能，但我还是认为格式塔中包含着无法从意识中还原的成分，否则意识的构造功能便无所从来。如果意识具有格式塔的成分，那么它们也就具有审美的因素，因为格式塔的完形必然包含着审美的因素。② 这样我们就可以说，现象学直观本身即包涵着审美的因素。当然，我们也可以说庄子的"心斋"包涵着审美的因素，因为"心斋"所达到的"道"本身就呈现出一种天地之"大美"。但是，这个"美"并不等同于我们通常的感性的美，因为"道"的美是无形的。

这就导致了老庄式的观照与现象学的直观有两点重要的区别：其一，眼睛的看是现象学的直观方式。然而，老庄式的观照所借以运用的不是眼，而是心，甚至庄子还认为心也还没有达到那个根本。其二，现象学直观也是一种本质直观，它达到的是事物所直接给予的本质，这种本质只是内在于现象当中的，它不涉及现象背后的事物的自然实在；而老庄式的观照则否定事物所给予的现象，而以此达到事物所存在的根据——"道"。道是万事万物的本源和本体。胡塞尔现象学还原只是达到先验自我和纯粹意识，但是老庄的还原到此还没有停止，他们将这个纯粹的心体与宇宙本源相沟通，原因是纯粹的心体可以达到本然的世界。它就是自然。天地万

---

① 徐复观：《中国艺术精神》，第78页。
② 我认为格式塔应该包括生理的格式塔和文化的格式塔两个层次。它们的区别是：后者可以还原，而前者是不能还原的。同时我认为这种完形是审美中最底层的感性形式。

物在与人的文化割断联系之后就会成为一种本然的自然。这样,尽管没有了对"道"的知识论的掌握,但却有了与它在存在论上的融通。心即在道中,道即在心中。

爱莲心的某些讨论也许可以给我们提供一些有益的启示。针对于丑在《庄子》中所具有的美学魅力,他说:"我们的美学本身必须寻找一种理论来重新定位。美学必须同时在两条战线上进行斗争,即既要对概念体系进行斗争,又要对其自身进行内战。"① 但是他对这所谓的两条战线的具体内涵也语焉不详。不过,我们也可以从他上下文的讨论中看出他的大致意思。在他看来,极端的丑所带来的惊讶会打破我们的概念防卫,这种丑具有一种强烈的排斥性吸引力冲击着概念的界线,并且搞混了概念的价值模式。再者,这就暗示着以审美的框架来代替概念的框架,并且传统的审美价值也就翻转了过来。我想他所说的这两条战线可以这样理解:其一,美学思考的对象不是概念,并且美学还要突破概念的表述方式。其二,放弃以美丑区分为核心的美学框架。这就要转向对于"审美"的思考,当然我们首先遭遇的就是"观看"。

如何看世界,也是我们生存方式的一种体现。这个"看",其实应该包括两层意思:一是"观看",这个看是视觉上的;二是"看待",这个看则多是态度上的。其实,也不能把这二者分开,因为任何视觉上的观看都是带有一种态度的,并且态度也必然会影响到观看的目光。那么庄子的这种对待世界的态度与审美有什么关联呢?我们这里就由朱光潜先生的"三种态度"理论说到朱良志教授提出的"第四种态度"的观点。

我们不妨先重温朱光潜先生的三种态度。朱光潜在《谈美》中以看一颗古松为例,分析了这"看"的三种态度:一种是看它值多少钱,宜于做成什么,这是实用的态度;一种是看它是什么样的植物,可以将它归到什么科里,这是科学的态度;一种是看它的苍翠挺拔,看到了它的昂然高举、不受屈挠的气概,这是美感的态度。② 近年,朱良志针对中国美学与艺术的观念,在朱光潜先生的三种态度的基础上,提出了所谓的"第四种态度"。用他的话说,这种态度即为"生命的态度"。对于这种态度,他说:

---

① 爱莲心:《向往心灵转化的庄子》,周炽成译,第73页。
② 朱光潜:《谈美》,载《朱光潜全集(第二卷)》,合肥:安徽教育出版社,1987年,第8—13页。

这第四种态度可以说是一种"生命的态度",一种用"活"的态度"看"世界的方式。或许"看"还容易与外在的观察混淆,称为一个"活"的"呈现"世界的方式也许更合适。之所以说它是"生命的态度",是因为它的核心是将世界从对象化中解脱出来,还其生命的本然意义。①

既然朱良志所说的这个"第四种态度"是针对朱光潜先生的三种态度而言的,而朱先生的第三种态度是之谓"美感的态度",那么这"第四种态度"还算不算是美感的态度呢?首先,它有对朱光潜所说的美感态度的某方面的否定,因为它不再关注对象的形式。其次,它也没有完全抛弃感性的东西,而是对感性的方面持有一种特殊的态度。它不是凝视中的心无旁骛,而是静观中的心无挂碍。所以,对于这种生命的态度,世界已经不是一种"形象的直觉"。朱良志还将中国哲学与艺术中涉及的生命的态度分为两种:"看世界活"与"让世界活"。前者是儒家对"生意"的理解,它从形式美感入手,进而发现宇宙天理之活;后者是道禅哲学影响下的艺术中的寂寞世界的自在呈现,从而让人放弃对于形式的执著。他说:

> "看世界活"和"让世界活",反映了两种生命态度。前者从世界的"有"入手,承认外在的世界是实在的,强调世界的活意是在"我"的观照中产生的,"看"的角度决定了"我"和世界的关系,可以说是一种"有我的生命观"。而后者则是一种"无我的生命观"。按照道禅哲学的观点,在"看"的方式中建立的我和世界的关系,是主体和客体,我心与外物的关系,在这样的态度中,"我"为物立法,物我互为奴役。而在"让世界活"中,人从世界的对岸回到世界中,不是停留在色相上看世界,色相世界也不是引起"我"情感的对象。……这时,"我让世界活","我"淡去了,解脱了捆缚世界的绳索,世界在我的"寂然"——我的意识的淡出中"活"了,或者是世界以"寂然"的面目活了。②

这段讨论是很精彩的。按照他的观点,道禅的生命态度是消解"我"这个主体的,也是消解"看"这种感性的观照行为的。其实,在道禅哲学

---

① 朱良志:《真水无香》,北京:北京大学出版社,2009年,第141—142页。
② 同上书,第69—70页。

这里，"我"并不是没有了，而是没有了那个"我执"，即没有了那个具有"执性"的"我"，这是一种没有自性与执性的"匿名的主体性"。同样，"看"也不是没有了，而是没有了那种执著于外物的"看"，这是一种"无住"的"看"，也是一种让物自在呈现的方式。但是，这种具有执性的"我"与"看"，却是儒家保持下来的东西。如果我们再将这种观点结合他对于第四种态度的讨论，可以这样说：儒家的这种生命的态度倒不应该是第四种，而应更加接近——当然也不全然等同——朱光潜所说的第三种态度，即美感的态度。在儒家的态度中，自然的生命是被赋予的；而在道禅的态度中，自然的生命是本然的。

在严格意义上，体验也是主体性的。这正像海德格尔说的："体验指的就是表示客体对于主体的归溯关系。"① 这种关系是在形而上学的主体性领域内的。这样的话，儒家对于自然的观看通常就是这样的方式，如孔子对于水的观看。实际上庄子对于自然的观看有时也是这种体验性的，比如他在濠上观鱼时说鱼的快乐也是这样的一种体验。这种体验其实也有主体的作用。然而在庄禅所达到理想境遇中，山水已不再是儒家那种延伸的"精神的无机界"，它就是那种本然的世界。这样，"我"也就在取消执性的过程中得到了消解，自然也就没有了"我"给予它的哪怕是一种所谓诗意的压力。我们可以尝试用波兰尼（M. Polanyi）的默识维度的观点说明这种关系。当我们熟练地骑着车子的时候，我们从不去在意我们的手是否握着车把，然而也不是绝然没有意识，而只是处于一种附带觉知（subsidiary awareness）的状态中。庄禅对于山水，大概也就是处于类似这样的一种附带觉知的状态中。也只有在这种不以体验为体验的状态中，我们才会真正地将执性的主体消解。《庄子·养生主》中说的"以神遇而不以目视"，则是经由感官而到心灵的体验。这种"神遇"是不同于刘勰所说的"神思"的，"神思"还有主体性的存在，而"神遇"是一种"遇"、"遭遇"，它是对主体性的消解。

前面说过，如果我们能够以道家的"心的眼光"去观照自然，那么自然呈现给我们的样态就是一种"大美"。《知北游》篇中说："天地有大美而不言，四时有明法而不议，万物有成理而不说。圣人者，原天地之美而达万物之理。"这种"大美"只有以一种弃绝功利、知识乃至形式的态度才能发现。这种态度便是一种境界。当我们达到这样的境界，自然万物便呈现出其本然样态，当然可以说这种样态便呈现出一种大美。

---

① 海德格尔：《在通向语言的途中（修订译本）》，孙周兴译，第124页。

但我们这里还有一个问题：如果达到了人与世界交融合一的境界，那么达到这合一境界的人是否美呢？如果按照庄子的阐述，达到本然境界的人当然也算达到了美的境界。《庄子·天道》中说："静而圣，动而王，无为也而尊，朴素而天下莫能与之争美。"这里当然是说一种本然境界，这应该算是一种大美了。但是问题还不止于此。《庄子·山木》中有个故事说："阳子之宋，宿于逆旅。逆旅人有妾二人，其一人美，其一人恶，恶者贵而美者贱。阳子问其故，逆旅小子对曰：'其美者自美，吾不知其美也；其恶者自恶，吾不知其恶也。'阳子曰：'弟子记之！行贤而去自贤之行，安往而不爱哉！'"由这个故事我们不难看出，美者不可自以为美，这不仅适用于普通的相貌层次的美，同样也应该适用于达到朴素之大美的层次。因为《庄子》也明确要求我们要行贤而去自贤之行，这也就是要求我们达至朴素而不自以为美。也就是说，对于人的生存来说，得道的朴素境界已同天地之大美，但却不能自以为美。

我们通常认为道家最高层次的"大美"是绝对的、没有对立的，但事实上问题也并非如此简单。这可以分两个方面来说：首先，对自然来说，它有其"大美"，自然本身没有丑的状态。这时我们可以说，自然全美。其次，对人来说，"大美"就是得道的一种本然状态的呈现。在这个意义上，我们说有了"大美"就超越了外在形式上的美丑。但是，并不是每一个人都能达到"道"的高度。如果人的言行是违背"道"的，即违背自然的，那么即使有形式上的美，那也会是一种"大丑"。在我们的日常态度下，事物之间通常会有高下之别。但是，根据道家思想，天地有大美，如果我们达到了天地境界，万物自然就会达到一种平等。但是在这样一种层次上看人，却不一定是齐同平等的，原因就在于人是可能违背自然的。违背自然，就是一种"大丑"。

三、观物与诗境的完成

我们在前面提到，先秦直言"观物"一语的，仅有《管子》、《荀子》和《礼记》，而对其进行阐述的也只有《荀子》。但是，其实我们所说的这个"观"，在《周易》与老庄的思想中都有"观物"的意味。因为"观"的对象都可以普遍化为"物"。秦汉之后，突出地延续了先秦这种观物哲学传统的则应首推宋代理学家邵雍。邵雍的思想构成有易有道，虽然他的思想主要承接了《周易》，但是他的"观物"命题不仅直接脱胎于庄子，并且对它的阐发也是取资于老庄的。邵雍对两种观物方式的归纳，在他之后则直接被王国维承接过去。但是王国维对其进行了美学上的改造，并以此丰富了他的境界理论。尽管王国维的美学思想包含老庄成分并不算多，但我们把他也放在这里，主要也是为了使观物之说的因变脉络更完整些，并以展现它是如何从哲学进入美学的。

（一）邵雍的以物观物

邵雍的哲学是先天象数之学，他在以象数理论解释《周易》的基础上推衍出了天地万物与人类历史的发展过程，并创造了"元、会、运、世"这一组概念推演历史的治乱兴衰。邵雍称他这种理论为先天学。在这个理论中，他又强调了心的重要性。他说："先天学，心法也……心为太极，又曰道为太极。"（《观物外篇》）这就是说，心即为道，即为太极。具体而言，即心即道，这是道家的影响，而太极则是出于《周易》的概念。

邵雍解释世界与历史的先天象数学是以"观物"为核心的。他的主要著作《皇极经世》就是由《观物内篇》和《观物外篇》组成，所以邵雍的哲学思想的重要内容就是他的"观物"思想。吕思勉先生说："邵子求知真理之法，由于观物。其观物之法，果何如乎？曰：邵子之观物，在于求真；其求真之法，则贵乎无我。"[①] 他还说："邵子之学，一言以蔽之，曰：观察物理而已。"[②] 由此看来，邵雍的观物思想包涵了两重意思：一是无我，二是求真。求真，就是观物察理；而这个"无我"则说明邵雍的观物之学是以道家思想为基础的，那这个"真"就是道家的自然之真。

对于邵雍的"观物"之说，我们首先要明确他是如何看待物的。他说："以我徇物，则我亦物也；以物徇我，则物亦我也。我物皆致，意由是明。天地亦万物也，何天地之有焉？万物亦天地也，何万物之有焉？万物亦我也，何万物之有焉？我亦万物也，何我之有焉？何物不我？何我不物？如是则可以宰天地，可以司鬼神。而况于人乎？况于物乎？"[③] 从这里我们不难看出，与我们通常将"我"与"物"分别开来不同的是，邵雍认为"万物亦我"、"我亦万物"、"天地亦万物"、"万物亦天地"。在他看来，"我"、"物"和"天地"是没有什么区别的。这里明显有庄子齐物思

---

① 吕思勉：《理学纲要》，南京：江苏文艺出版社，2008年版，第54页。
② 同上书，第57页。
③ 邵雍：《渔樵问对》，载《性理大全书·皇极经世书六·外书》，影印清文渊阁四库全书本。

想的影响，他的观物思想也就是建立在这样的齐物思想基础之上的。既然肯定了人与天地万物同为万物，那么自然而然也就肯定了人与物、圣人与凡人之间的一致性。故此，他说："人亦物也，圣亦人也。"(《观物篇五十二》)① 物、人、圣人，从根源上说，是没有区别的。

但是，邵雍也并没有完全否定人与物的不同。他说："人也者，物之至者也。圣也者，人之至者也。物之至者始得谓之物之物也。人之至者始得谓之人之人也。夫物之物者，至物之谓也。人之人者，至人之谓也。"(《皇极经世书·观物篇五十三》)人为物之至，圣为人之至；人即为至物，圣即为至人。那么我们的问题就是，人与物、圣人与凡人之间的区别在哪里？

人作为物中的至物，与物的不同之处在于"灵"。邵雍说："目善万物之色，耳善万物之声，鼻善万物之气，口善万物之味，灵于万物，不亦宜乎？"(《皇极经世书·观物篇五十一》)他还说："人之所以能灵于万物者，谓其目能收万物之色，耳能收万物之声，鼻能收万物之气，口能收万物之味。声色气味者，万物之体者；目耳口鼻者，万人之用也。"(《皇极经世书·观物篇五十二》)人灵于万物的地方就在于人可以凭借目、耳、鼻、口等各种感官接纳天地万物的色、声、气、味等方面。这也就是他说的观物的基本内容。在他看来，人与物的主要区别也就在于人可以观物，也就是通过观物认识自身周围的天地万物。或者可以说，在邵雍看来，"观"是人与物相区别的基本规定性。也可以说，人是一种能"观"的物。这里的"观"当然包括了看、听、嗅、触等感性，并且这些感性也与其它物的感性有了本质上的不同，人的感性有了发展的无限可能性。这里我们需要注意的是，中国哲学中的"我"通常不是纯思之我，而是身心相合之我，是整全之我。在中国哲学与美学中，尽管眼睛是重要的，但其它感官并非无足轻重，它们经常并列出现，并且感官并不是与心灵分离的，而是要由感官通向心灵。

由于邵雍是在物的框架中思考人与我的关系，所以他的理论就可以克服自我与他者的冲突而具有很浓的平等意味，这也为他的观物理论奠定了基础。他说："我亦人也，人亦我也，我与人皆物也。此所以能用天下之目为己之目，其目无所不观矣。用天下之耳为己之耳，其耳无所不听矣。用天下之口为己之口，其口无所不言矣。用天下之心为己之心，其心无所不谋矣。"(《皇极经世书·观物篇六十二》)这里面其实也有了类似康德的

---

① 见邵雍：《皇极经世书》，影印文渊阁四库全书本。

"共同感"的思想,也就是人的感性所具有的普遍必然性的思想。康德的"共通感"是其判断力批判理论中的一项预设,但是邵雍的观点却有着自己的哲学本体论的基础。我们知道,庄子提出了"齐物"的理论,但是他却没有在这个基础上提出邵雍所说的这种"用天下之目为己之目"、"用天下之耳为己之耳"、"用天下之口为己之口"、"用天下之心为己之心"。在这样的理论下,邵雍的观物就可以做到"一心观万心,一身观万身,一物观万物,一世观万世"(《皇极经世书·观物篇五十二》)。如果真正做到这样,就可以祛除自己的偏私。

人与物之不同在于人的"看"不像其它物那样囿于种的局限性,而具有无限发展的可能性,这种"看"真正地成为了"观"。邵雍提出圣人为人之至的理由也就在于圣人的"观",即圣人不同于凡人的地方就是观物的方式有所不同。他说:

> 夫鉴之所以能为明者,谓其能不隐万物之形也。虽然鉴之能不隐万物之形,未若水之能一万物之形也。虽然水之能一万物之形,又未若圣人之能一万物之情也。圣人之所以能一万物之情者,谓其圣人之能反观也。所以谓之反观者,不以我观物也。不以我观物者,以物观物之谓也。既能以物观物,又安有我于其间哉?是知我亦人也,人亦我也,我与人皆物也。(《皇极经世书·观物篇六十二》)

邵雍在这里所说的观物就是一个从"明万物"到"一万物"的过程,并且他又将"一万物"分为"一万物之形"和"一万物之情"两个阶段,而圣人的观物就在于"反观",这种所谓的"反观"尤其是指"一万物之情",这也就是"以物观物"。

这里邵雍提出了两种观物方式,即"以我观物"和"以物观物"。这在中国哲学史与美学史中是极为重要的。在观物中,如果此物与彼物对于我体现为不同的物,这是从我的视角来看它的,对我有不同用处的就为不同的物,这样也就产生了庄子说的"此贵而彼贱"。但是邵雍所说的"以我观物"正好相当于庄子所说的"以物观之",这都是有悖于道的观物方式。邵雍所说的"以物观物",就是消弥了物与物之间的区别。这样,物与物之间的高下优劣也就得到了消解。这相当于庄子所说的"以道观之"。邵雍还说:

> 人心当如止水则定,定则静,静则明。任我则情,情则蔽,蔽则

昏矣。因物则性,性则神,神则明矣。以物观物,性也;以我观物,情也。性公而明,情偏而暗。(《皇极经世书·观物外篇下》)

从这里看出,"以我观物"中有一个"情"在其中;而由前所述,他说的"以物观物"中也有一个"情",即"一万物之情"的"情"。那么,这两个"情"有什么区别呢?在我看来,"以我观物"中的"我"所具有的"情",是人与我之间相互区别的情。也就是说,这个情是从自我出发的,这样的情是狭隘的。只有从物的自身出发所达到的情,才可以达到"一万物之情",才达到了"性"。

庄子认为,为了避免产生此贵而彼贱的后果,观物应该站在道的高度,也就是应该以道观之,而不是以物观之,也就是不能以此物观彼物。邵雍吸收了庄子的这个思想,认为最高的存在也就是"道"。他说:"道为天地之本,天地为万物之本。"(《皇极经世书·观物篇五十三》)站在这个最高存在的视角观察万物,就可以达到齐同万物。所以他说:"以天地观万物,则万物为万物;以道观天地,则天地亦为万物。"(《皇极经世书·观物篇五十三》)也正是这样,他又提出"以理观物"。他说:

> 所以谓之观物者,非以目观之也。非观之以目,而观之以心也。非观之以心,而观之以理也。"(《皇极经世书·观物篇六十二》)

这里很明显,邵雍将庄子的"气"转换成了"理"这个新的概念,而邵雍这里的"理"是不同于庄子的"道"和"气"的,它是此物之所以为此物的"理",即相当于物的"自性"。所以他说:

> 以道观性,以性观心,以心观身,以身观物,治则治矣,然犹未离乎害者也。不若以道观道,以性观性,以心观心,以身观身,以物观物,则虽欲相伤,其可得乎!若然,则以家观家,以国观国,以天下观天下,亦从而可知之矣。(《伊川击壤集·序》)①

这里明显又继承了老子的思想,即是割断事物与其他事物之间的联系。只有这样才能达到彻底的齐同万物,达到事物的自性而消弥对事物进行贵贱好恶的独断。

---

① 见邵雍:《伊川击壤集》,四部丛刊影明成化本。

宋代理学将"乐"作为重要的哲学追求。当然这并不是说只是到了这时哲学才开始追求"乐"的境界，而是说中国哲学中对"乐"的追求到这时得到了更多的讨论和提升。在追求"乐"的过程中，中国哲学重生命体验的特点也得到了充分的体现。在这里我们看到，中国哲学尤其体现为哲学生活的学说，这与西方哲学重认知的基本路向是不同的。

我们知道，邵雍的哲学核心是"观物"，他的观物思想的最终追求也就是体现在人生之"乐"上。他说："学不至于乐，不可谓之学。"他将"安乐"作为他的全部人生追求，并由此追求贯通儒道的内核。他分别了几种乐的形态：人世之乐、名教之乐和观物之乐。他说："予自壮岁业于儒术，谓人世之乐何尝有万之一二，而谓名教之乐固有万万焉，况观物之乐复有万万者焉。"（《伊川击壤集·序》）不难看出，其中的观物之乐是邵雍的最高追求。他的观物之乐是把儒家的安乐境界与道家的逍遥境界结合了起来。他有诗说："已把乐作心事业，更把安作道枢机。"他也称这种观物之乐为"真乐"，他说："若得天理真乐，何书不可读，何坚不可破，何理不可精。"（《皇极经世书·观物外篇下》）他还有诗说："宾朋莫怪无拘检，真乐攻心不奈何。"（《击壤集》卷八《林下五吟》）观物达到天理，也就得到了这种真乐，这种超越的人生之乐就是观物的最终成果。

程朱等人也讲生存之乐，但是他们主要将目光转向了《论语》中所说的"孔颜之乐"上。周敦颐最早提出"孔颜之乐"的问题。程颐说："昔受学于周茂叔，每令寻颜子、仲尼乐处，所乐何事。"①《论语》记载，孔子说自己道："饭疏食，饮水，曲肱而枕之，乐亦在其中矣。不义而富且贵，于我如浮云。"（《论语·述而》）又赞颜回说："贤哉回也！一箪食，一瓢饮，在陋巷，人不堪其忧，回也不改其乐。贤哉回也！"（《论语·雍也》）这就是孔颜之乐的来源。这里只是说了孔颜二人在艰苦的条件下也是乐在其中、不改其乐，但是并没有说二人为什么而乐。孔颜乐处，所乐何事？二程与朱熹都没有正面说破这个问题。

这种孔颜之乐来源于圣贤对于天地生意的掌握，他们所乐的并不是穷困本身，而是在穷困中也不改变那种对至道的追求。也就是说他们所乐的是生命本身，其中包含着人与自然生命的相互融通，而达到这个境界的方式则是人的内心的平静与和谐。

我们可以借用海德格尔的话来理解孔颜之乐产生的根由。海德格尔在评雅斯贝尔斯（Jaspers）的《世界观的心理学》时说："生命之整体，也

---

① 程颢、程颐：《二程集》，王孝鱼点校，第16页。

即这种生命本身,乃是我们不能直接言说的某种东西。但是,它必定以某种方式被意向到了,因为实际上恰恰是从对生命的观看(sehen)中,才形成那种关于生存的意识。"① 孔颜之乐中,圣哲所乐即是生命本体,由于他们意向到了那种生命本体,所以对这种生命本体的掌握体现为"乐"。

但是我们不能忽视海德格尔与中国哲学还有根本的不同,分析其中的区别更能理解中国哲学的特点。海德格尔认为人的存在是一种"此在"(Dasein),说我们达到此在发生的基本情绪是"畏",这与中国哲学是大异其趣的。中国哲学认为,我们可以在"乐"中实现生命本体。"乐"不是物,也不是一种时间性的东西,它是一种生命的在场状态。在这种"乐"中,生命本体得到了存在,达到了生命的敞开。

(二) 王国维的观物与境界

观物理论在美学上所得到的阐发,最具影响的当然是王国维的境界说。王国维从多个角度对"境界"做了界说。其中一项是根据"我"在境界中的位置。在这方面,王国维把境界分成了二种:"有我之境"与"无我之境"。在《人间词话》中,他对这两种境界进行了明确的界定:

> 有我之境,以我观物,故物皆著我之色彩。无我之境,以物观物,故不知何者为我,何者为物。(三)

王国维所说的"以我观物"与"以物观物"这两个提法显然直接来自于邵雍的观物理论。但是我们知道,这两种观物方式在邵雍那里不仅有着明显的高下之分,而且还有着强烈的取舍之意。因为邵雍的观物是要摒除人对于物的贵贱好恶的区分,目的是要达到万物之理,所以他要否定观物中"我"的存在,而这事实上也就意味着他仅仅主张"以物观物"。但是在王国维的诗学改造中,"以我观物"与"以物观物"则成为创造境界的两种不同方式。不过在他那里,二者仿佛也稍微有些高下之别。他说:"古人为词,写有我之境者为多,然未始不能写无我之境,此在豪杰之士能自树立耳。"② 这里透露出了这样的意思,即无我之境比有我之境要更难达到些,也更为高级些。

但是,王国维对于这两种境界的另一种界定实际上又与此产生了矛

---

① 海德格尔:《路标》,孙周兴译,第29页。
② 王国维:《人间词话》,长春:吉林文史出版社,1999年,第5页。

盾。在这种界定中，王国维说：

> 无我之境，人惟于静中得之。有我之境，于由动之静时得之。故一优美，一宏壮也。"（四）

这种矛盾我们可以由他所举的例子中看出来。他从观物的视角对境界分类时举了这样的例子："泪眼问花花不语，乱红飞过秋千去。"（欧阳修《蝶恋花》）"可堪孤馆闭春寒，杜鹃声里斜阳暮。"（秦观《踏莎行》）这些词句写的是有我之境。"采菊东篱下，悠然见南山。"（陶渊明《饮酒》）"寒波澹澹起，白鸟悠悠下。"（元好问《叙事留别》）这些诗句写的是无我之境。

如果根据他对境界的界定，我们能够很好地解释这几句诗词中境界的有我与无我的状况。他在《文学小言》中说："文学中有二原质焉：曰景，曰情。"① 在《人间词话》中则说："境非独谓景物也。喜怒哀乐，亦人心中之一境界。故能写真景物、真感情者，谓之有境界。否则谓之无境界。"② 所以他说的"有我之境"与"无我之境"中的"我"无疑就是一情感之"我"。不过，在"无我之境"中并非真正的无我，而是这个情感之"我"深深地隐藏在了作品之中而不外露罢了。李泽厚说的好："不是说没有艺术家个人情感思想在其中，而是说这种情感思想没有直接外露，甚至有时艺术家在创作中也并不自觉意识到。"③ 所以由此看来，前两个例子是有我之境，就是因为其中的景物具有浓郁的情感色彩，这很典型地说明了"景语即情语"；而后两个例子是无我之境，则是因为其中的景是几乎没有情感痕迹的本然的景，其实这也是要表现一个淡然的"我"。

但是按照后一种动静关系的界定，若说后两个例子都是优美之境，这没有什么问题；但要说前两个例子是宏壮之境的话，大概没有什么人会同意他的。王国维对境界的这两种界定之所以不能契合，是由于他对"我"做了不同的理解。其一，在从观物方面来界定境界时，这个"我"是一种情感之"我"。其二，他在对境界作优美与宏壮之分时，实际上是将西方美学尤其是叔本华的观点掺杂在了境界理论之中。这时他理解的"我"则

---

① 王国维：《文学小言》，载《王国维文选》，天津：百花文艺出版社，2006年，第104页。
② 王国维：《人间词话》，第12页。
③ 李泽厚：《美的历程》，天津：天津社会科学出版社，2001年，第281页。

是一种意志之"我"。

我们再看他对优美与宏壮所做的界定。王国维也将优美与宏壮理解为形式。他在《〈红楼梦〉评论》中对二者进行了说明:"苟一物焉,与吾人无利害之关系,而吾人之观之也,不观其关系而但观其物,或吾人之心中无丝毫生活之欲存,而其观物也,不视为与我有关系之物,而但视为外物,则今之所观者非昔之所观者也,此时吾心宁静之状态,名之曰优美之情,而谓此物曰优美;若此物大不利于吾人,而吾人生活之意志为之破裂,因之意志遁去,而知力得为独立之作用,以深观其物,吾人谓此物曰壮美,而谓其感情曰壮美之情。"① 这就是就,如果外物与我们没有利害关系,我们在观物之时也没有关系、欲望等考虑,此时我们的心处于宁静的状态,这样的对象就是优美。如果对象不利于我们生活的意志,而意志也因此遁去,我们便凭借知性的作用达到静观其物,这样的对象便是壮美(即宏壮)。对于后者,他在这里举的例子比如地狱变相之图、决斗垂死之像、庐江小吏之诗、雁门尚书之曲,这些带有悲剧性的审美对象确实对于我们的意志有所逼迫,所以可以归于壮美之列。但是他在《人间词话》中所说的陶渊明的东篱、南山,元好问的寒波、白鸟决然不会逼迫诗人的意志以使其遁去,更无需诗人呼唤出那种知性来战胜对象的威胁。所以,单就《人间词话》而言,优美、宏壮之说,实乃续貂之论。

在王国维这里,境界的结构还可以表述为"意"和"境"这两个方面。这其实与"情"和"景"一样,也是指文学的本质。我们上文主要说了"观物",但是王国维所说的境界还与"观我"是相关的。他说:"原夫文学之所以有意境者,以其能观也。出于观我者,意余于境。而出于观物者,境多于意。然非物无以见我,而观我之时,又自有我在。"② 文学能观,则有意境。王国维说得很明确,对于文学意境之观,包括"观我"与"观物"两个方面,并且这两个方面又是不可分割的。值得注意的是,他这里讲到了一个重要的问题,就是"观物"与"观我"是如何结合在一起的。他说:"非物无以见我。"也就是说,只有在对象性的"物"中,才能看到"我"。但是,如何在"观物"中实现"观我",这却是王国维语焉不详的。

其实,不管"以我观物"还是"以物观物",其中都必然包含着"观我",只是在"以物观物"中不太明显。如果我们用现代哲学来解释的话,

---

① 王国维:《〈红楼梦〉评论》,载《王国维文选》,第 80 页。
② 王国维:《人间词话》,第 130 页。

这里有两个关键：一个是意向性，一个是对象化。意向性说明意识其实只是单向的，我的意识指向物，这就是观物；同时，意识在观物的同时还有一种对象化的落实，这就是意识的意向性实现了对对象的构造。对象化又有物的对象化和人的对象化。其一，物的对象化是意向性的深化，意向性使得一个事物成为对象。其二，人的对象化其实也有两个方面：首先是我们对对象的构造，离不开康德所说的先验形式，任何对象都必然具有人的意识结构。其次，我们在构造对象的同时，有时也会将我们自身某些与对象同构的东西在观念中投射于对象。王国维所说的，当然主要是指这第二方面的情感投射。

我们可以在《传习录》中看到王阳明的一段经典阐述。对于他的朋友质疑他的"心外无物"，他说："你未看此花时，此花与汝心同归于寂；你来看此花时，则此花颜色一时明白起来，便知此花不在你的心外。"① 这其实说的就是物与我的相互确证与建构。我建构了对象，对象也确证了我。陶渊明的一句诗也包含了这样的哲理。其《饮酒》诗中说："采菊东篱下，悠然见南山。"这个"见"可有两种读音，正好是人与对象关系的两个方面。"见"也就是"现"：有了人的"见"，方有物之"现"，"见"与"现"是同一的。当然，在陶渊明这里，这个"见"与"现"不是刻意的，不是意识的自觉的指向，而是无意的敞开。但是，这种无意却会由于"见"与"现"之后的反思而自觉，这就有了意义的产生。即使其中的"真意"是不可言说的，但是这种行为本身是可以反思的，可以言说的。

年轻的马克思也曾深刻地指出了人与对象关系的双重性。他说："他的个体的一切器官，正像在形式上直接是社会的器官的那些器官一样，是通过自己的对象性关系，即通过自己同对象的关系而对对象的占有，对人的现实的占有；这些器官同对象的关系，是人的现实的实现……，是人的能动和人的受动，因为按人的方式来理解的受动，是人的一种自我享受。"② 马克思说的"人的方式"，尤其体现为审美方式。马克思认为，在人与对象的对象性关系中，人不仅占有对象，同时也占有人的现实。这就是因为，对象是人的对象，人接受的对象特征，是符合人的器官感觉的。并且同时，对象的特征也塑造了我们的感官。所以，观物在本质上也是观我。观，也在实现人的本质力量对象化。

---

① 王守仁：《王阳明集》，王晓昕、赵平略点校，北京：中华书局，2016年，第100页。
② 中共中央马克思恩格斯列宁斯大林著作编译局编：《马克思恩格斯文集（第一卷）》，中译本，第189页。

第七章　法家、墨家与屈原

除了儒家与道家，先秦时期的其他学派中涉及"观"这个概念的主要就是法家与墨家了。但是，由于他们的相关言论甚为简略，所以我们在儒道之后也对他们进行一些简单的梳理，以使我们的讨论更趋于全面。除了先秦诸子，我们不能忘了战国时期的诗人屈原。因为在我看来，中国美学中得到很多讨论的"游目流观"的审美方式，主要就是来源于屈原《离骚》的影响。

一、法家：不求其观

先秦法家的主要代表是管仲和韩非，但是他们的思想其实也是有很大差别的，所以也有学者如冯友兰先生分别称其为齐法家与晋法家，并将二人分别作为二派之代表。就当时的状况来说，春秋之时已显礼坏乐崩，战国之时更是群雄割据，以法治国可能比儒家的仁政主张更具有现实意义。但是尊道重礼的齐法家比崇势尚术的晋法家有着更多的积极意义。《管子》虽为后世所托，但这并不影响人们将其视为代表管仲思想的著作。

（一）《管子》

客观地说，我们不能将《管子》与管仲的思想等同起来。《管子》一书的思想主要糅合了道家与法家。故而，班固《汉书》将其列于道家，刘歆《七略》将其列于法家。后世多沿刘歆之说。但从整体上说，《管子》中最根本的概念并不是"法"，而是"道"。《管子·心术上》讲到二者关系说："事督乎法，法出乎权，权出乎道。"在长沙马王堆汉墓出土的四篇帛书，后人合称为《黄帝四经》。①《黄帝四经》中说："道生法。"《管子》与《四经》孰早孰晚，学界众说纷纭。我们这里不管二者谁影响谁的问题，它们之间的关系是显而易见的。韩非将这样的一种观点总结为"因道全法"。

由于"道"对于"法"的重要性，所以达到对"道"的领会便是非常重要的了。《管子》中说，天道虚而无形，不出于口，不见于色，可以安而不可说。这种看法其实是与道家有着很大的相通之处的。这种关于道的理论决定了《管子》一书对于认识的整体看法。这样，感性的视觉对于得"道"便是没有什么助益的。

在这种理论基础上，《管子》也反对具有感性享受性质的观看。这是"观"在《管子》一书中所具有的被否定的一层意义。在这方面，《管子·立政》一篇是具有典型意义的。《立政》篇着重讲了所谓的"三本"、"四固"和"五事"。"三本"是治乱之原，"四固"是安危之本，"五事"是国君治贫之务的五个方面。其中"五事"中说："五曰工事竞于刻镂，女事繁于文章，国之贫也。"与此相反："工事无刻镂，女事无文章，国之富也。"《管子》反对"竞于刻镂"，"繁于文章"，这还有些积极意义，但是他们又主张"无刻镂"、"无文章"则有些极端了。这显然是一种具有纯然实用主义倾向的观点。《立政》篇还有所谓"九败"，说的是九种对国家不利的言论。其中说："观乐玩好之说胜，则奸民在上位。"的确，"观乐玩好"的危害对于君王则是很有警示意义的。与前文所述反对刻镂文章一样，《管子》一书还反对儒家所推崇的先王所制礼仪的观赏意义。《法法》篇中说：

> 先王制轩冕，足以著贵贱，不求其美；设爵禄，所以守其服，不求其观也。……明君制宗庙，足以设宾祀，不求其美。为宫室台榭，足以避燥湿寒暑，不求其大。为雕文刻镂，足以辨贵贱，不求其观。（《管子·法法》）

这种对于三代文饰的理解显然不同于以孔子为代表的儒家重视礼乐仪式之外观的主张。所以，具有审美意义的"观"在《管子》中也是受到批评的。但是《管子》对于"淫辞"、"淫巧"的反对其实与儒家也没有什么

---

① 班固《汉书》中录有《黄帝四经》之目，但这帛书四篇是否即为班固所说《黄帝四经》，学界颇有争议。

差别。儒家当然也是反对过分的形式主义。由此,那种过度的声色之好是《管子》所极力反对的。《管子·五辅》中说:"淫声諂耳,淫观諂目。耳目之所好諂心,心之所好伤民。民伤而身不危者,未之尝闻也。"按黎翔凤校注,《尔雅》释"諂"为"疑也",宋翔凤释"諂"为"过也",张佩纶认为"諂"是"谄"字之误。或者我们干脆将其释为"遮蔽"、"扰乱"之义,如此理解起来倒更为方便。这也正如《老子》所说:"五色令人目盲,五音令人耳聋,五味令人口爽。"过度的声色刺激的确会影响我们的判断。

在《管子》中,"观"的另一层意义主要是作为一种认识事物的方式而得到阐发的。其中的《八观》篇就是讲如何对于一国之情有一个全面的了解与掌握。在这里,"观"与"视"具有同等的意义。如观车马、观台榭、观习俗、观左右,这都是在视觉意义上使用的,但这并不是欣赏层面的,而是要达到对事物的认识。《八观》篇主要阐述了对一个国家所进行的八个方面的观察,这涉及贫富侈俭、治乱虚实、强弱存亡等等各个方面。所以《管子》就这八观说:"故以此八者观人主之国,而人主毋所匿其情矣。"这就可以对人主的治理善恶有了一个本质性的认识。这种在认知意义上的"观"与"察"、"审"则有相似用法。如:

审其所好恶,则其长短可知也;观其交游,则其贤不肖可察也。(《管子·权修》)

观凶饥,审国变,察其四时,而监其乡之货,以知其市之贾,负任担荷。(《管子·小匡》)

在《管子》中,"耳目"主要也是作为认识的感官而得到讨论的。《管子·心术上》篇说:"心之在体,君之位也;九窍之有职,官之分也。"耳目为视听之官,须守其分,而耳目得守其分的前提就是心对于九窍的限制,这就是"心术"。《心术上》还说:"心术者,无为而制窍者也。"窍,就是各种感官。心能够制窍的前提又是无为无欲。若心存嗜欲,则目不见色、耳不闻声。这样,心就要保持静的状态,所以这种心术也就是它所说的"静因之道"。《心术上》说:"毋先物动,以观其则。动则失位,静乃自得。……摇者不定,躁者不静,言动之不可以观也。""因"是恬愉无为、无益无损,也即"舍己而以物为法"。也就是说,我们看待事物,要摒弃施加于物的主观的见解。所以,"心术"其实也就是"因术"。实现静因之术,即是"得",也即是"德",也就是"道"。

(二)《韩非子》

我们知道,韩非提出一个所谓"因道全法"的命题,来阐述"法"与"道"之间的关系,这就为"法"奠定了一个本体论的基础。不过在具体阐释上,他与管子是有所不同的。韩非说:"先王以道为常,以法为本,本治者名尊,本乱者名绝。"(《韩非子·饰邪》)他强调了法的根本地位。但在如何达到道的问题上,韩非与《管子》也是有一致之处的。《管子·心术上》说:"君子恬愉无为,去智与故。"韩非则说:"圣人之道,去智与巧。"(《韩非子·扬权》)这与管子的基本路向显然没有什么大的区别。所以,这种观点与道家也是有很多相近之处的。

与《管子》一样,韩非也极力反对君王过分的视听享乐。他说:"明君之于内也,娱其色而不行其谒,不使私请。其于左右也,使其身必责其言,不使益辞。其于父兄大臣也,听其言也必使以罚任于后,不令妄举。其于观乐玩好也,必令之有所出,不使擅进不使擅退,群臣虞其意。"(《韩非子·八奸》)韩非并不是完全反对君王的视听享乐,但是他的这种行为是需要受到限制的。对于宫内的妻妾妃嫔,不能因为喜爱她们的美色而接受她们私下提出的要求,或者按照她们的要求来做。君王喜爱赏玩奇珍异宝,但却要出于合理的需要,也不会使人擅自进献或裁减,不会让群臣以此揣摩自己的心意。

君王因为喜爱赏玩,群臣因此揣摩君王心意,这样君王就可能有被蒙蔽挟制的危险。韩非在《八奸》中就讨论了这样的问题。韩非认为,人臣为奸之术有八,此之谓"八奸"。这"八奸"就是:同床、在旁、父兄、养殃、民萌、流行、威强、四方。其中第四叫做"养殃"。何为"养殃"?韩非说:"人主乐美宫室台池、好饰子女狗马以娱其心,此人主之殃也。为人臣者尽民力以美宫室台池,重赋敛以饰子女狗马,以娱其主而乱其心、从其所欲,而树私利其间,此谓养殃。"(《八奸》)君王喜欢漂亮的宫室台池,喜欢打扮子女以及犬马,从中获得愉悦,这是非常危险的。这是君王灾祸的根源。臣子为了让君王欢心,倾尽民力建造美化宫室台池,增加赋税满足君王的私心,同时也是为了自己获得私利,这就是"养殃"。这是君主需要谨慎明察的。韩非说:"上用目则下饰观,上用耳则下饰声,上用虑则下繁辞。"(《韩非子·有度》)这就是上行下效的逻辑。韩非的这些讨论是很有现实意义的。

韩非也对"观行"作了一些讨论。他说:"古之人目短于自见,故以镜观面;智短于自知,故以道正己。"(《韩非子·观行》)观面正己,是出于对自己的省察。但是对于观人来说,韩非只是强调君王对人臣的观察。他说:"故明主观人,不使人观己。"(《观行》)这就否定了臣对君的观察乃至批评的可能,这种观看方式也是迎合了当时那种君主集权的政治趋势。所以他说的作为观行之道的"法术"也是具有这种君权色彩的。显然,韩非将周代礼乐制度中"观"最为基本的那种君王示人以德、人臣以观的方面清除掉了。这种主张是与法家崇尚君王权威的态度有关的。但是,对于君王观察人臣这个问题来说,韩非也提出了一些要求。对于人臣,君王要听其言、观其行。观其行,在于"贤其远"、"求其功",就是要赞赏其高远、寻求其功效。韩非说:"今听言观行,不以功用为之的彀,言虽至察,行虽至坚,则妄发之说也。"(《韩非子·问辩》)显然,听言观行,是以符合功利为目的的。

如何保证君王听言观行的正确性,韩非从形上与经验两个方面提出了自己的办法。从形上的角度,韩非将"道"作为行为的最高标准。他说:"道者,万物之始,是非之纪也。"(《韩非子·主道》)君王需要做的就是守始治纪,此之谓明君。从形下的角度,他提出了"参"的方法。"参"即"参验",就是将所观听到的事物进行相互比较而验证其正确性。如"七术"中有"众端参观","八经"中有"参伍之道"。"参伍"也就是"众端参观"。"参观",也就是"参伍之验"。王先慎集释说:"众事之端皆相参而观之。"① 他还解释:"头绪众多,则必参观,否则诚不得闻而为臣壅塞矣。"② 这也就是韩非所说的:"听不参则诚不闻,听有门户则臣壅塞。"(《韩非子·内储说上》)"参观"也是韩非所说"法术"中重要的一条。在韩非这里,"参观"又有内外之分。他说:"参伍既用于内,观听又行于外,则敌伪得。"(《韩非子·内储说下》)只有多方面的观察,才有可能得到真实的判断。

韩非在《五蠹》篇中批评了从事五种职业的人:学者、言古者、带剑者、患御者、商工之民。其中,学者专门指"文学之士",也就是专门研习儒家所尊先王典籍制度的儒者。韩非说:"儒以文乱法。"(《韩非子·五蠹》)这就是他对于儒家礼乐文饰所持的基本态度。由于这样的态度,韩非关于听言观行的理论,就具有极强的实用主义特色。

韩非反对儒家礼乐是与商鞅有着一种传承关系的。商鞅就极力反对儒家的礼乐诗书。他认为,礼乐诗书是使国家灭亡的重要原因。商鞅在《靳

---

① 王先慎:《韩非子集解》,锺哲点校,北京:中华书局,1998年,第116页。
② 同上书,第211页。

令》篇中提出所谓"六虱",列举了一些削弱国家的因素。他说:"六虱:曰礼乐,曰诗书,曰修善,曰孝弟,曰诚信,曰贞廉,曰仁义,曰非兵,曰羞战。国有十二者,上无使农战,必贫至削。"①(《商君书·靳令》)可见,其中大部分内容都是儒家所提倡的。

韩非在《十过》篇中提出所谓"十过",即国君所做的十种导致国家危机的行为。这"十过"之中,有一种是"好音",就是对音乐的喜爱。他以卫灵公与晋平公为例,谈了国君不务听治而好五音所导致的恶果。这个态度其实与儒家并不是矛盾的,因为孔子也反对耳听不正之音。孔子说:"郑声淫。"(《论语·卫灵公》)郑国的音乐感性放纵,容易惑乱人心。但从整体来说,法家与儒家的差别是更大的。当然,就当时诸侯争池略地的现实来说,法家主张严刑峻法,能够相对更为有效地使得一方诸侯强大起来。但这并不能说明这是一种好的治国方略。

二、墨家:观乐之害

根据文献,先秦诸子争鸣之时,儒家、墨家为当时的显学。韩非说:"世之显学,儒、墨也。"(《韩非子·显学》)墨家在当时之所以能够产生很大影响,成为与儒家一样的显学,应该也与该学派以尧、舜等上古圣王为宗有很大关系。韩非说:"孔子、墨子俱道尧、舜。"墨家取道尧、舜,应该也是受了儒家的影响。《淮南子》中说:"墨子学儒者之业,受孔子之术,以为其礼烦扰而不说,厚葬靡财而贫民,服伤生而害事,故背周道而行夏政。"(《淮南子·要略》)虽然儒、墨二家俱道尧、舜,但是他们却走向了不同的思想道路。

韩非在《显学》篇中说的很明确,墨子认为儒家所推崇的"礼"会造成社会财富的浪费。当然,墨子也在尧、舜那里找到了反对儒家的根据。他们站在与儒家不同的立场看待尧、舜,自然也就看到了不一样的尧、舜。儒家看到的是上古圣王的德性。孔子评价尧说:"焕乎,其有文章!"(《论语·泰伯》)评价舜说:"无为而治者,其舜也与!"(《论语·卫灵公》)但墨子看到的是上古圣王的简朴。墨子说:"尧、舜有茅茨者,且以为礼,且以为乐。"(《墨子·三辩》)在他看来,由于尧、舜的生活非常简单,所以儒家推崇的礼乐在上古圣王那里不会有多繁琐。

---

① 根据一些注家所言,商鞅这里所说的"六"与"十二"都是约数,而非确指。

如果根据文化人类学的研究，儒家对于尧、舜的描述应该有很大的理性化成分，而墨家对于尧、舜的理解倒更应该接近历史的真实。《墨子》中说："昔之圣王禹、汤、文、武，兼爱天下之百姓，率以尊天事鬼。"（《墨子·法仪》）我们前面说到，儒家与墨家所共同尊崇的这些上古圣王是有巫的身份特征的，而上古社会也应该是巫风盛行的。所以，如果说尧、舜之时的所谓礼乐还属于巫觋文化可能更合适些。

由于墨家也将尧、舜等上古圣王作为模范，所以墨家与儒家也就不是完全相对立的。根据《墨子》一书，墨家也是推崇仁义的。墨子强调："法不仁，不可以为法。"（《墨子·法仪》）还说："万事莫贵于义。"（《墨子·贵义》）但是，墨子讲的"仁"与孔子讲的"仁"在内涵上是有很大不同的。孔子说："仁者爱人。"这个"爱"的主要内涵是一种德性的展开，即"忠恕"。墨子所讲的"仁"的主要内涵则是"相爱相利"。墨家对"仁"的理解突出了"利"的因素。

墨家的思想特色与法家有相似之处，他们都有极强的实用主义色彩。墨子重视"利"这个方面，这是与儒家有很大差别的。孔子尽管并不绝对反对"利"，但他认为"利"极其容易影响个人的修养。所以，他说："君子喻于义，小人喻于利。"（《论语·里仁》）"利"经常是与"义"相对立的。所以，他劝诫学生说："见利思义。"（《论语·宪问》）物质利益总不能越过他们所主张的道义。

除了仁义，墨子还强调法仪的重要性。法仪，即法度。治法从何而来？墨子认为："莫若法天。"（《墨子·法仪》）这与儒道的策略是一样的。效法上天，是中国古代哲学的一个普遍性思想。在墨家看来，圣王法天，就是因为天有仁的品质，仁的内涵就是相爱相利。墨子说："天欲人相爱相利，而不欲人相恶相贼也。"（《法仪》）但是，墨子强调"爱"与"利"的相互性，这才是真正的"相爱相利"。他们是反对"自爱"、"自利"的。

墨子说："仁人之事者，必务求兴天下之利，除天下之害。"（《墨子·兼爱》）这是他们思考问题的出发点。在墨家看来，由于声色之观都是违背这个目的的，所以这都是他们所极力反对的。

墨家主张仁义，但是却反对儒家的礼乐制度。我们知道，具有审美性质的礼仪对于周代的礼乐制度是非常重要的。但是，也正因为礼仪制度具有很强的审美色彩而受到墨家的批评。在《墨子》一书中，涉及对礼乐制度进行批评的主要是《节葬》与《非乐》两篇。尽管我们现在看到的这两篇已都不完全，但是他们的基本思想是非常清晰的。

在《节葬》篇中，墨家反对了儒家的厚葬久丧的主张。儒家的丧葬之礼重视棺椁的外饰，而墨家就针对这种观念进行了批评。他分析了以厚葬久丧为政所容易导致的结果。这就是："国家必贫，人民必寡，刑政必乱。"（《墨子·节葬下》）他们这个看法，在物质匮乏的时代还是有道理的。墨子就尧、舜、禹三圣王之葬说明了厚葬久丧并非圣王之道，还以中原之外的其它部族习俗为例说明了厚葬久丧并非一定之则。

在《非乐》篇中，墨子从多方面分析了"乐"对于"利"的害处。墨子也承认钟鼓琴瑟之声、刻镂文章之色的确可以给人带来愉快与美感。但他认为，这些单纯感官愉快的追求是违背上古圣王的。《墨子》中说："夫仁者之为天下度也，非为其目之所美，耳之所乐，口之所甘，身体之所安。"（《墨子·非乐上》）所以，他们说："上考之不中圣王之事，下度之不中万民之利。"（《非乐上》）他们反对儒家的文饰礼乐，由此对于感性的"观乐"也便持以否定的态度。

在此基础上，墨子从几个角度对"为乐"进行了批评：

第一，从乐器制造的角度说，进行艺术活动需要制造乐器，这就需要消耗社会财富。他说："厚措敛乎万民，以为大钟、鸣鼓、琴瑟、竽笙之声，以求兴天下之利，除天下之害，而无补也。"（《非乐上》）为乐之事，是违背他们主张的兴利除害这个目标的。所以，他说"为乐"是一种错误的行为。

第二，从乐器演奏的角度说，演奏乐器需要人力，并且演奏者要年轻力壮、耳目聪明、股肱毕强。这就会严重影响男女耕织之事。《墨子》说："使丈夫为之，废丈夫耕稼树艺之时；使妇人为之，废妇人纺绩织纴之事。"（《非乐上》）所以，墨子反对"为乐"之事。

第三，从音乐欣赏的角度说，欣赏表演会浪费大量治理国家和从事生产的时间。《墨子》中说："与君子听之，废君子听治；与贱人听之，废贱人之从事。"（《非乐上》）所以，墨子是反对"为乐"的。

这就是墨子他们讲的为乐之害。所以，观乐这种活动，是必须禁止的。在《三辩》篇中，墨子也阐述了自己主张"圣王不为乐"的观点。他比较了尧、舜、成汤、武王、成王的治理，历史上从前往后，后世不如前世，但后世之乐却总是繁于前世。所以他得出结论："其乐愈繁者，其治逾寡。由此观之，乐非所以治天下也。"（《墨子·三辩》）其实，社会的治乱与音乐的简繁这二者之间，当然并没有他们所说的这种必然关系。

墨子主张节葬，反对音乐，其核心目的都是为了不将财物用于人的基本需要之外的其它用途。这也就是"节用"。除了针对儒家的礼乐，墨家还批评了那些单纯为了观看而对生活器物进行装饰的行为。在《墨子》

中，"观"的一个重要意思就是不具有实际功用的视觉对象，所以它与人的感性享乐是紧密相关的。

由此，他们也就反对为享乐乃至于审美而消耗财物的行为。这些主张，墨子也是通过比较"古之圣王"与"当今之王"而提出的。《辞过》一篇，从宫室、衣服、饮食、舟车等方面阐述了"古之圣王"与"当今之王"的巨大差别。墨子认为，古代圣王建造宫室、制作衣服，只是为了实现器物所有的实际功能，不是为了观赏而获得愉快。他说："圣王作为宫室，便于生，不以为观乐也。……圣人为衣服，适身体、和肌肤而足矣，非荣耳目而观愚民也"。（《墨子·辞过》）与此相反，当时的君主则是厚敛百姓，暴夺民财。他们建宫室、制衣服，其目的就是为了追求宫室的青黄刻镂之观，衣服的锦绣文采之饰。墨子认为，这就带来了严重的社会后果。他说："女子废其纺织而修文采，故民寒；男子离其耕稼而修刻镂，故民饥。"（《辞过》）君主喜欢什么，官员以及万民也会追逐什么。这样的后果就是国贫而民难治。

其实，如果我们从哲学人类学的视角来看，墨子的这种观点显然是有问题的。对于外观的喜好与追求，这是人的本质的重要方面。马克思说："人也按照美的规律来构造。"① 墨家所谓上古圣王，之所以是以简朴治世，一个重要的原因是当时生产水平低下所制约的。生产条件允许了，人们自然就会追求形式上的美好。

不过，墨子的批评是有现实意义的。春秋战国的生产水平，不可能允许过度地追求耳目之乐。如果君主的追求超出了生产水平的正常允许范围，这就会导致墨子所批评的厚敛百姓，暴夺民财。这当然就是极其错误的，也是极其腐朽的。所以，墨子推崇"俭节"而反对"淫佚"。针对于王公贵族的奢靡浪费，墨家的批评显然具有深刻的意义。墨家对当时君王追求耳目之乐所进行的批评，反映了他们的平民立场，显示了其强烈的民本主义色彩。这种平民立场是富有积极意义的。这也可能是墨家在当时能够产生巨大影响的一个重要原因。

---

① 中共中央马克思恩格斯列宁斯大林著作编译局编：《马克思恩格斯文集（第一卷）》，中译本，第163页。

三、屈原：游目流观

中国古典美学中的审美视线，我们除了说"仰观俯察"之外，还讲"游目流观"。前者当然主要是在《周易》的影响下形成的，而影响后者形成的一个重要文献就是《楚辞》。"游目"、"流观"二词最早皆见于屈原的《离骚》。这种"游目流观"的观看方式可能也是由"游观"发展出来的。但我们并没有确凿的证据说明这个问题，也许"游目"、"流观"的使用就是开始于屈原。因为根据确定写于屈原之前的文本，也仅见《荀子》中有"游观"这样的用法。《荀子·君道》中说："人主不能不有游观安燕之时，则不得不有疾病物故之变焉。"其它所托之名早于屈原，但通常认为成于后世的文本中，说到"游观"的主要有：

今君营处为游观，既夺人有，又禁其葬，非仁也。（《晏子春秋·外篇》）

告鲁君为周道游观，观之终日，怠于政事。（《孔子家语·子路初见》）

游观崇台，泉池在下，淫乐无既，百姓辛苦。（《逸周书·小明武解》）

臣有大作宫室池榭、游观倡乐者，伤王之德。（《六韬·文韬》）

一蜂至微，亦能游观乎天地；一鰕至微，亦能放肆乎大海。（《文始真经·六匕》）

所谓"游观"，即游玩观赏。从上面的引文中我们可以看出，这种话语在先秦时期多用于君臣，并且指一种应该被否定的感官享乐行为。因为对于君臣来说，他们的首要任务在于治国安邦，而不是游观享乐。但是不管怎样，这种游观行为本身包含着一定的审美因素，因为这种享乐本身就有对外物的观赏。所以，中西很多思想家站在道德的立场，一方面认为美与善应该是统一的，一方面极力否定美与善的悖离。

从"游观"到"游目流观"，更加突出了视线的运动，而这种视线的运动定然涉及空间移动的问题。屈原的《离骚》中共有"观"字4处，其中"流观"一语除《离骚》中一处外，《哀郢》中也有一处。除这种表达之外，尽管《离骚》中的其它"观"字的使用并没有都以"流观"或"游观"的形式出现，但是在所使用的语境中，都表示了视线的游动。并且在这些诗句中，除了这个"观"字，还有"顾"、"瞻"、"览"等字也都有视线游动之意。我们试看以下五句：

1. 忽反顾以游目兮，将往观乎四荒。(《离骚》)
2. 瞻前而顾后兮，相观民之计极。(《离骚》)
3. 览相观于四极兮，周流乎天余乃下。(《离骚》)
4. 及余饰之方壮兮，周流观乎上下。(《离骚》)
5. 曼余目以流观兮，冀壹反之何时。(《哀郢》)

屈原《离骚》所要表达的基本意旨在于求贤君、索贤臣。这个意旨也是为了表现他对于楚国的一种深沉之爱。那么，屈原对楚国的眷恋与对美政的渴望构成了他求索中的独特时空模式。这就是时间上的瞻前顾后与空间上的上下求索。这种时空模式也决定了屈原的观看模式。我们可以以此分析上面所说到的"观"的内容。第1句是说屈原游目往观四荒之外。根据王逸注，一说是以求贤君，一说是以求知己。王逸本人持前一种理解，而洪兴祖在补注中则持后一种观点。第3、4句与此类似，也是说周流四方，观视四极，以求贤君知己。第2句的背景是屈原对三代帝王的陈说。瞻前顾后，是对帝王的审视。王逸注说："言前观汤、武之所以兴，顾视桀、纣之所以亡，足以观察万民忠佞之谋，穷其真伪也。"① 所以这就是一种历史的视线了。第5句是在《哀郢》的"乱"中所言。屈原在《哀郢》结尾以自己被流放作背景，抒发了自己对故国的无限眷恋。王逸注说："言已放远，日以曼曼，周流观视，意欲一还，知当何时也。"② 这一"流观"，展现了屈原与故国之间空间的遥远。

由以上所列几句可见，屈原的游目流观都是对有限时空的突破。如陈子昂在《登幽州台歌》中说："前不见古人，后不见来者。"这就是一种历史视线的拓展。我们说，这种历史视线本身不是审美的，但是在很多时候，审美活动就是靠了这种本身非审美的视线才得以深刻，才得以避免成为单纯的感官享受。所以，在审美中由感官享受到对历史与宇宙的时空感，这本身就是一种审美的深度建构。陆机在《文赋》中说："观古今于须臾，抚四海于一瞬。"这就达到了审美的开拓。所以，从这种建构的视

---

① 洪兴祖补注：《楚辞补注》，卞岐整理，南京：凤凰出版社，2007年，第21页。
② 同上书，第119页。

角，屈原在《离骚》这个诗性文本中的时间性的历史视线便增加了审美的深度。

在屈原的文本中，这种空间意识是很强的。当然，像《涉江》、《哀郢》、《远游》等篇主要与其被流放有关，但是《离骚》中的空间意识则是对这种现实空间的突破而更多地展现了一个想象的空间。并且我们在这些文本中，对"逍遥容与"之境界的追求是对这种空间的精神推动，这无疑是具有很强的审美意味的。

无可置疑，屈原的诗歌创作对后世产生了极大的影响。这种影响首先体现为秦汉文人的楚辞创作，这种楚辞已经具有了文体的意义而不再局限于楚地。然后又影响了汉赋的创作。先秦的"游观"在后世的文本中主要也还是感官享乐的行为，或者是浅层的审美行为。但是"游目流观"（主要是"游目"）不仅在汉赋中大量出现，并且大多还成为一种具有超越性的审美方式，这无疑也影响着中国艺术的空间模式。我们试看下列这些诗文：

攀璇玑而下视兮，行游目乎三危。（扬雄《甘泉赋》）

排飞闼而上出，若游目于天表，似无依而洋洋。（班固《西都赋》）

周览以泛观兮，历众关以游目。（李尤《函谷关赋》）

张平子将游目于九野，观化乎八方。（张衡《骷髅赋》）

仰观八极，游目无涯。（刘梁《七举》）

于是游目骋观，南援三洲，北集京都，上控陇坻，下接江湖。（蔡邕《汉津赋》）

登城隅之高观，忽临下以翱翔。行游目于林中，睹旧人之故场。（王粲《思友赋》）

乃遂往而徂逝兮，聊游目而遨魂。历七邑而观览兮，遭巩县之多艰。（班昭《东征赋》）

步逍遥以容与，聊游目于西山。（曹丕《登台赋》）

静闲居而无事，将游目以自娱。（曹植《游观赋》）

这样，"游目流观"与"仰观俯察"一起共同成为中国文人艺术创作中的重要审美视线。这两种视线的共同之处就在于视线的移动。换一种说法，这种视线的移动有两种：一种是静态的，这只是体之动，由固定地点的仰观俯察而来；二是动态的，这就是人之游，它不仅在屈原这里有，而且在庄子那里也有所体现，这就是游目流观。人在亭台楼阁，确实可以四面来回走动地观看，但是这种移动定然是有限的，而观者作为审美主体是要突破这种限制的，所以他就要进入自然，而在自然中游，步步移，面面看，这就直接进入自然山水之间的观看。如上述扬雄、王粲的诗句中皆有"行"，李尤诗句中有"历众关"等皆是身体之行走所引导的游目。当然，在中国古典的审美文本中，这两种审美视线也经常结合起来。仰观俯察产生了中国亭台楼阁中的古典审美体系，而这种审美方式中也自然与游目流观紧密相联。如王粲《登楼赋》说"登兹楼以四望兮"，这种"四望"则定然是一种游目。上录刘梁《七举》中一句："仰观八极，游目无涯。"这在游目之中，也包含了仰观俯察。这是中国古典审美视线所达到的一种自由。

另外，"目"首先实现的是主体的感性欲求，而"观"的对象则大多侧重于内在的本性。审美当然不离感性，所以中国古典美学肯定了"目"的功能，但又不能停留于此，还需上升于"心"。所以，宗炳说："应目会心。"从本质上说，"游目"就是要实现这样一种心胸的自由，它的更高状态就是"游心"。游心，才能实现时空的无限。这样，游目就从观看自然山水达到心灵上的怀古伤时。

在先秦文献中，最重"游心"的就是《庄子》。"游"是《庄子》中一个非常重要的概念，它具有浓厚的审美意蕴。"游心"就是庄子所追求的一种自由逍遥的境界。《逍遥游》中说："若夫乘天地之正，而御六气之辩，以游无穷者，彼且恶乎待哉！"这就是"游心"。庄子认识到，在身体方面，即使能够像大鹏与列子那样，仿佛非常自由，但总是"有待"的。所以，在他看来，只有心的自由才能达到彻底的"无待"。这种心的自由就是与道一体。庄子说："天地与我并生，而万物与我为一。"（《齐物论》）这就是摆脱各种依赖后的一种自由状态。《庄子》中说的"游乎尘垢之外"、"游乎天地之一气"、"游乎万物之所终始"等，都是心与道一之后的自由。

事实上，心总不会离开身体，但身体总是有限的，所以心要达到自由，必须要超越身体的有限性。心能够达到的自由程度，决定于它对身体的超越程度。不管怎样，有了这种游心，游目流观便会获得一种形而上的生命关怀。这就是中国古典审美方式的一种具有普遍意义的诗性建构。

正是基于这样的诉求，这种游目流观的视觉方式极大地影响了中国古代画家的空间塑造。也正因为这样，中国画摆脱了固定的观察视点，也摆脱了几何学的透视空间，而成为一种所谓"灵的空间"。宗白华就谈到了沈括所讲"以大观小"所蕴含的中国艺术的空间意识。他说:"画家的眼睛不是从固定角度集中于一个透视的焦点,而是流动着飘瞥上下四方,一目千里。"① 通过如此的视线,画家把握天地万物高下起伏的生命节奏,将全部景界组织成一幅气韵生动的艺术画面。

　　受《周易》仰观俯察、庄子游心、屈原游目流观的多重影响,中国绘画中的视点大多呈现出两个特点:一是半空,视点是想象的;二是不定,视点是流动的。中国画以卷轴为特点,主要又有横轴与竖轴两种。横轴的画面,主要体现出游目流观的特点;竖轴的画面,主要体现为仰观俯察的特点。这样的构图,很难称得上是通常所说的"散点透视"。中国画从整体上就不是透视。为与西方画所区别,我们可以称中国画的观法为"非透视观法"。在中国画中,当然也有近大远小的特点,而中国画的远近特色则完全不同于西方画中通过透视法所实现的远近规律。中国画中的远近特点只是大致符合经验,而并不遵循光学规律与几何规则。因为,中国画中渗透的观看方式并不完全是肉眼视觉的,心观在其中有着强大的影响。这正是所谓"外师造化,中得心源"。这样,中国画的空间就不是一种几何空间,而是一种灵的空间。在其中,画家的心灵能够实现诗意的栖居。

---

① 宗白华:《宗白华全集(第二卷)》,合肥:安徽教育出版社,1994年,第422页;第三卷,第470页。

结束语

中国古典美学中有很多关于审美方式的讨论。我们对"观"所进行的考察，是为了追溯这些审美方式的哲学基础。但是这个哲学基础又奠基于先秦三代的文化背景中，所以其文化背景是我们首先需要关注的。

勿庸置疑，西周时期的礼乐文化是春秋战国诸子争鸣的共同背景。周代礼乐文化本身也是一种政治文化体系，所以它的功能就是为了保持周室王朝所建立起来的政治秩序。当然，它还要能够维持他们所认同的伦理秩序。既然这种政治伦理秩序的完成要通过礼乐来完成，那么它就必然要借助各种礼仪形式，还有那些我们现在称之为艺术的诗、歌、舞、图等样式。所以，这种礼乐文化不仅是政治的、伦理的，它还是审美的。审美在这种礼乐文化的各个主要方面起着重要的作用。当然，这种审美决不会是自律自足的，它是要以"文"显"质"，即以形式这种"见者"达到德性这种"隐者"。

这个从"见者"到"隐者"的过程，是"观"这个概念在先秦几个重要思想学派那里所共有的基本诉求。不管是在《周易》那里，还是在孔孟与老庄那里，这个过程本身都是在完成一种建构，甚至还会体现为一种诗性的建构。这种诗性体现为对功利人生的超越。我们知道，《周易》强调"象"。"象"是天地精神所呈现的方式，圣人通过观象达到对天地精神的认识与效法。在《周易》中，这种所谓的天地精神即是作为天地之大德的"生"。这种生生之德当然不是认识论的而是生命论的。这样，在《易经》中具有政治伦理意义的"观生"，到了《易传》中就具有了形上的哲学意义。这种"观生"思想又在宋代理学那里发展成为"观生意"。罗大经在《鹤林玉露》中总结了儒家对于"生意"的观。他说：

> 古人观理，每于活处看。故《诗》曰："鸢飞戾天，鱼跃于渊。"夫子曰："逝者如斯夫，不舍昼夜。"又曰："山梁雌雉，时哉时哉！"孟子曰："观水有术，必观其澜。"又曰："源泉混混，不舍昼夜。"明

道不除窗前草，欲观其意思与自家一般。又养小鱼，欲观其自得意，皆是于活处看。故曰："观我生，观其生。"又曰："复其见天地之心。"学者能如是观理，胸襟不患不开阔，气象不患不和平。（乙编·第三卷）①

罗大经所说的"活处"无疑诠释了"生"的内涵。这种在活处观生意当然具有浓郁的生命情调和诗性色彩。通过这种诗性的观理，一个人便可以实现胸襟开阔、气象和平。

周礼的危机，实质上是"文"的危机，其表现就是外在性的"文"产生了脱离内在性的"质"而独立的倾向。如果"文"一旦成为一种独立的追求，"文"的形式内部所包含的"礼"就会面临被抛弃的危险。因此，诸子学说的一个重要目的就是给这种危机提出解决方案。虽然按韩非之说，当时儒墨为显学，但是以现在的眼光从其影响来看当然主要是儒道二家占主导地位。并且，就我们所讨论的"观"来说，除了《周易》之外主要就是儒道二家了。只是面对这种礼乐危机，他们采取了不同的策略。尤其道家对于"文"的态度决定了老庄的观道理论大不同于《周易》的观象理论。《周易》以象明意，《老子》则消解了这种经验的象而言"大象无形"。

尽管《周易》与老庄这两种观物的理论有很大的区别，但是他们都主张达到超验之物的旨趣则是相同的。首先，《周易》与老庄是重"生"的哲学，这成为中国哲学的精华所在。我们可以将"生"视为一种存在的运动，由此，《周易》的"观"就是主张达到宇宙生生不息的易之本体，而老庄则是主张达到"道"的无穷生意。其次，这两种哲学还都是重视"法"的，他们都主张人事要法天地。这种人法天地的思想使得中国哲学没有像西方哲学那样产生人的理性与外在世界的冲突，反而形成了强大的尊重自然的风格与态度。

我们可以说，《周易》与老庄这种通过"观"的方式而达到天地精神的理路都具有很强的审美意味。甚至在某种程度上可以说，这"观"也就是一种审美的方式。具体说来，《周易》中由观象而达到天地精神的模式本身就具有审美的意味；道家则否定了经验的形式，而这却以一种反审美的方式也为审美达到超越的层次提供了路径。所以我们可以这样说：《周易》、孔孟、老庄这些思想体系中的"观"都是在其深处实现一种诗性的

---

① 罗大经：《鹤林玉露》，王瑞来点校，北京：中华书局，1983年，第163页。

人生建构。这种诗性的建构从先秦诸子到宋代理学再到王国维的诗学话语，这整个古典时代都在实践着对于"观"的诗性思考。这也就是中国古典哲学中蕴含的期然或不期然的美育方式。

但是，在中国古典哲学与美学中，并非单独在"观"的过程中蕴含着这样的一种诗性建构。还有两个重要概念也是值得我们去考察的，这就是"味"和"悟"。张法先生说："从历史的顺序，依次出现了三个重要范畴：观、味、悟，构成了审美欣赏范畴的基本构架。"① 先秦时期以"观"为主，魏晋之时"味"被提炼出来进入审美，唐宋则由于禅宗的影响，"悟"又进入了审美并成为一个核心概念。由于这已不是本文的任务，所以我们也只在这里作简单地梳理。

我们先说"味"。"味"在其产生之最初当然就是一个饮食方面的概念。在中国古代，它进入美学或说审美的一个关键步骤是哲学与饮食发生关系。这样就使得其进入美学与艺术批评具有了牢固的基础。其实，"味"在很早就被赋予了深刻的哲学意义。从史伯说的"和五味"（《国语·郑语》），到晏婴说的"和如羹"（《左传·昭公二十年》），这是以"和"来讲饮食方面的"味"与"羹"。此外，先秦文献中还有很多阐述，推崇一种所谓的"大羹不和"（《礼记》）。尽管"和五味"中的"味"本身还不是一个哲学概念，并且"和"与"羹"也是在比喻意义上进行的一种关联，但是这其实就已经有了将饮食与哲学联系起来的意思了。因为在这些表达的语境中，"和"都已经成为一个哲学概念。

先秦时期，真正使得"味"成为一个哲学概念的，当然是在老子那里。《老子》中说："味无味"。这样，"味"因与"道"产生关系而有了形而上的意味，并且"味"也成为一个动词，也便成为一种主体的行为了。《列子》中说："有味者，有味味者。"先秦将"味"作动词用的还有如《荀子》中的"味食"、"味言"。（《君道》）并且他这里已将"味"的使用进行了扩展。先秦两汉之书，即有动宾式结构的"味道"之语：

> 甘贫味道，研精坟典。（《孔丛子·连丛子下》）
> 味道之腴，神之听之。（《汉书·叙传上》）
> 安贫乐潜，味道守真。（《后汉书·周黄徐姜申屠列传》）

但是由于《孔丛子》是伪托孔鲋所作，现在多认为成书于曹魏。所以

---

① 张法：《中国美学史》，第354页。

最早使用"味道"一语的当为《汉书》，其次就是《后汉书》。这个所味之道，在上录《汉书》之句中为儒家修身之道，而在上录《后汉书》之句中则为道家玄妙之道。

由于老子的"道"对艺术产生了巨大影响，那么"味"对艺术产生重大影响也就是顺理成章的了。这种影响直接的体现就是在宗炳那里。宗炳在《画山水序》中说："圣人含道映物，贤者澄怀味像。"这里的"物"是山水，"像"亦是山水之像。他又说："山水以形媚道。"那么在他这里，道可以在山水之形、山水之像中呈现出来。所以他所说的"味像"，自然也就是味那个象中之道了。况且，他还说："澄怀观道。"所以，味像就是观道。这样，味象也就成为了一种具有形上意味的审美活动。齐梁之时开始以"味"论诗。如刘勰说："张衡怨篇，清典可味。"（《文心雕龙·明诗》）钟嵘说："理过其辞，淡乎寡味。"（《诗品·上》）又说："味之者无极，闻之者动心。"（《诗品·上》）。这时，"味"真正开始成为一个审美概念了。

先秦儒家的"观"基本上是理性的，但道家的"观"则是超越理性的，所以老子提出了"味"这个概念。后人在审美中引进了这个"味"，以表示由外而内的深入并进而达至那种不可言传的东西。张法先生认为，"味"是"观"的进一步深化；"观"的审美化与虚灵化，就是"味"。但是我们还要明确，"味"并不是从观中分化出来的，它是在说明那种难以言说的东西时得到了重视。并且，"味"并不是用来代替"观"的。钱谦益在《香观说书徐元叹诗后》中说："观诗之法，用目观，不若用鼻观。"① 由此可以说，"观"是可以包括"味"这个概念的；并且对于那些难以言表的事物，也仍然可以用"观"。

然后，我们再说"悟"。毛先舒《诗辨坻》说："味其片言，可以入悟。"② 这又将"味"与"悟"联系了起来。这两个概念尽管都用以表示在审美过程中对对象中难以言说的方面的接受，但相比较而言，"味"更倾向于意蕴性的东西，而"悟"更倾向于精神性的东西。"悟"的出现最早可能就是《尚书·顾命》，篇中说："今天降疾，殆弗兴弗悟。"这里的"悟"其实是"寤"之义。到了春秋战国时期，"悟"得到大量使用，并且

---

① 钱谦益著，钱曾笺注：《牧斋有学集》，钱仲联标校，上海：上海古籍出版社，1996年，第1567页。
② 郭绍虞编选：《清诗话续编》，富寿荪校点，上海：上海古籍出版社，1983年，第36页。

这些使用已经基本上是一个知性的概念了。如：

> 不觉悟，不知苦，迷惑失指易上下。(《荀子·成相》)
> 物无道，正容以悟之，使人之意也消。(《庄子·田子方》)
> 华子既悟，乃大怒，黜妻罚子，操戈逐儒生。(《列子·周穆王》)
> 法术之士，奚道得进，而人主奚时得悟乎？(《韩非子·孤愤》)
> 杀戮而不止，以至于亡而不悟。(《吕氏春秋·论人》)
> 訾然使赵王悟而知文也。(《战国策·赵策》)
> 悟过改更，我又何言？(《楚辞·天问》)
> 目明心开，而志先，慧然独悟。(《黄帝内经·素问》)

作为知性的"悟"具有非逻辑的特点。许慎《说文》说："悟，觉也。"如刘向所说："兴《离骚》之微文兮，冀灵修之壹悟。"(《九叹·思古》)"壹悟"即为一朝觉悟。所以，"悟"进入审美也是有着深远的古典哲学基础的，而并非单纯由于佛教的影响。如典型的佛教用语"开悟"在佛教进入中土之前就已经出现了。司马迁《史记》中有卫鞅对秦孝公宠臣景监说孝公："吾说公以帝道，其志不开悟矣。"(《商君列传》)但是我们当然可以这样说，佛教对于"悟"进入审美鉴赏起到了直接的催化作用，这样也才有了南北朝时在佛教之外文献中出现的"悟"的大量使用。如在《世说新语》中，"悟"的使用凡18次，加上其中《捷悟》篇名，共19次。尤其其中"感悟"、"神悟"、"超悟"等用法足以显示"悟"的非逻辑性的特点。这种"悟"的非逻辑性是其能够成为审美用语的重要原因。刘勰在《文心雕龙》中说："子夏监绚素之章，子贡悟琢磨之句。"(《明诗》)这里的"悟"当然也就具有审美鉴赏的意义了。

除了"味"与"悟"，与"观"产生紧密关联的还有"照"这个概念。它们的结合就是"观照"。"照"，《说文》释为"明也"。这里应理解为动词：使……明，照亮。在先秦时，它的用法主要有二：一是说日月之光，如："日居月诸，照临下土。"(《诗经·日月》)二是引申为圣人君子之德，如："惟我文考，若日月之照临。"(《尚书·泰誓》)作为主体性行为的用法，很是罕见。如《邓析子》中所说："不以耳听，则通于无声矣。不以目视，则照于无形矣。"(《无厚》)但此书多疑为后人所托。不过，《吕氏春秋·知接》中说："人之目，以照见之也，以瞑则与不见。"到了汉代，这种意义的用法便很多见了。韩婴说："明镜者，所以照形也。"(《韩诗外传》)贾谊说："明鉴，所以照形也；往古，所以知今也。"(《新书·胎教》）王充说："盖天命当兴，圣王当出，前后气验，照察明著。"（《论衡·吉验》）倒是这个"照察"有了认识论的意义。

　　托名关尹子的《文始真经》中说："观之无识，如灯之照。"这种表达应该不会早于六朝，因为先秦两汉应该不会以"灯"喻"观"。这应该是佛教的影响。其实"观照"之说在六朝译经之中已很普遍，并且在中土著述中亦有所见。宗炳《答何衡阳难释白黑论》中说："光明发由观照，邪见无缘瞻洒。"① 张融《重与周书并答所问》中述周颙之语："二篇所贵，义极虚无；般若所观，照穷法性。"② 这里当然是说佛学的般若智慧对于法性的观照。

　　也就是在这种背景下，"照"进入审美成为一个审美性的概念。这首先是在刘勰的《文心雕龙》中出现的。他在《知音》篇中说："凡操千曲而后晓声，观千剑而后识器。故圆照之象，务先博观。"此"圆照"之语来于佛学，但这里当然有了不同于佛学的意蕴。刘勰的意思是说，若要达到圆照之象，先需博观。那么"圆照之象"是为何意？他在后面说："无私于轻重，不偏于憎爱，然后能平理若衡，照辞如镜矣。"所谓"圆照"，可以简单理解为镜照，即如镜照辞。显然，"观照"之说，已经呼之欲出了。

　　以上我们简单地梳理了一下"味"、"悟"、"照"这几个概念进入审美的若干重要关节。我们可以由以上分析看出，"观"可以将这三个概念统括进去，而这三个概念则可以成为"观"的重要补充。所以，包括"味"、"悟"、"照"的"观"可以视为是中国美学中基本的审美行为。这也是本书讨论"观"这一概念的目的所在。

---

① 释僧佑撰，李小荣校笺：《弘明集校笺》，上海：上海古籍出版社，2010年，第184页。
② 同上书，第334页。

参考文献

一、中文著作

(一) 文字研究类

[1] 曹念明：《文字哲学——关于一般文字学基本原理的思考》，成都：巴蜀书社，2006年。
[2] 高明编著：《古文字类编》，台北：大通书局，1986年。
[3] 高明、涂白奎编著：《古文字类编（增订本）》，上海：上海古籍出版社，2008年。
[4] 刘又辛：《通假概说》，成都：巴蜀书社，1988年。
[5] 陆佃：《埤雅》，王敏红校点，杭州：浙江大学出版社，2008年。
[6] 《十三经注疏》整理委员会整理，李学勤主编：《十三经注疏·尔雅注疏》，北京：北京大学出版社，1999年。
[7] 唐兰：《中国文字学》，上海：上海古籍出版社，2000年。
[8] 许慎撰，段玉裁注：《说文解字注》，许惟贤整理，南京：凤凰出版社，2007年。
[9] 岳山岳：《六书与中国传统文化》，上海：三联书店，2008年。
[10] 中国社会科学院考古研究所编：《甲骨文编》，北京：中华书局，1965年。

(二) 古代典籍类

[1] 班固：《汉书》，北京：中华书局，2012年。
[2] 蔡沈注：《书集传》，钱宗武、钱忠弼整理，南京：凤凰出版社，2010年。
[3] 陈澔注：《礼记集说》，万久富整理，南京：凤凰出版社，2010年。
[4] 程颢、程颐：《二程集》，王孝鱼点校，北京：中华书局，1981年。

[5] 程树德：《论语集释》，程俊英、蒋见元点校，北京：中华书局，1990年。
[6] 董仲舒：《春秋繁露》，叶平注译，郑州：中州古籍出版社，2010年。
[7] 高亨：《周易大传今注》，北京：清华大学出版社，2010年。
[8] 高亨：《周易古经今注》，北京：清华大学出版社，2010年。
[9] 郭庆藩：《庄子集释》，王孝鱼点校，北京：中华书局，2004年。
[10] 洪兴祖补注：《楚辞补注》，卞岐整理，南京：凤凰出版社，2007年。
[11] 黄怀信：《逸周书校补注译》，西安：西北大学出版社，1996年。
[12] 李鼎祚集注：《周易集解》，王鹤鸣、殷子和整理，北京：中央编译出版社，2011年。
[13] 刘宝楠：《论语正义》，高流水点校，北京：中华书局，1990年。
[14] 刘文典：《淮南鸿烈集解》，冯逸、乔华点校，北京：中华书局，2017年。
[15] 刘勰：《文心雕龙》，戚良德注说，开封：河南大学出版社，2008年。
[16] 刘义庆：《世说新语》，杭州：浙江古籍出版社，2011年。
[17] 刘知几：《史通》，浦起龙通释，上海：上海古籍出版社，2010年。
[18] 逯钦立辑：《先秦汉魏晋南北朝诗》，北京：中华书局，1988年。
[19] 罗大经：《鹤林玉露》，王瑞来点校，北京：中华书局，1983年。
[20] 普济：《五灯会元》，苏渊雷点校，北京：中华书局，1984年。
[21] 邵雍：《邵雍集》，郭彧整理，北京：中华书局，2010年。
[22] 沈括著：《梦溪笔谈》，沈文凡、张德恒注评，南京：凤凰出版社，2009年。
[23] 《十三经注疏》整理委员会整理，李学勤主编：《十三经注疏·春秋左传正义》，北京：北京大学出版社，1999年。
[24] 《十三经注疏》整理委员会整理，李学勤主编：《十三经注疏·礼记正义》，北京：北京大学出版社，1999年。
[25] 《十三经注疏》整理委员会整理，李学勤主编：《十三经注疏·论语注疏》，北京：北京大学出版社，1999年。
[26] 《十三经注疏》整理委员会整理，李学勤主编：《十三经注疏·毛诗正义》，北京：北京大学出版社，1999年。
[27] 《十三经注疏》整理委员会整理，李学勤主编：《十三经注疏·孟子注疏》，北京：北京大学出版社，1999年。
[28] 《十三经注疏》整理委员会整理，李学勤主编：《十三经注疏·尚书正义》，北京：北京大学出版社，1999年。

[29]《十三经注疏》整理委员会整理，李学勤主编：《十三经注疏·仪礼注疏》，北京：北京大学出版社，1999年。
[30]《十三经注疏》整理委员会整理，李学勤主编：《十三经注疏·周礼注疏》，北京：北京大学出版社，1999年。
[31]《十三经注疏》整理委员会整理，李学勤主编：《十三经注疏·周易正义》，北京：北京大学出版社，1999年。
[32] 司马迁：《史记》，北京：中华书局，2011年。
[33] 王弼注，楼宇烈校释：《老子道德经注校释》，北京：中华书局，2008年。
[34] 王弼著，楼宇烈校释：《王弼集校释》，北京：中华书局，1980年。
[35] 王夫之：《周易内传》，李一忻点校，北京：九州出版社，2004年。
[36] 王国维：《人间词话》，长春：吉林文史出版社，1999年。
[37] 王聘珍：《大戴礼记解诂》，王文锦点校，北京：中华书局，1983年。
[38] 王先谦：《荀子集解》，沈啸寰、王星贤点校，北京：中华书局，1988年。
[39] 徐元诰：《国语集解》，王树民、沈长云校，北京：中华书局，2002年。
[40] 许维遹：《吕氏春秋集释》，北京：中华书局，2009年。
[41] 严可均辑：《全上古三代秦汉三国六朝文》，北京：商务印书馆，1999年。
[42] 袁珂校注：《山海经校注》，上海：上海古籍出版社，1980年。
[43] 张尔田：《史微》，上海：上海书店出版社，2010年。
[44] 张彦远：《历代名画记》，俞剑华注释，南京：江苏美术出版社，2007年。
[45] 张载：《张载集》，章锡琛点校，北京：中华书局，1978年。
[46] 章学诚：《文史通义》，上海：上海古籍出版社，2008年。
[47] 朱谦之撰：《老子校释》，北京：中华书局，1984年。
[48] 朱熹注：《诗集传》，王华宝整理，南京：凤凰出版传媒集团 凤凰出版社，2007年。
[49] 朱熹注：《四书集注》，王浩整理，南京：凤凰出版社，2008年。
[50] 朱熹：《周易本义》，廖名春点校，北京：中华书局，2009年。

（三）史学研究类

[1] 卜工：《文明起源的中国模式》，北京：科学出版社，2007年。
[2] 晁福林：《先秦社会思想研究》，北京：商务印书馆，2007年。
[3] 陈来：《古代思想文化的世界：春秋时代的宗教、伦理与社会思想》，

北京：生活·读书·新知三联书店，2009 年。
[4] 陈来：《古代宗教与伦理：儒家思想的根源》，北京：生活·读书·新知三联书店，2009 年。
[5] 陈美东：《中国古代天文学思想》，北京：中国科学技术出版社，2008 年。
[6] 陈戍国：《先秦礼制研究》，长沙：湖南教育出版社，1991 年。
[7] 陈遵妫：《中国天文学史》，上海：上海人民出版社，1982 年。
[8] 冯时：《中国古代的天文与人文》，北京：中国社会科学出版社，2006 年。
[9] 冯时：《中国天文考古学》，北京：社会科学文献出版社，2001 年。
[10] 葛兆光：《中国思想史》，上海：复旦大学出版社，2001 年。
[11] 郭沫若：《青铜时代》，北京：中国人民大学出版社，2005 年。
[12] 江绍原：《中国古代旅行之研究》，上海：上海文艺出版社，1989 年。
[13] 江晓原：《天学真原》，沈阳：辽宁教育出版社，2004 年。
[14] 李学勤：《走出疑古时代》，沈阳：辽宁大学出版社，1997 年。
[15] 李泽厚：《中国古代思想史论》，北京：人民出版社，1985 年。
[16] 柳诒徵：《中国文化史》，长沙：岳麓书社，2010 年。
[17] 吕思勉：《先秦史》，上海：上海古籍出版社，2005 年。
[18] 孟慧英：《中国原始信仰研究》，北京：中国社会科学出版社，2010 年。
[19] 孙作云：《孙作云文集（第 3 卷）中国古代神话传说研究》，开封，河南大学出版社，2003 年。
[20] 吴锐：《中国思想的起源》，济南：山东教育出版社，2003 年。
[21] 徐旭生：《中国古史的传说时代》，北京：文物出版社，1985 年。
[22] 杨向奎：《宗周社会与礼乐文明》，北京：人民出版社，1992 年。
[23] 张光直：《考古学专题六讲（增订本）》，北京：生活·读书·新知三联书店，2010 年。
[24] 张光直：《美术、神话与祭祀》，郭净译，沈阳：辽宁教育出版社，2002 年。
[25] 张光直：《中国青铜时代》，北京：生活·读书·新知三联书店，1999 年。
[26] 张忠培、严文明撰，苏秉琦主编：《中国远古时代》，上海：上海人民出版社，2010 年。

（四）哲学研究类

[1] 陈少明：《〈齐物论〉及其影响》，北京：北京大学出版社，2004 年。

[2] 成中英：《易学本体论》，北京：北京大学出版社，2006年。
[3] 程石泉：《易学新探》，上海：上海古籍出版社，2003年。
[4] 崔大华：《儒学引论》，北京：人民出版社，2001年。
[5] 韩林合：《虚己以游世：〈庄子〉哲学研究》，北京：北京大学出版社，2006年。
[6] 李镜池：《周易探源》，北京：中华书局，1978年。
[7] 刘师培：《经学教科书》，陈居渊注，上海：上海古籍出版社，2006年。
[8] 吕绍纲：《周易阐微》，上海：上海古籍出版社，2005年。
[9] 吕思勉：《理学纲要》，南京：江苏文艺出版社，2008年。
[10] 吕思勉：《先秦学术概论》，长沙：岳麓书社，2010年。
[11] 蒙培元：《心灵超越与境界》，北京：人民出版社，1998年。
[12] 蒙培元：《中国哲学主体思维》，北京：人民出版社，1993年。
[13] 倪梁康：《意识的向度：以胡塞尔为轴心的现象学问题研究》，北京：北京大学出版社，2007年。
[14] 彭富春：《论中国的智慧》，北京：人民出版社，2010年。
[15] 祁洞之：《佐思录（卷一）：易哲学讲演录》，沈阳：辽宁大学出版社，2010年。
[16] 王锦民：《古学经子——十一朝学术史述林》，北京：华夏出版社，2008年。
[17] 王树人：《回归原创之思："象思维"视野下的中国智慧》，南京：江苏人民出版社，2005年。
[18] 伍晓明：《有（与）存在：通过存在而重读中国传统之行而上者》，北京：北京大学出版社，2005年。
[19] 徐刚：《孔子之道与〈论语〉其书》，北京：北京大学出版社，2009年。
[20] 杨国荣：《善的历程——儒家价值体系研究》，上海：上海人民出版社，2006年。
[21] 杨国荣：《庄子的思想世界》，北京：北京大学出版社，2006年。
[22] 杨义：《老子还原》，北京：中华书局，2011年。
[23] 杨义：《庄子还原》，北京：中华书局，2011年。
[24] 仰海峰：《形而上学批判——马克思哲学的理论前提及当代效应》，南京：江苏人民出版社，2006年。
[25] 詹剑峰：《老子其人其书及其道论》，武汉：华中师范大学出版社，2006年。
[26] 张世英：《哲学导论》，北京：北京大学出版社，2002年。

[27] 张祥龙：《从现象学到孔夫子》，北京：商务印书馆，2011年。
[28] 张祥龙：《海德格尔思想与中国天道——终极视域的开启与交融（修订新版）》，北京：中国人民大学出版社，2010年。
[29] 周与沉：《身体：思想与修行——以中国经典为中心的跨文化关照》，北京：中国社会科学出版社，2005年。
[30] 朱晓鹏：《老子哲学研究》，北京：商务印书馆，2009年。

（五）美学研究类

[1] 陈碧：《〈周易〉象数之美》，北京：人民出版社，2009年。
[2] 陈应鸾：《诗味论》，成都：巴蜀书社，1996年。
[3] 范玉吉：《审美趣味的变迁》，北京：北京大学出版社，2006年。
[4] 傅道彬：《诗可以观：礼乐文化与周代诗学精神》，北京：中华书局，2010年。
[5] 李泽厚：《华夏美学》，天津：天津社会科学院出版社，2001年。
[6] 李泽厚：《美的历程》，天津：天津社会科学出版社，2001年。
[7] 刘继潮：《游观：中国古典绘画空间本体诠释》，北京：生活·读书·新知三联书店，2011年。
[8] 刘绍瑾：《庄子与中国美学》，长沙：岳麓书社，2007年。
[9] 彭锋：《诗可以兴——古代宗教、伦理、哲学与艺术的美学阐释》，合肥：安徽教育出版社，2003年。
[10] 陶礼天：《艺味说》，南昌：百花洲文艺出版社，2005年。
[11] 王德华：《屈骚精神及其文化背景研究》，北京：中华书局，2004年。
[12] 王明居：《叩寂寞而求音——〈周易〉符号美学》，合肥：安徽大学出版社，1999年。
[13] 王振复主编：《中国美学范畴史》，太原：山西教育出版社，2006年。
[14] 闻一多：《闻一多全集（10）》，武汉：湖北人民出版社，1993年。
[15] 徐复观：《中国艺术精神》，北京：商务印书馆，2010年。
[16] 颜翔林：《楚辞美论》，上海：学林出版社，2001年。
[17] 叶舒宪：《诗经的文化阐释——中国诗歌的发生研究》，西安：陕西人民出版社，2005年。
[18] 张法：《中国美学史》，上海：上海人民出版社，2000年。
[19] 张法：《中国艺术：历程与精神》，北京：中国人民大学出版社，2003年。
[20] 朱光潜：《朱光潜全集（第二卷）》，合肥：安徽教育出版社，1987年。
[21] 朱良志：《真水无香》，北京：北京大学出版社，2009年。

[22] 朱良志：《中国艺术的生命精神（修订版）》，合肥：安徽教育出版社，2006年。
[23] 朱自清：《诗言志辨》，长沙：岳麓书社，2011年。
[24] 宗白华：《美学散步》，上海：上海人民出版社，1981年。

二、中文译著

[1] 艾兰：《早期中国历史、思想与文化（增订版）》，杨民等译，北京：商务印书馆，2011年。
[2] 爱德华·萨丕尔：《语言论：言语研究导论》，陆卓元译，北京：商务印书馆，1985年。
[3] 爱德华·泰勒：《原始文化》，连树声译，上海：上海文艺出版社，1992年。
[4] 爱莲心：《向往心灵转化的庄子》，周炽成译，南京：江苏人民出版社，2004年。
[5] 爱弥尔·涂尔干、马塞尔·莫斯：《原始分类》，汲喆译，上海：上海人民出版社，2000年。
[6] 爱弥尔·涂尔干：《宗教生活的基本形式》，渠东、汲喆译，上海：上海人民出版社，2006年。
[7] 安乐哲：《和而不同：中西哲学的会通》，温明海等译，北京：北京大学出版社，2009年。
[8] 巴尔特（又译作罗兰·巴特）：《符号学原理》，李幼蒸译，北京：中国人民大学出版社，2008年。
[9] 本杰明·史华兹：《古代中国的思想世界》，程钢译，南京：江苏人民出版社，2004年。
[10] 柏拉图：《柏拉图全集（第四卷）》，王晓朝译，北京：人民出版社，2003年。
[11] 笛卡尔：《第一哲学沉思集》，庞景仁译，北京：商务印书馆，1986年。
[12] 恩斯特·卡西尔：《人论》，甘阳译，上海：上海译文出版社，2004年。
[13] 方东美：《中国哲学之精神及其发展》，匡钊译，郑州：中州古籍出版社，2009年。
[14] 费尔迪南·德·索绪尔：《普通语言学教程》，高名凯译，北京：商务印书馆，1980年。

[15] 弗雷泽:《金枝》,徐育新、张泽石、汪培基译,北京:新世界出版社,2006年。

[16] 海德格尔:《存在与时间》,陈嘉映、王庆节合译,北京:生活·读书·新知三联书店,2006年。

[17] 海德格尔:《路标》,孙周兴译,北京:商务印书馆,2000年。

[18] 海德格尔:《现象学之基本问题》,丁耘译,上海:上海译文出版社,2008年。

[19] 海德格尔:《形而上学导论》,熊伟、王庆节译,北京:商务印书馆,1996年。

[20] 海德格尔:《演讲与论文集》,孙周兴译,北京:生活·读书·新知三联书店,2005年。

[21] 海德格尔:《在通向语言的途中》,孙周兴译,北京:商务印书馆,2004年。

[22] 胡塞尔:《纯粹现象学通论:纯粹现象学和现象学哲学的观念(Ⅰ)》,李幼蒸译,北京:中国人民大学出版社,2004年。

[23] 胡塞尔:《笛卡尔沉思与巴黎讲演》,张宪译,北京:人民出版社,2008年。

[24] 胡塞尔:《现象学的观念》,倪梁康译,北京:人民出版社,2007年。

[25] J.G. 赫尔德:《论语言的起源》,姚小平译,北京:商务印书馆,1998年。

[26] 康德:《判断力批判》,邓晓芒译,北京:人民出版社,2002年。

[27] 克劳斯·黑尔德:《世界现象学》,倪梁康等译,北京:生活·读书·新知三联书店,2003年。

[28] 克琳娜·库蕾:《古希腊的交流》,邓丽丹译,桂林:广西师范大学出版社,2005年。

[29] 克洛德·列维-斯特劳斯:《结构人类学》,张祖建译,北京:中国人民大学出版社,2006年。

[30] 克洛德·列维-斯特劳斯:《野性的思维》,李幼蒸译,北京:中国人民大学出版社,2006年。

[31] 列维-布留尔:《原始思维》,丁由译,北京:商务印书馆,1981年。

[32] 鲁道夫·阿恩海姆:《视觉思维——审美直觉心理学》,滕守尧译,成都:四川人民出版社,1998年。

[33] 罗兰·巴特:《神话修辞术:批评与真实》,屠友祥、温晋仪译,上

海：上海人民出版社，2009 年。

[34] 马林诺夫斯基：《文化论》，费孝通译，北京：中国民间文艺出版社，1987 年。

[35] 马林诺夫斯基：《巫术、科学、宗教与神话》，李安宅译，北京：中国民间文艺出版社，1986 年。

[36] 迈克尔·波兰尼：《个人知识：迈向后批判哲学》，许泽民译，贵阳：贵州人民出版社，2000 年。

[37] 莫里斯·梅洛-庞蒂：《可见的与不可见的》，罗国祥译，北京：商务印书馆，2008 年。

[38] 莫里斯·梅洛-庞蒂：《眼与心》，杨大春译，北京：商务印书馆，2007 年。

[39] 皮亚杰：《发生认识论原理》，王宪钿等译，北京：商务印书馆，2011 年。

[40] 萨特：《存在与虚无（修订译本）》，陈宣良等译，北京：生活·读书·新知三联书店，2007 年。

[41] 维柯：《新科学》，朱光潜译，北京：商务印书馆，1997 年。

[42] 维特根斯坦：《哲学研究》，李步楼译，北京：商务印书馆，1996 年。

[43] 维特根斯坦：《哲学语法》，韩林合译，北京：商务印书馆，2012 年。

[44] 亚里士多德：《范畴篇 解释篇》，方书春译，北京：商务印书馆，1959 年。

[45] 中共中央马克思恩格斯列宁斯大林著作编译局编：《马克思恩格斯文集（第一卷）》，北京：人民出版社，2009 年。

三、英文著作

[1] Descartes, R. (2000), *Philosophical Essays and Correspondence*, Hackett Publishing Company, Inc.

[2] Dewey, J. (1929), *The Quest for Certainty*, New York: Minton, Balch & Company.

[3] Durkheim & Mauss. (2009), *Primitive Classification*, London: Cohen & West Limited.

[4] Jaspers, K. (1965), *The Origin and Goal of History*, New Haven: Yale University Press.

[5] Kolakowski, L. (2001), *Hussed and the Search for Certitude*, Indiana: St. Augustine's Press.

[6] Sartre, J. (1969), *Being and Nothingness*, London: Taylor & Francis.

[7] Townsend, D. (1997), *An Introduction to Aesthetics*, Malden: Blackwell Publishers Inc.

[8] Welsch, W. (1997), *Undoing Aesthetics*. London: Sage Publications.

[9] Wittgenstein, L. (1967), *Lectures and Conversations on Aesthetics, Psychology and Religious Belief*, Berkeley and Los Angeles: University of California Press.

[10] Wittgenstein, L. (1986), *Philosophical Investigation*, Oxford: Basil Blackwell.

[11] Wittgenstein, L. (2003), *Tractatus Logico-Philosophicus*. Barnes & Noble Publishing, Inc.

后　　记

　　这是我的第一本书，也是我在博士学位论文基础上申报国家社科基金后期资助项目的结项成果。该项目的申报，承蒙恩师张法先生与清华大学肖鹰先生作为推荐专家的鼎力推荐。在此首先由衷地感谢二位老师！同时也感谢国家社科基金后期资助项目对于本成果的资助！

　　在修改过程中，除了进一步完善内容，我还参考了多位专家的修改意见。这些意见主要有两个来源：首先是2013年博士学位论文答辩时答辩小组各位老师给我提出的修改意见。这些老师有——我的论文答辩小组组长北京大学章启群老师、清华大学肖鹰老师、中国社会科学院高建平老师、北京师范大学刘成纪老师和我们中国人民大学的牛宏宝老师。其次就是该成果获批国家社科基金后期资助项目时反馈给我的专家评审意见。他们提出了一些非常中肯且富有建设性的意见，这对于本文的修改具有极大的帮助。在这里，诚挚地感谢这些老师和专家们！

　　当然，由于本人的学识与学力所限，在修改过程中并没有将老师和专家们提出的宝贵意见全部付诸文本，这就导致这本著作中可能会有不少问题或讨论不周之处。当然，这只能留待方家指正并在以后的研究中进行弥补或在有机会做修订时加以补充了。

　　回想几年前，当我完成博士论文之时，内心虽说确有几许成功的喜悦，但却并没有那种心潮澎湃式的激动。因为这对于自己心血的付出来说，算是一种应然的回报，尽管这个回报并不丰厚。同时，我也并没有将这篇论文的完成视为一种斗争的解脱，而是将其视为一条新的道路的开始。不管自己在这条道路上能否走得更远，但起码我要为自己能够选择这样一条道路而欣慰。

　　在中国人民大学读博的三年，我感到了思之沉静给我带来的充实。尽管我们这个校园并不算大，但是身边那些博学的师长，路旁那些葱郁的乔木，图书馆内丰富的藏书，一勺池中清澈的浅水，都自然让我产生无尽流连之心。感谢人大！感谢她给我带来的充实与温暖！

在那些为师者中，我首先要感谢我的恩师张法教授！在张老师的指导下，我的博士论文以先秦的"观"这个概念作为核心来展开研究。在此之后，张老师对论文的整体结构、重要观点、逻辑层次都进行了悉心的指导。先生的耳提面命，使我在这条学术之路上受用无穷。并且，张老师的渊博谨严与淡泊敦厚，无疑使我辈自然而生一种仰止之心。然而，由于吾心之愚钝，故而论文所呈现与老师的要求和期待还有很大的距离。在此，借对老师表达由衷谢意之时，也还要表达自己的愧疚之情。

感谢牛宏宝老师和王旭晓老师！进入人大哲学院学习美学的三年里，我感受到了这些老师们的学识之大与情怀之真。尤其在选题论证的过程中，牛老师和王老师都给我提出了中肯的意见与想法。感谢吴琼老师！他关于视觉文化的课程给予了我写作视角上的启发。感谢余开亮老师与李科林老师！这两位令我钦佩的年轻学者对我的一些观点也提出了恰当的批评。此外，我还要感谢美学专业的诸位伙伴：王志亮、晏晨、周妍、郭春宁、孙文娟，感谢这几位学弟学妹在学习与生活中给我的帮助！同时也感谢那些同住在品园三号楼的兄弟们！他们中的很多人在当时都有不小的成绩，并因此时刻激励着我。同时，我们在读书写作的三年中一起度过了很多难忘的时光。

现在，一篇论文终于成为一本专著了。这本书稿在完成国家社科基金后期资助项目评审验收后，被安排给北京大学出版社出版。这是让我感到欣喜的。北京大学出版社素来以高质量的图书出版而享誉国内外，我在平时的专业学习中也通过阅读北大出版社的著作而获益良多。出版社安排沈莹莹女士做我的书稿的责任编辑。在出版前的编校过程中，她以极负责任的态度让我倍感温暖。在此，我也要向沈莹莹女士表示衷心的感谢，感谢她为本书出版所付出的辛苦！

最后，我还必须要感谢我的妻子张入彩！无疑，她是在我的研究之外给予我最多力量的人。她与我一路辗转奔波，一起面对生活与工作中的阳光与风雨。虽然没有红袖添香的浪漫，但她始终是我读书写作的坚强后盾。没有她的陪伴与支持，我简直无法想象自己如何能够顺利地在科研道路上一路走来。尤其是我从读研到读博的游学六年，为了让我能顺利地完成学业，她承担起了几乎全部的家务与家庭琐事。这些年来，家人的支持无疑也是我前进道路上的巨大动力，感谢我的家人们！我也以此书告慰我已经先后作古的父亲与母亲。

冀志强

二○二○年冬，贵阳花溪